Fanny Zedenius

Makramee

Wohnideen und Accessoires

Kreative Knüpfprojekte
im Scandi-Stil

Fotos von Kim Lightbody

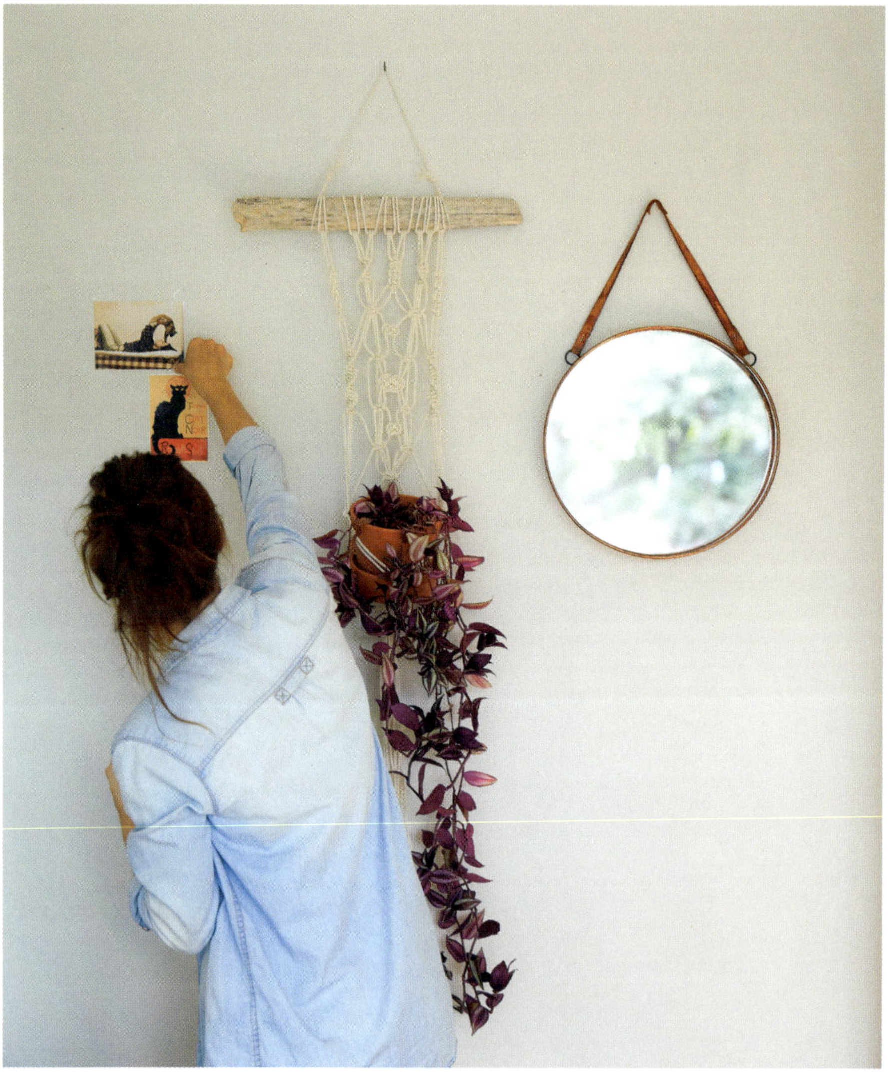

Inhalt

Grundlagen & Geheimtipps

Knoten

Muster

Projekte 41

Vorwort

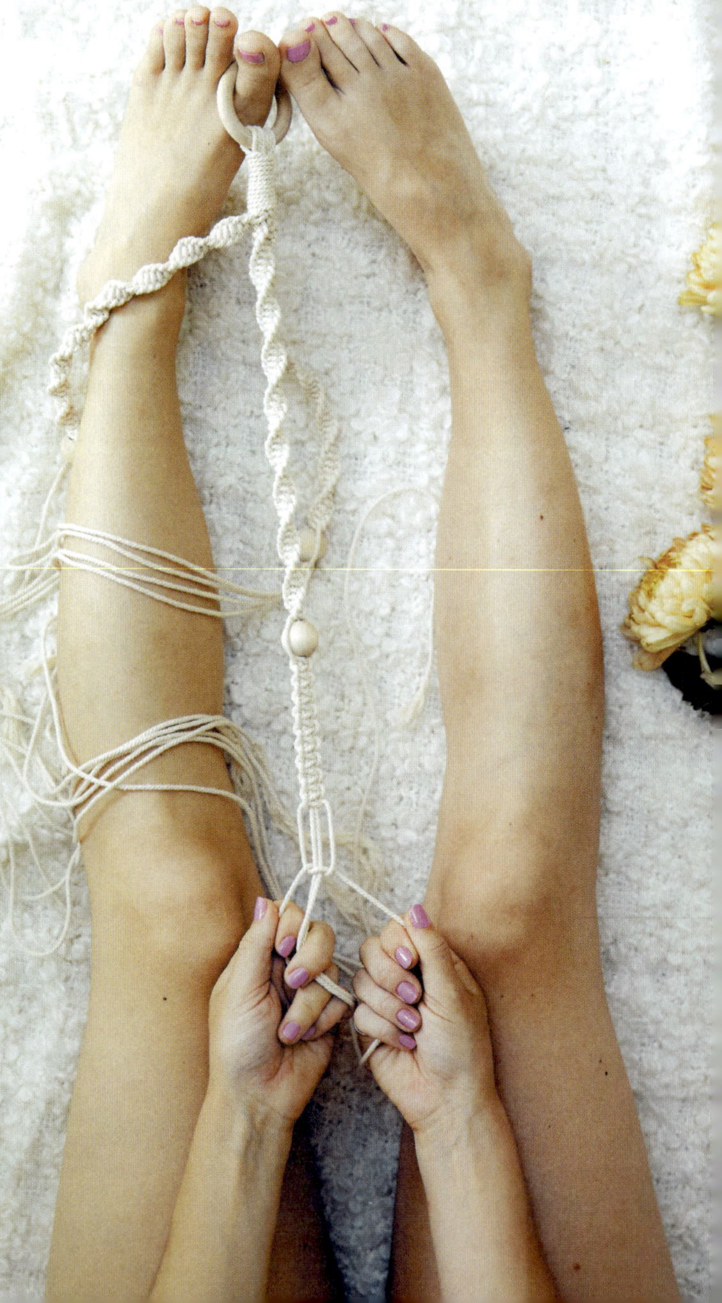

In Schweden benutzt man das Wort *pyssel* für alle möglichen kreativen Beschäftigungen: Zeichnen, Malen, Nähen, Häkeln, Töpfern … Ich habe mein Leben lang gern gepysselt. Als Kind habe ich immer sehnsüchtig auf den Schulschluss gewartet, damit ich mich wieder meinem aktuellen Projekt zuwenden konnte. Mit meiner Geduld war es nicht weit her, darum waren meine Schulbücher mit vielen Projektzeichnungen verziert. In der Oberstufe habe ich angefangen, meine Kleider selbst zu nähen (zugegeben, manche sahen seltsam aus). Im Studium habe ich gestrickt, weil ich mich dann besser auf die Vorlesungen konzentrieren konnte. Und im Examensstress waren meine pyssel-Projekte ideal, um mich vom Lernstoff kurz abzulenken, zu entspannen und abzuschalten, um danach mit freiem Kopf wieder einzusteigen.

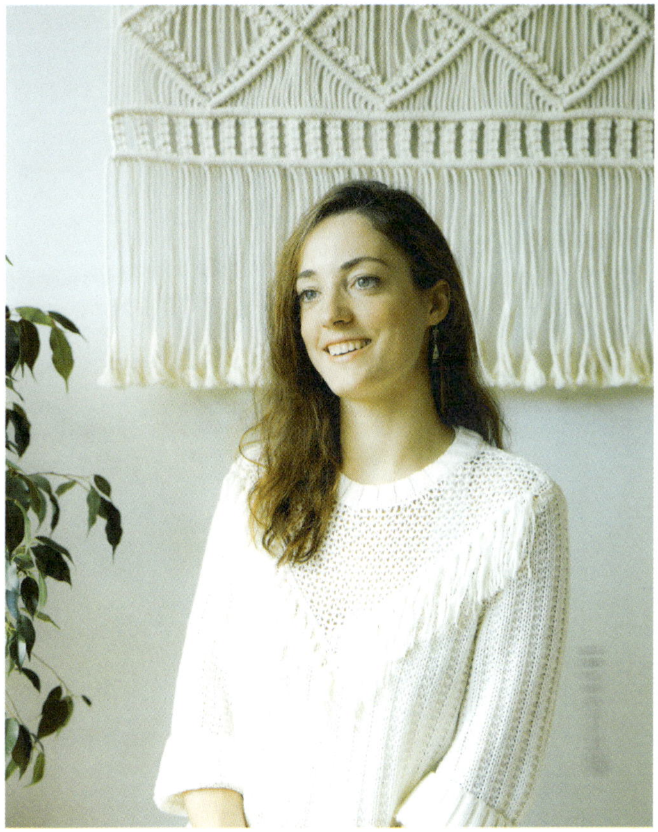

Fanny Zedenius

Ich wurde oft gefragt, ob ich meine kreativen Hobbys nicht zum Beruf machen möchte, aber ich hatte andere Pläne. Außerdem blieb ich nie lange genug bei einer Basteltechnik, um wirklich Eindrucksvolles zu vollbringen. 2014 habe ich meinen Instagram-Account Createaholic eingerichtet. Damals bin ich über Makramee gestolpert und war sofort hellauf begeistert. Die wichtigsten Knoten habe ich mir mit allen Schnüren, die zur Hand waren, selbst beigebracht. Makramee war anders als alle Techniken, mit denen ich mich vorher beschäftigt hatte, und die Sache hatte einen erheblichen Suchtfaktor.

Was ist das Besondere an Makramee? Mir gefällt, dass man außer den eigenen Händen kaum Zubehör oder Werkzeug braucht. Man kann zwar viele verschiedene Knoten lernen, aber auch mit einem einzigen einfachen Knoten können tolle Stücke gelingen. Obwohl ich schon unzählige Wandbehänge, Blumenampeln und Traumfänger geknüpft habe, gehen mir die Ideen für neue Designs nicht aus. Es gibt zahllose Kombinationsmöglichkeiten für die verschiedenen Knoten. Ich staune immer wieder, welch unterschiedliche Kunstwerke nur aus Schnüren und Knoten entstehen können.

Hinzu kommt, dass Makramee ausgesprochen meditativ ist. Während die Hände fast wie von selbst knüpfen, kann man die Gedanken schweifen lassen. Anders als beim Stricken und Häkeln muss man bei den meisten Projekten nicht besonders aufpassen oder viel zählen. Manchmal komme ich nach einem langen Tag aus dem Büro nach Hause und knüpfe noch sechs Stunden an meinem aktuellen Projekt. Und ganz ehrlich: Das ist meine Versicherung gegen Burn-out.

Menschen aus der Generation meiner Eltern kennen Makramee schon aus den 1970er-Jahren. Manche betrachten es mit liebevoller Nostalgie, andere können es nicht leiden. Die moderne Spielart des Makramee findet zurzeit allerdings großen Anklang. Wie über Nacht sieht man es quasi überall. Und weil der Trend von Dauer zu sein scheint, wollen immer mehr Menschen ein Knotenrepertoire erlernen. Diesem Wunsch möchte ich mit meinem Buch nachkommen. Neben den einfachen Grundlagen präsentiere ich auch einige anspruchsvollere Techniken und verschiedene Gestaltungsmöglichkeiten. Es hat mir viel Freude gemacht, die Projekte zusammenzustellen. Ebenso viel Freude wünsche ich meinen Lesern.

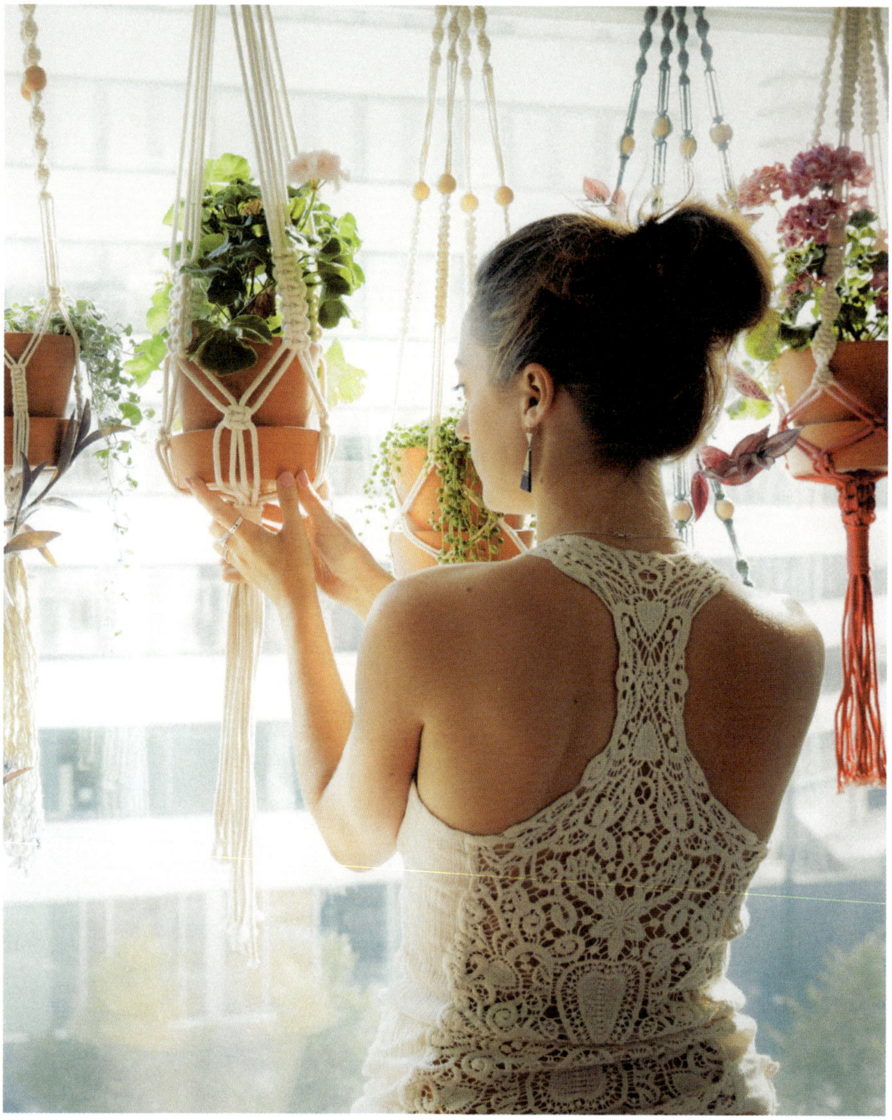

Blumenampeln an einem sonnigen Fenster in Fannys Wohnung in Stockholm

Über dieses Buch

Ich möchte in diesem Buch alle Grundkenntnisse vermitteln, die zum Knüpfen eigener Makrameeprojekte nötig sind. Absoluten Einsteigern empfehle ich dringend, zuerst das Grundlagenkapitel durchzuarbeiten und sich dann an einfachen Projekten zu versuchen, beispielsweise einer Blumenampel oder einem Wandbehang vom Anfang des jeweiligen Kapitels. Wer zwischendurch trotzdem ins Stocken gerät, kann jederzeit einzelne Knoten und andere Kniffe im Grundlagenkapitel nachschauen. Wer schon etwas mehr Übung hat, kann sich eins der schwierigeren Projekte aus dem hinteren Teil des jeweiligen Abschnitts vornehmen oder Anregungen aus dem Musterkapitel verwenden, um eigene Projekte zu entwickeln.

Grundlagen (Seite 8)
Hier werden die verschiedenen Materialien zum Knüpfen vorgestellt, aber auch Gerätschaften und Hilfsmittel, die die Arbeit erleichtern. Außerdem gibt es hier Tipps für Schwierigkeiten, mit denen sich vor allem Einsteiger oft konfrontiert sehen.

Knoten (Seite 17)
In diesem Kapitel werden 34 verschiedene Knoten Schritt für Schritt mit anschaulichen Illustrationen erklärt. Auch auf die Berechnung des ungefähren Schnurverbrauchs gehe ich ein. Wer die gängigen Knoten sicher beherrscht, kann auch eigene Entwürfe verwirklichen oder mit neuen Knoten experimentieren.

Muster (Seite 29)
Anhand von sieben Beispielen wird in diesem Kapitel Schritt für Schritt erklärt, wie sich durch die Kombination von Knoten verschiedene Muster ergeben. Illustrationen verdeutlichen die Vorgehensweise. Maße gebe ich in diesem Kapitel bewusst nicht an, weil man die Muster in jeder Größe arbeiten kann. Sie sind als Anregungen für eigene Entwürfe gedacht.

Projekte (Seite 41)
In diesem Kapitel stelle ich 21 Projekte vor, gegliedert in vier Kategorien: Blumenampeln, Wandbehänge, Traumfänger und zuletzt einige besondere Knüpfarbeiten, die einen guten Eindruck vermitteln, was sich mit Makramee alles machen lässt.

Jedes Projekt besteht aus einer ausführlichen Schritt-für-Schritt-Anleitung für alle, die sich gut an Textbeschreibungen orientieren können, und beschrifteten Illustrationen für Menschen, die visuelle Hilfen bevorzugen. Die Illustrationen variieren je nach Größe des Projekts und der jeweiligen Details. Für große Wandbehänge und einige andere Projekte zeigen sie die gesamte Arbeit, jedoch sind nur die Knoten eingezeichnet, nicht die Verbindungsschnüre. Bei solchen Projekten ist es wichtig, die Knoten mitzuzählen.

Bei den Projektanleitungen ist neben der Art der Schnur auch die ungefähre Größe des Werkstücks angegeben. Die einzelnen Schnüre sind anhand ihrer Positionen nummeriert, Schnur 1 ist immer die erste Schnur von links. Natürlich können auch andere Materialien verwendet werden. Wenn aber eine dickere oder dünnere Schnur verarbeitet wird, verändern sich die Abmessungen der fertigen Arbeit entsprechend. Bei dickerer Schnur ist außerdem mehr Länge notwendig. Die Abmessungen hängen zudem davon ab, wie fest geknüpft wird. Wer eher locker knotet, sollte die Schnüre etwas länger zuschneiden. Grundsätzlich ist es besser, mit etwas zu langen Schnüren zu arbeiten statt mit zu kurzen.

Grundlagen
& Geheimtipps

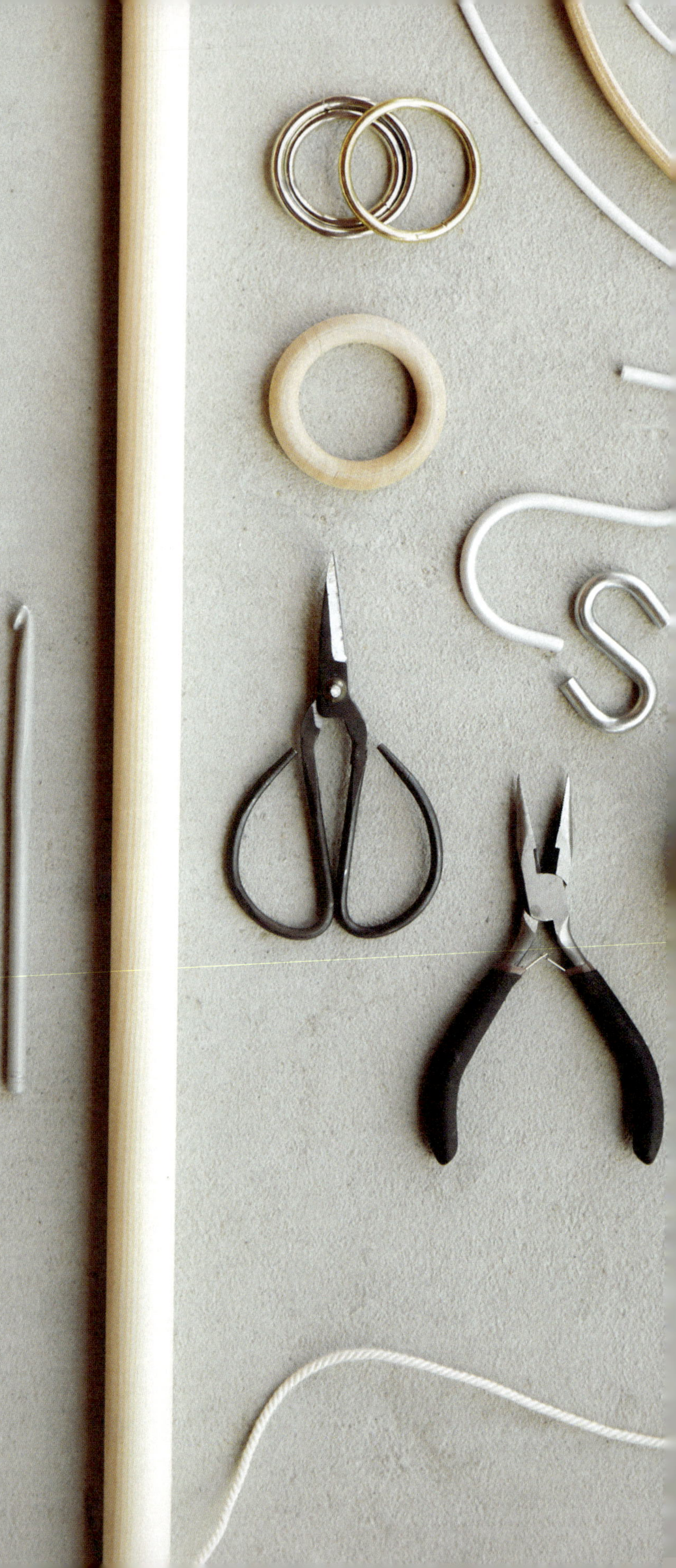

Ich mag Makramee besonders, weil es leicht zu lernen ist. Trotzdem bietet es viel Spielraum, sich zu entwickeln und neue Techniken auszuprobieren. Anfänger sind vielleicht unsicher und müssen möglicherweise etwas herumprobieren, bis ihnen das Knüpfen leicht von der Hand geht. Für sie habe ich in diesem Kapitel einige Geheimtipps zusammengestellt.

Material

Das Material hat großen Einfluss auf die Wirkung der fertigen Knüpfarbeit. Ich empfehle, verschiedene Materialien auszuprobieren, um den eigenen Stil zu finden.

Schnur

Im Grunde eignen sich für Makramee Schnüre aller Art. Die gängigsten Materialien sind Baumwolle, Hanf, Jute und Polyester. Auch T-Shirt-Garn kann verwendet werden. Die meisten Makrameekünstler bevorzugen Baumwolle. Wenn die fertige Arbeit im Freien eingesetzt wird und eventuell nass werden könnte, muss ein Material verwendet werden, das sich für diesen Zweck eignet.

Außerdem unterscheidet man zwischen geflochtenen, gezwirnten und gedrehten Schnüren. Geflochtene Schnüre fransen nicht so leicht aus wie gezwirnte oder gedrehte. Natürlich spielt auch die Stärke eine Rolle. Aus dicker Schnur kann man eindrucksvolle, große Arbeiten knüpfen. Makramee aus feiner Schnur wirkt zart und filigran.

Kleine Ringe

Ringe werden häufig für Blumenampeln verwendet. Das Material spielt keine große Rolle, solange es stabil genug ist, um das Gewicht der Pflanze zu tragen. Ich bevorzuge Ringe aus Holz oder Metall.

Perlen

Alle Arten von Perlen und Anhängern können in Blumenampeln, Wandbehänge, Traumfänger oder Laternen eingearbeitet werden. Das einzige Kriterium ist der persönliche Geschmack.

Zweige oder Stangen

Wandbehänge werden meist an einem natürlichen Zweig oder einer Stange aufgehängt. Beim Material der Stange hast du viel Auswahl. Ein Kupferrohr aus dem Baumarkt etwa kann sehr attraktiv aussehen.

Große Ringe

Größere Ringe aus Holz oder Metall können auf vielerlei Weise eingearbeitet werden. Besonders oft kommen sie bei Traumfängern, Einkaufstaschen und Laternen zum Einsatz. Holzringe sind schwieriger zu bekommen, sehen aber zwischen den Schnüren besonders schön aus.

Handwerkszeug

Einige wenige Werkzeuge sind für Makramee wirklich notwendig, andere machen die Arbeit etwas leichter. Dies sind meine Empfehlungen für die Grundausstattung.

Maßband

Unerlässlich zum Abmessen der einzelnen Schnüre.

Schere

Sie wird unbedingt zum Abschneiden der Schnüre benötigt.

Klebeband

Damit werden die Enden der Schnüre umwickelt, damit sie nicht ausfransen. Ich bevorzuge Kreppband, weil es keine Kleberückstände hinterlässt.

S-Haken

Davon kann man gar nicht genug haben, zum Beispiel um halbfertige Arbeiten aufzuhängen. In verschiedenen Größen erhältlich.

Kleiderständer

Sehr hilfreich, um in bequemer Haltung zu arbeiten. Ideal ist ein Ständer, der sich in der Höhe verstellen lässt. Notfalls eignet sich aber auch eine Gardinen- oder Handtuchstange oder ein anderes Hilfsmittel, an dem die Arbeit aufgehängt werden kann.

Häkelnadel

Nützlich, um Perlen auf die Schnur zu fädeln oder die Schnur durch eine enge Lücke oder einen Knoten zu ziehen.

Zange

Zum Nachziehen meiner Knoten verwende ich eine kleine Spitzzange, denn manchmal fällt ein Knoten zu locker aus. Dann ziehe ich ihn und seine Nachbarknoten mithilfe der Zange etwas fester.

Bürste

Damit werden ausgefranste Schnurenden schön weich und duftig. Ich verwende am liebsten eine Bürste für Hundefell.

Schnur kaufen

Lange Zeit war es gar nicht so einfach, geeignete Schnur zum Knüpfen zu kaufen. Seit Makramee allerdings wieder im Trend liegt, hat sich das glücklicherweise geändert.

Anfänger sollten sich einmal im Bastelgeschäft umschauen. Dort findet man meist eine Auswahl geeigneter Schnüre und Kordeln, möglicherweise auch aus verschiedenen Materialien. Hier kann man alles anfassen! Wer schon genauere Vorstellungen vom gewünschten Material hat, kann es auch online bestellen.

Wer ein größeres Projekt in Angriff nehmen will, braucht entsprechend viel Schnur. In diesem Fall ist es ratsam, auf die Suche nach preisgünstigen Anbietern zu gehen. Frag ruhig einmal im Baumarkt nach. Eine gute Adresse sind ferner Schiffsausrüster und Geschäfte für den Sportbootbedarf. Dort bekommt man Tauwerk für die verschiedensten Zwecke, darunter auch dünnere Schnüre, die beispielsweise als Flaggenleinen gedacht sind. Auch Polsterer verarbeiten Schnüre und Kordeln verschiedener Art, beispielsweise Paspelkordel aus Baumwolle oder Zierkordeln in verschiedenen Farben.

Großverbraucher können direkt an die Quelle gehen und sich an einen Hersteller von Kordeln und Schnüren wenden. Einige dieser Unternehmen verkaufen nicht an Endverbraucher, nennen auf Anfrage aber Händler, bei denen kleinere Mengen bestellt werden können. Wer einen Makrameekünstler in der Umgebung kennt, könnte sich auch dort nach guten Bezugsquellen erkundigen.

Bei der Onlinesuche findet man mit Suchbegriffen wie »Makramee Schnur kaufen« Tausende Treffer. Eingrenzen lässt sich die Suche, indem man zusätzlich den gewünschten Durchmesser, das Material oder den Typ (geflochten, gedreht) eingibt.

Große Wandbehänge knüpfen

Große Wandbehänge sind nicht schwieriger zu knüpfen als kleine Arbeiten. Man braucht nur mehr Zeit und mehr Material. Hier möchte ich einige Fragen beantworten, die sich während der Arbeit stellen können.

Welche Stange zum Aufhängen?

Große Makrameearbeiten können richtig schwer sein, und es ist extrem ärgerlich, wenn die Stange bricht, nachdem das Werk fertig ist. Darum solltest du unbedingt darauf achten, dass der gewählte Zweig oder die Stange das Gewicht auch tragen kann.

Wie viel Schnur brauche ich?

Das kommt bei allen Makrameeprojekten darauf an, welches Muster geknüpft werden soll und wie dick die Schnur ist. Für einen Wandbehang von 100 x 100 cm musst du vor dem Zuschneiden der Schnur die folgenden Überlegungen anstellen:

Besteht die ganze Fläche aus Knoten oder gibt es größere Bereiche ohne Knoten?

Wenn die ganze Fläche aus Knoten besteht, müssen die Schnüre etwa fünfmal so lang sein wie das fertige Stück (eventuell noch länger, wenn das Muster sehr detailreich ist). Das entspricht einer Schnurlänge von 5 m. Da die Schnüre aber doppelt genommen werden, müssen Schnüre von 10 m Länge zugeschnitten werden.

Sind die Abstände zwischen den Knoten größer und gibt es Bereiche ganz ohne Knoten, kann es schon genügen, wenn die Schnüre doppelt so lang wie das fertige Stück sind.

Gibt es Bereiche mit besonders vielen Knoten?

Befindet sich in der Mitte des Wandbehangs ein Muster mit sehr vielen Knoten, müssen die Schnüre für die Mitte länger zugeschnitten werden als die für die Ränder.

Wie verhindert man, dass sich lange Schnüre verheddern?

Ein großer Wandbehang muss zwangsläufig mit langen Schnüren geknüpft werden. Damit sie sich nicht verheddern, kann man sie bündeln und dann aufrollen und mit einem Gummiband oder einem verknoteten Stück Schnur zusammenhalten. Dadurch geht das Knüpfen schneller, weil du nicht immer die ganze Länge stückweise durch die Knoten ziehen musst.

Wie knüpft man Webleinsteks in einem Wandbehang?

Die Positionen von Webleinsteks müssen frühzeitig festgelegt werden. Arbeitet man mehrere von ihnen über eine größere Fläche, nehmen sie viel Füllschnur in Anspruch. Schneidet man Arbeitsschnüre und Füllschnüre in gleicher Länge zu, sind die Füllschnüre nach den Webleinsteks viel kürzer als die Arbeitsschnüre. Das gilt vor allem bei größeren Projekten.

Soll in einem Wandbehang von 100 x 100 cm eine waagerechte Reihe Webleinsteks über die ganze Breite geknüpft werden, müssen diese 100 cm beim Zuschneiden der Füllschnüre zugegeben werden.

Wie dick sollte meine Schnur sein?

Das ist einfach. Von einer Schnur mit 6 mm Durchmesser passen weniger Schnüre auf die fertige Breite als von einer Schnur mit 2,5 mm Durchmesser. Dickere Schnur bedeutet weniger Knoten – und umgekehrt.

Was tun, wenn ich einen Fehler entdecke?

Das Schöne am Makramee ist, dass das keine Katastrophe ist. Solange keine Schnur abgeschnitten wurde, lassen sich die Fehler immer beheben. Trotzdem ist frustrierend, gegen Ende noch einen Fehler am Anfang eines großen Projekts zu finden. Leider gibt es keine andere Möglichkeit, als die Knoten zu lösen und neu zu knüpfen. Oder man akzeptiert den Fehler, es ist schließlich Handarbeit.

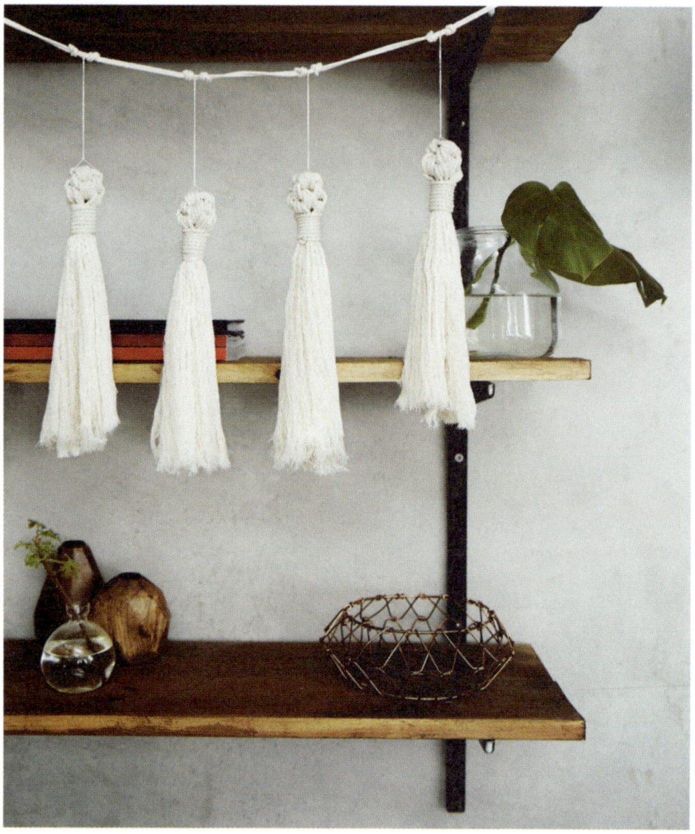

Ausfransen

Manchmal möchte man das Ausfransen vermeiden, in anderen Fällen ist es sogar gewollt. Dabei spielt das gewünschte Aussehen des fertigen Stücks die entscheidende Rolle. Das Ausfransen ist zwar einfach, aber es gibt kein Wundermittel, um es zu beschleunigen. Da hilft nur Ausdauer und Geduld.

Wie lässt sich das Ausfransen verhindern?

Die einfachste Lösung ist, geflochtene Schnur zu verwenden, weil sie kaum ausfranst. Gedrehte Kordel franst leichter aus. Um das zu verhindern, werden die Enden sofort nach dem Abschneiden, oder sogar schon davor, mit Klebeband umwickelt. Erst nach der Fertigstellung der Arbeit wird das Klebeband vorsichtig entfernt. Knoten, beispielsweise ein Überhandknoten (siehe Seite 18) oder ein Fassknoten (siehe Seite 25), können das Ausfransen der Enden am fertigen Stück verhindern.

Schneller ausfransen

Sollen die Enden ausgefranst werden, knüpft man am besten mit gezwirnter oder gedrehter Schnur. In jedem Fall muss das Ende der Schnur zuerst entflochten oder aufgedreht werden. Ich rolle zu diesem Zweck gedrehte Schnur gegen die Dreh- oder Schlagrichtung, um die einzelnen Fäden zu trennen. Dann verwende ich eine feine Bürste, um die Fäden in einzelne Fasern zu bürsten. Dabei arbeite ich von unten nach oben.

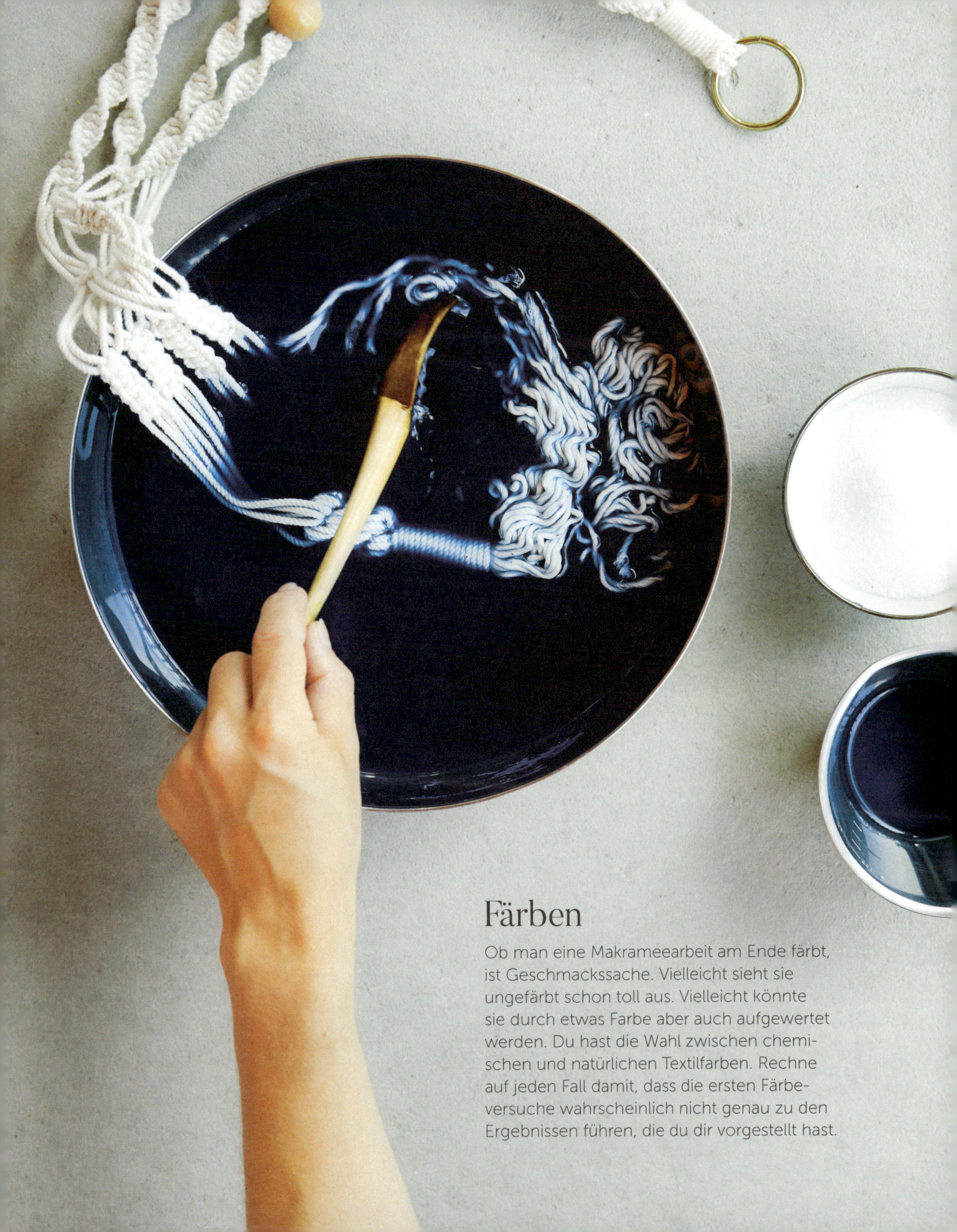

Färben

Ob man eine Makrameearbeit am Ende färbt, ist Geschmackssache. Vielleicht sieht sie ungefärbt schon toll aus. Vielleicht könnte sie durch etwas Farbe aber auch aufgewertet werden. Du hast die Wahl zwischen chemischen und natürlichen Textilfarben. Rechne auf jeden Fall damit, dass die ersten Färbeversuche wahrscheinlich nicht genau zu den Ergebnissen führen, die du dir vorgestellt hast.

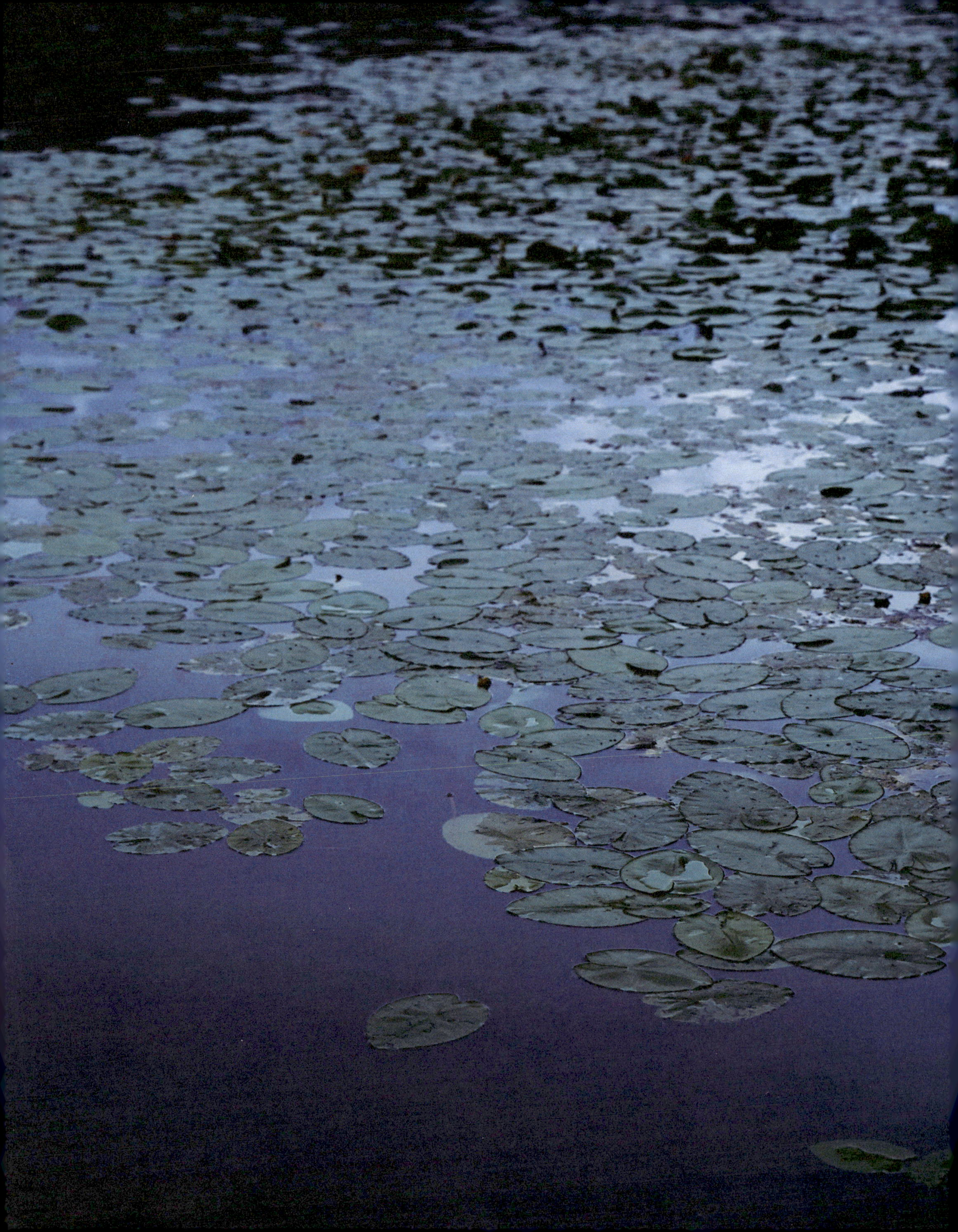

Körperschonend arbeiten

Dies ist ein Thema, das mir beim Makramee wirklich am Herzen liegt. Knüpfen beansprucht den Rücken, vor allem, wenn man längere Zeit an einem Stück arbeitet.

Reibungsverbrennungen, Blasen und Schulterschmerzen kommen bei Makrameekünstlern häufig vor. Obwohl ich die Arbeit so liebe, muss ich mir darum regelmäßig Erholungspausen gönnen.

Wie kann man also genüsslich knüpfen und dabei trotzdem gut mit seinem Körper umgehen?

Meine Tipps:

Die Hände beim Knüpfen mit Pflaster oder sogar Handschuhen schützen.

Die Arbeit bei Bedarf höher oder niedriger aufhängen, um nicht krumm zu sitzen oder unbequem zu stehen.

Abwechselnd im Sitzen und im Stehen knüpfen.

Pausen einlegen, um gezielte Dehnübungen für die beanspruchte Muskulatur zu machen.

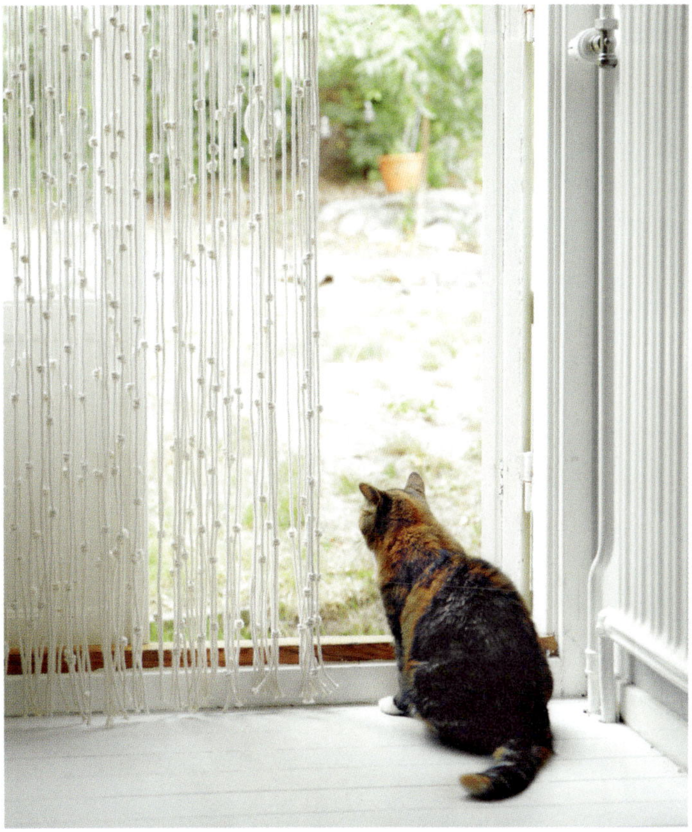

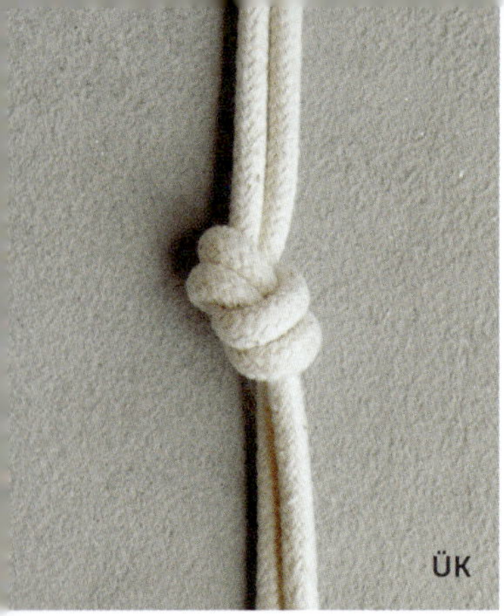
ÜK
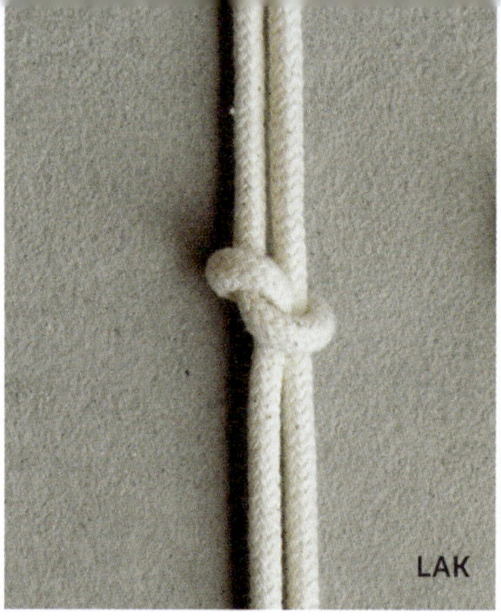
LAK
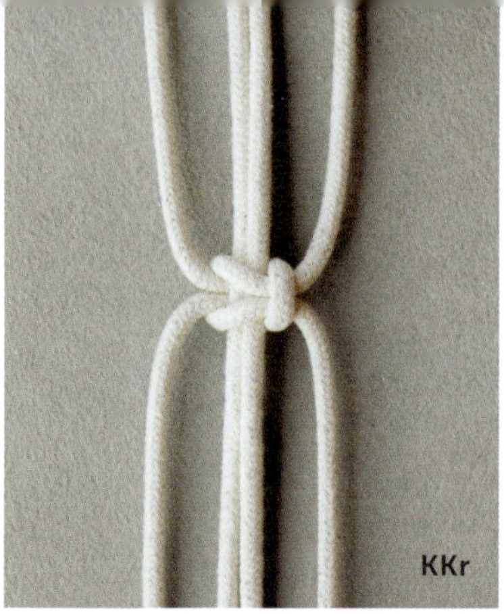
KKr
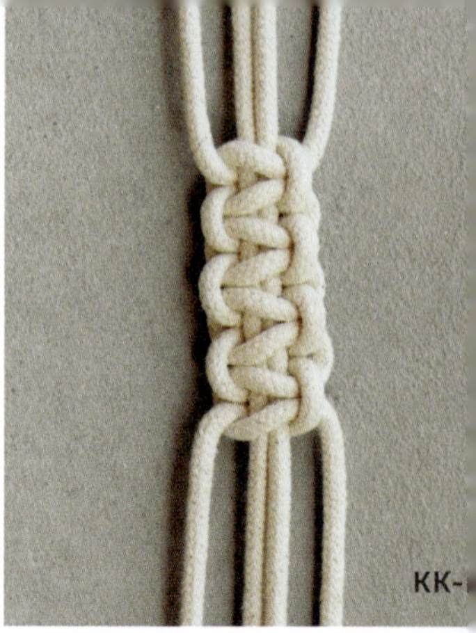
KK-
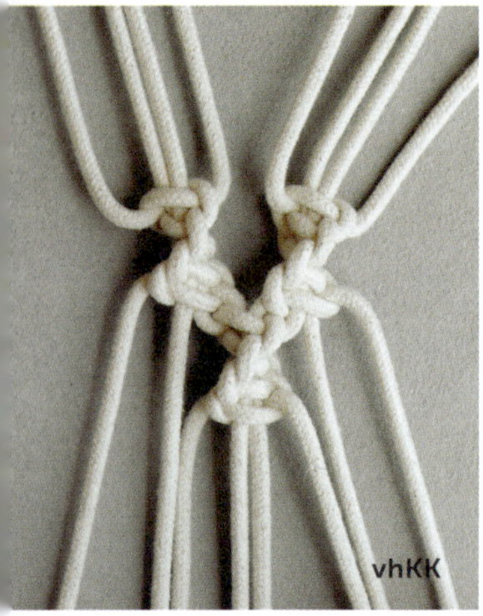
vhKK
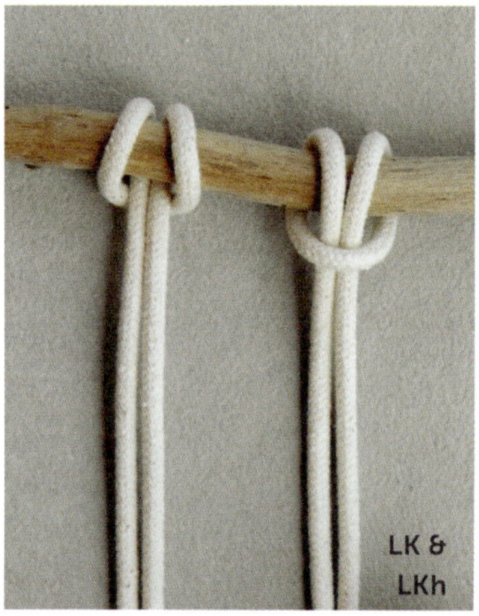
LK &
LKh
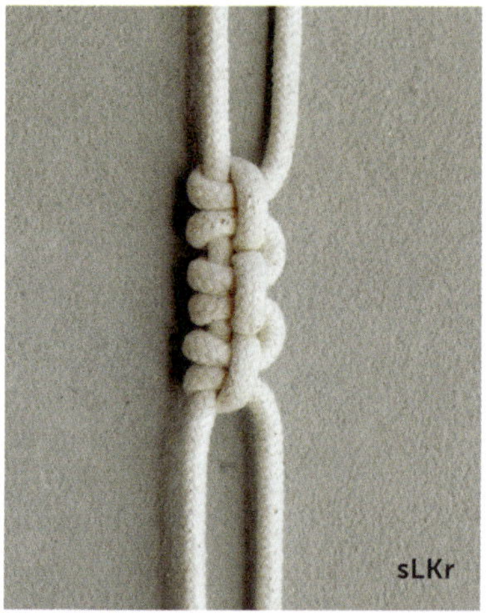
sLKr
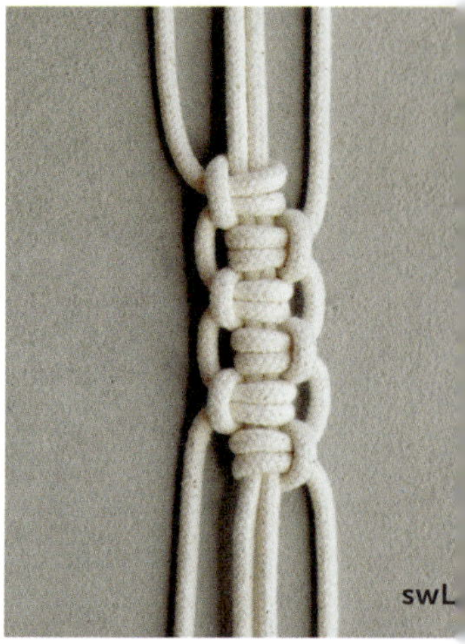
swL
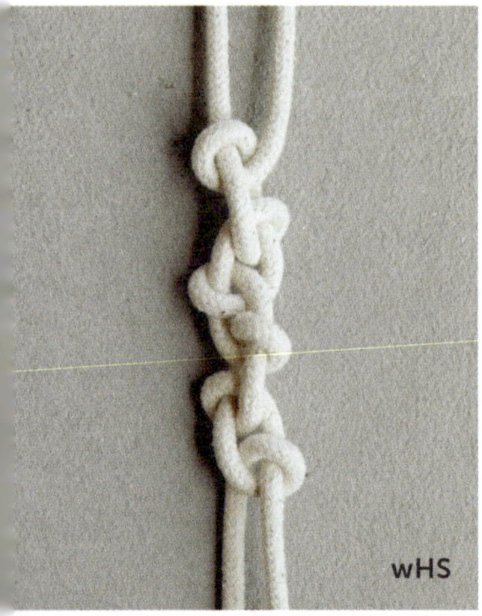
wHS
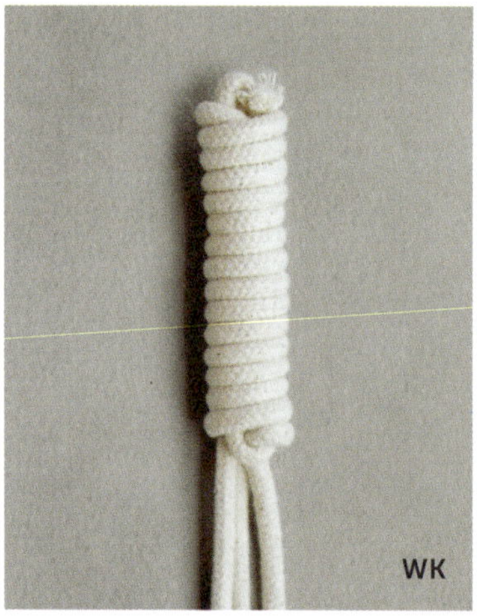
WK
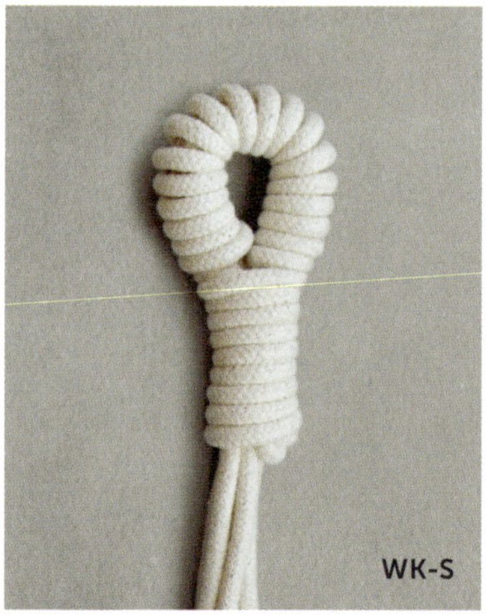
WK-S
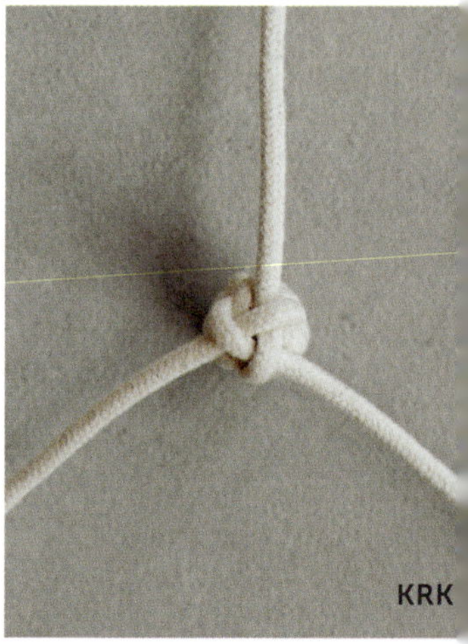
KRK
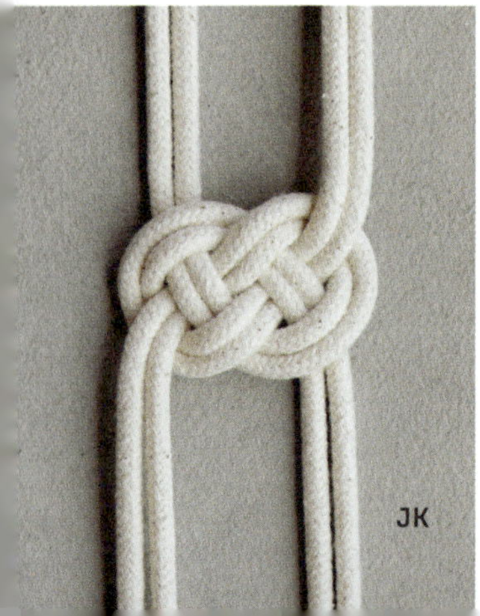
JK
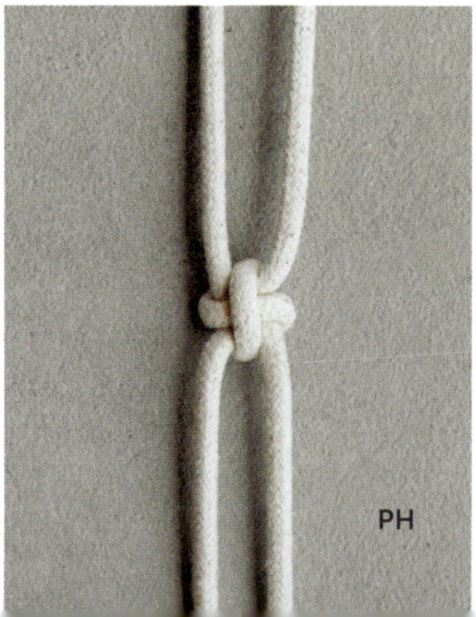
PH
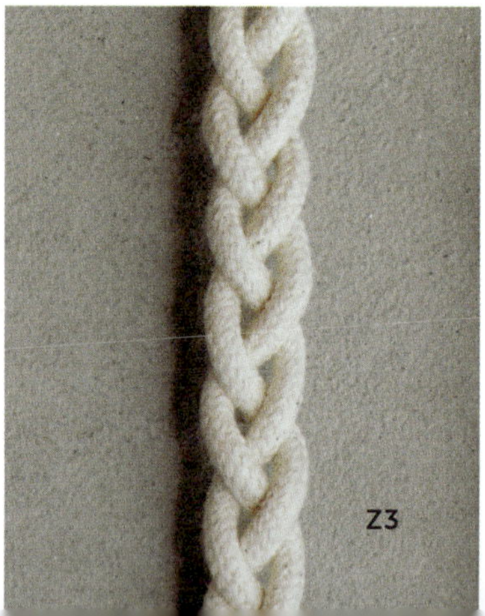
Z3
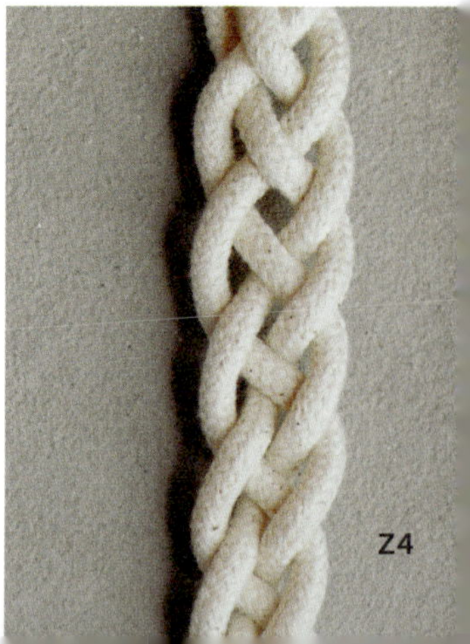
Z4

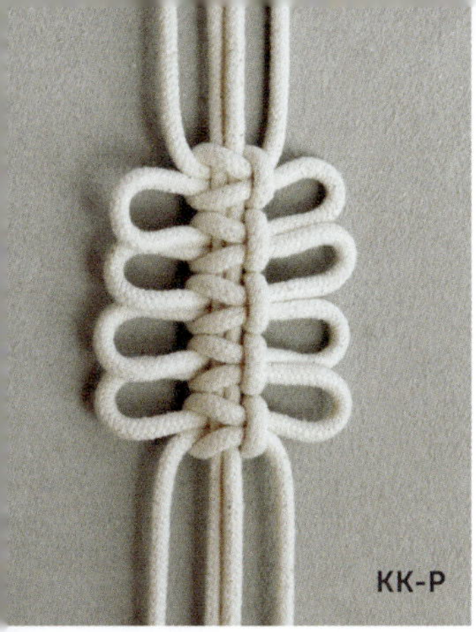

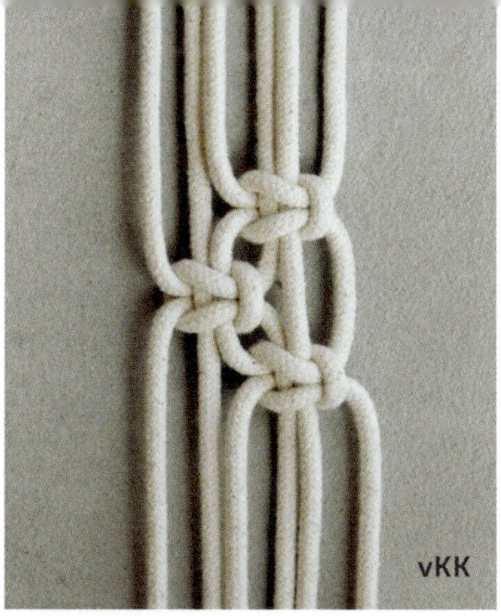

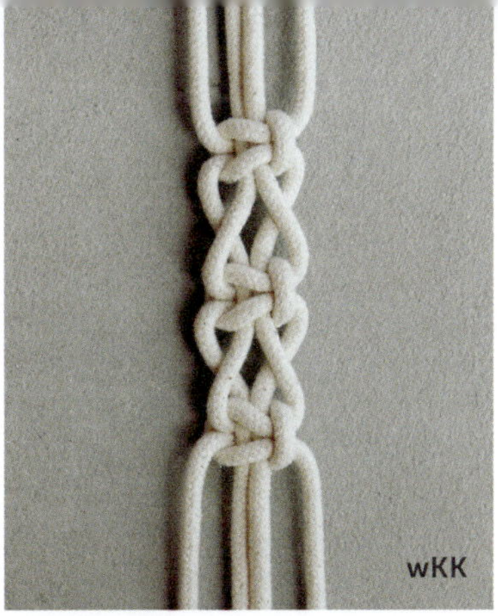

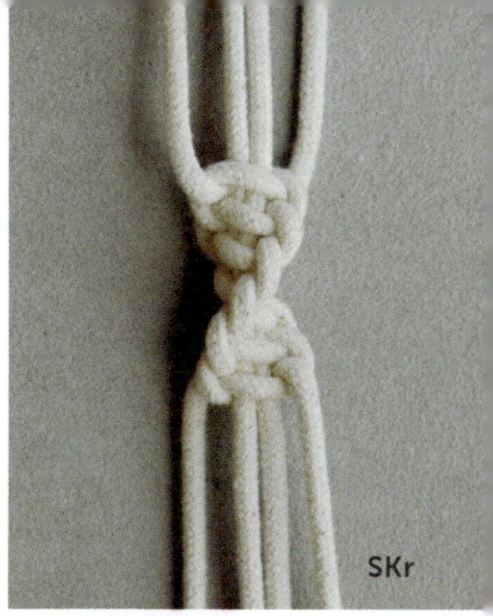

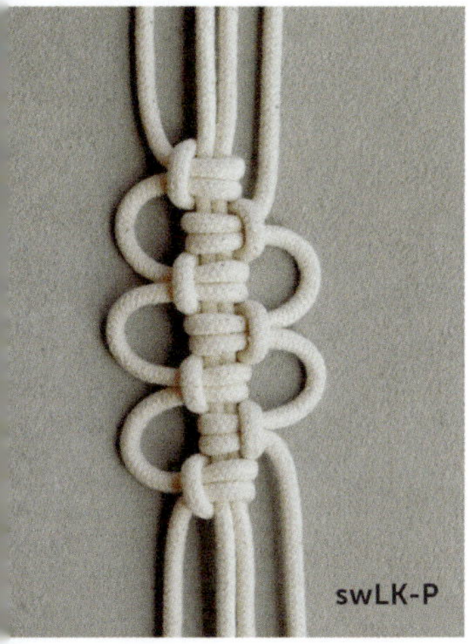

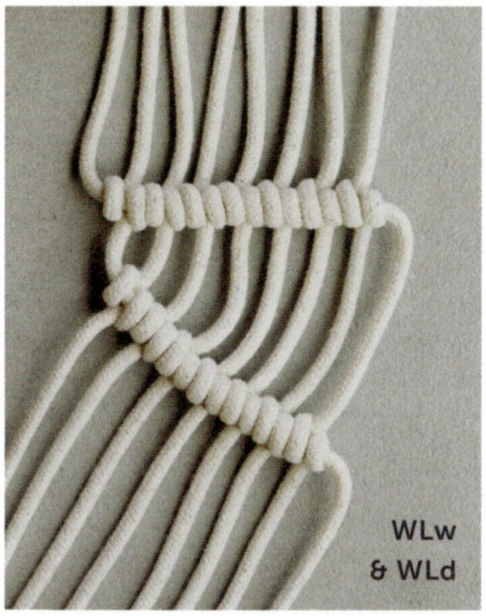

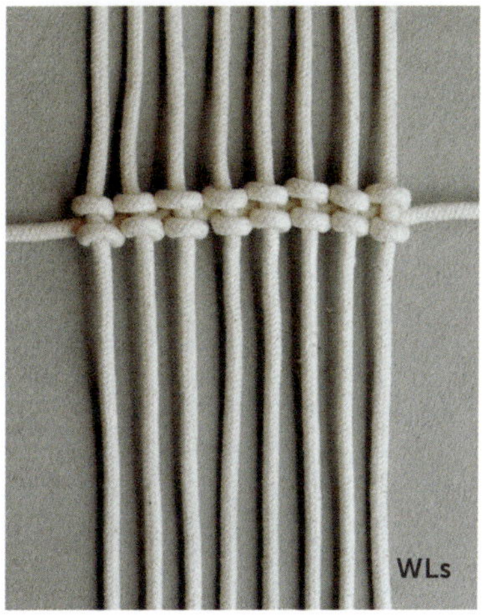

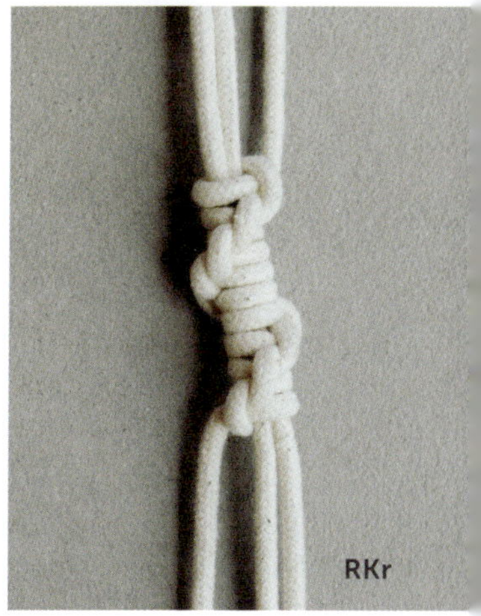

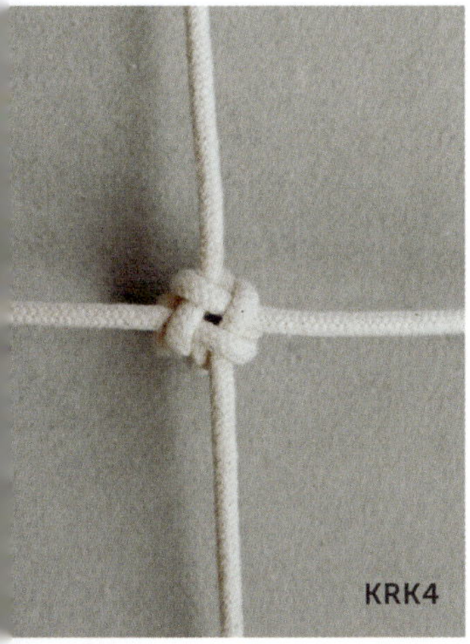

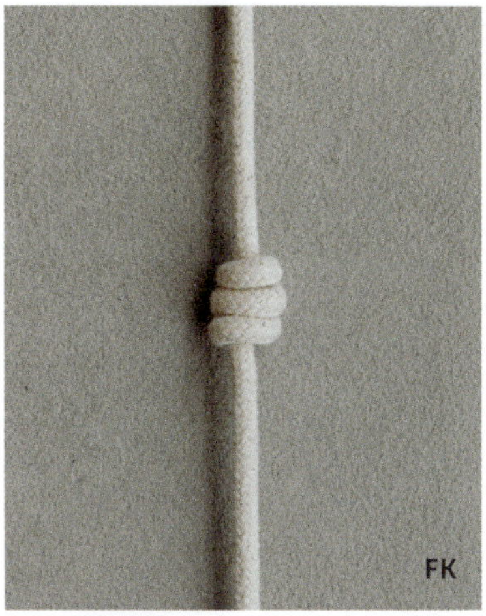

Knoten

In diesem Kapitel werden insgesamt 34 Knüpf- und Flechttechniken vorgestellt. Im Grunde aber basiert Makramee nur auf einer Handvoll von Knoten. Wer Kreuzknoten, Webleinstek und Lerchenkopf beherrscht, kann schon einfache Modelle arbeiten. Für anspruchsvollere Projekte kommen noch der halbe Kreuzknoten, der halbe Schlag, der Josephinenknoten und der Kronenknoten dazu. Mehr brauchst du nicht zu können, um imposante Werke zu knüpfen. Die Abkürzungen dieser Doppelseite werden im Folgenden erklärt.

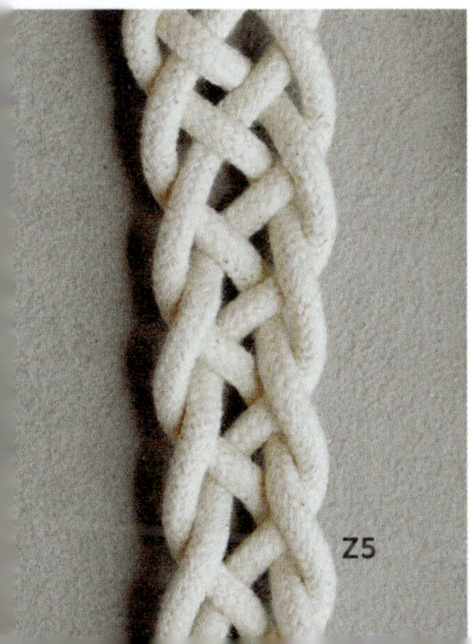

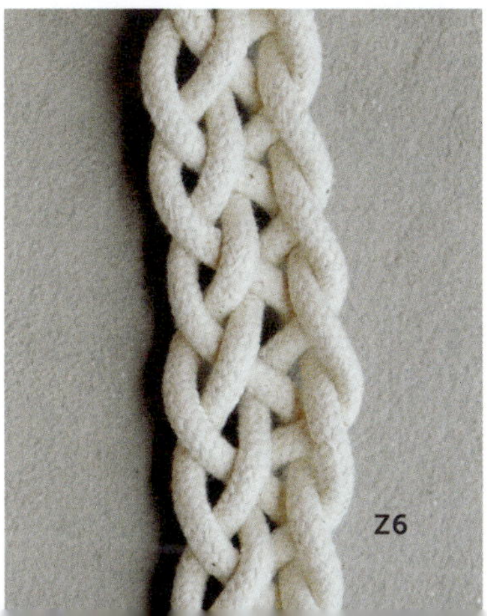

Bündeln

Wer mit vielen langen Schnüren knüpft, kann leicht den Überblick verlieren. Das lässt sich vermeiden, indem man die Schnüre vorläufig zu Gruppen zusammenfasst und bündelt.

Überhandknoten ÜK

Mit dem Überhandknoten lässt sich eine beliebige Anzahl von Schnüren leicht bündeln.

Schritt 1 Die Schnüre fassen und zur Schlaufe legen. Alle Schnurenden durch diese Schlaufe führen.

Schritt 2 An den Enden ziehen, um den Knoten zu schließen.

Schritt 3 Den fertigen Überhandknoten nicht zu fest zuziehen, denn er muss später wieder gelöst werden, um mit den Schnüren zu knüpfen.

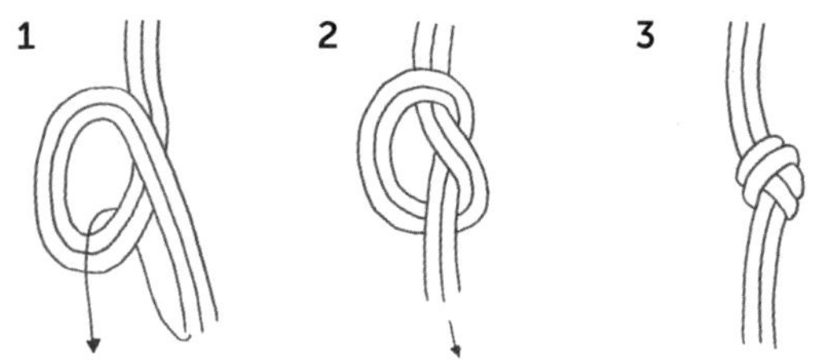

Laufknoten LAK

Auch mit einem Laufknoten kann eine beliebige Anzahl von Schnüren vorübergehend zusammengehalten werden.

Schritt 1 Eine Schnur aus der zu bündelnden Gruppe dient als Arbeitsschnur. Die Arbeitsschnur quer um die anderen Schnüre legen und ihr Ende durch die so entstandene Schlaufe führen.

Schritt 2 Am Ende ziehen, um den Knoten zu schließen.

Schritt 3 Fertig ist der Laufknoten. Auch er darf nicht zu fest gezogen werden, damit er sich später wieder gut öffnen lässt.

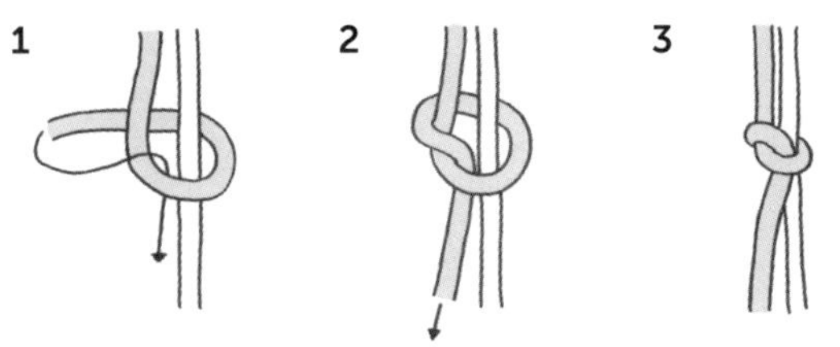

Kreuzknoten

Kreuzknoten (KK) werden oft um Füllschnüre gearbeitet. Die Arbeitsschnüre liegen außen. Je nachdem, in welcher Reihenfolge die Knoten geknüpft werden, liegt der kleine Buckel rechts oder links. Kreuzknoten gehören zu den wichtigsten Makrameeknoten. Netzartige Muster entstehen, wenn man die Füll- und Arbeitsschnüre in jeder Reihe abwechselt.

Schnurverbrauch pro Knoten 4–6-fache Länge des fertigen Knotens oder der Knotengruppe

Kreuzknoten nach rechts KKr

Beim Kreuzknoten nach rechts (KKr) liegt der senkrechte Buckel des fertigen Knotens auf der rechten Seite. Der Kreuzknoten nach links (KKl) wird spiegelverkehrt gearbeitet. Dafür der Anleitung unten folgen, jedoch Schnur A und B bzw. links und rechts vertauschen.

Schritt 1 Schnur B über die weißen Füllschnüre und unter Schnur A legen.

Schritt 2 Schnur A hinter die Füllschnüre führen und von unten nach oben durch die Schlaufe von Schnur B. Schnur A nach rechts ziehen, gleichzeitig Schnur B nach links. Die Füllschnüre dabei gerade halten.

Schritt 3 Schnur B nach rechts über die Füllschnüre und hinter Schnur A legen. Schnur A hinter die Füllschnüre führen und von unten nach oben durch die von Schnur B gebildete Schlaufe.

Schritt 4 An Schnur A und B gleichmäßig ziehen, um den Knoten zu schließen. Die Füllschnüre dabei gerade halten.

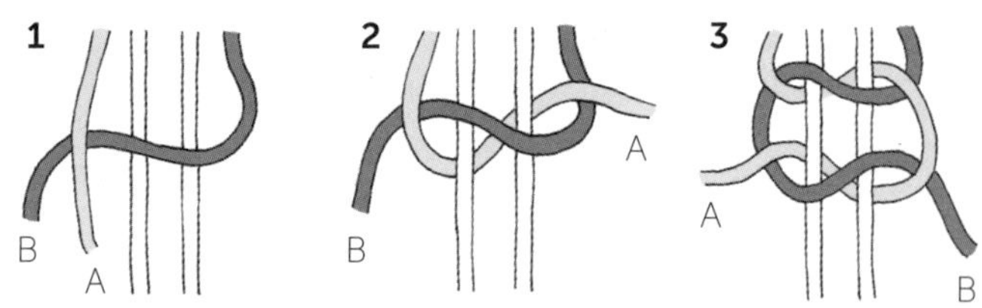

Kreuzknotenband KK-B

Diese Technik sieht man häufiger in Blumenampeln, sie eignet sich aber auch gut für Armbänder. Meist wird über zwei Füllschnüre geknüpft, es können aber auch mehr sein.

Schritt 1 Zuerst einen nach rechts oder links gerichteten Kreuzknoten (siehe oben) knüpfen.

Schritt 2 Das Band nimmt Form an, wenn man mehrere gleiche Kreuzknoten direkt und dicht untereinanderknüpft. Wer mit einem Kreuzknoten nach rechts begonnen hat, fährt also stets mit weiteren Kreuzknoten nach rechts fort. Wer mit einem Kreuzknoten nach links begonnen hat, arbeitet weitere Kreuzknoten nach links.

Schritt 3 Zum Schließen der Knoten an den Arbeitsschnüren ziehen. Dabei die Füllschnüre straff halten.

TIPP Um den Überblick zu behalten, beginne immer mit der Schnur, die hinter dem letzten senkrechten Buckel des Knotens herauskommt. In der Abbildung 3 liegt der letzte Buckel links, also ist die linke Arbeitsschnur an der Reihe.

Schritt 4 Schritt 2 und 3 wiederholen, bis die gewünschte Länge erreicht ist.

TIPP Um zu prüfen, ob du die Schnüre schön gleichmäßig angezogen hast, drehe einfach das Band um. Seine Vorder- und Rückseite sollen gleich aussehen.

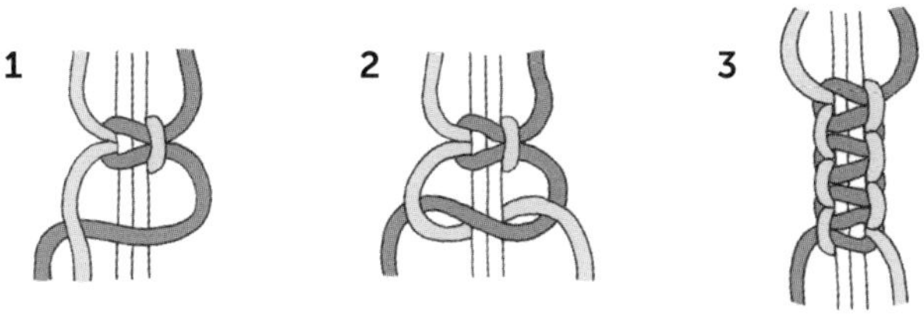

Versetzte Kreuzknoten vKK

Wechselt man bei Kreuzknoten Arbeits- und Füllschnüre, entsteht ein netzartiges Muster.

Schritt 1 Eine Reihe Kreuzknoten knüpfen. In der zweiten Reihe die äußeren Arbeitsschnüre direkt benachbarter Kreuzknoten als Füllschnüre verwenden, die Füllschnüre als Arbeitsschnüre. Dadurch werden die Knoten gegenüber der Vorreihe versetzt.

Schritt 2 Die Knoten festziehen. Liegen die Reihen dicht beieinander, entsteht ein enges Netz. Lockerer wird es durch größere Abstände zwischen den Reihen.

Schritt 3 Reihe 1 und 2 fortlaufend abwechseln.

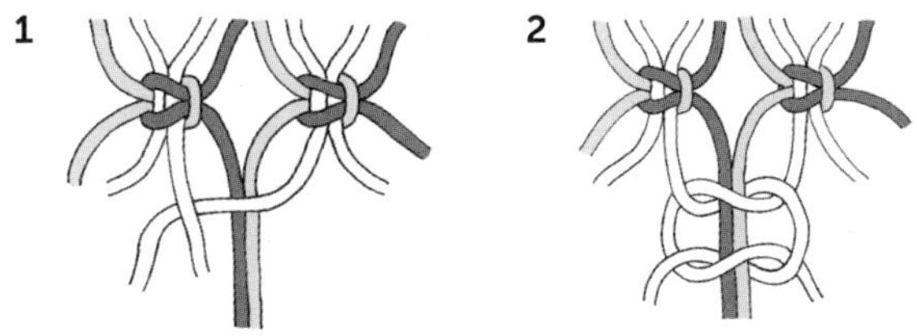

Kreuzknoten mit Picots KK-P

Die Picots sind die dekorativen Schlaufen, die rechts und links aus den Knoten vorspringen.

Schritt 1 Ein Kreuzknotenband knüpfen (siehe oben), dabei zwischen den Knoten gleichmäßige Abstände lassen. Je größer die Abstände, desto größer werden die Picots.

Schritt 2 Am Ende die Füllschnüre mit einer Hand straff halten. Die Knoten mit der anderen Hand nach oben schieben. Für runde Picots etwas Abstand zwischen den einzelnen Kreuzknoten lassen.

Schritt 3 Für ein klassisches Picotmuster die Knoten dicht an dicht zusammenschieben.

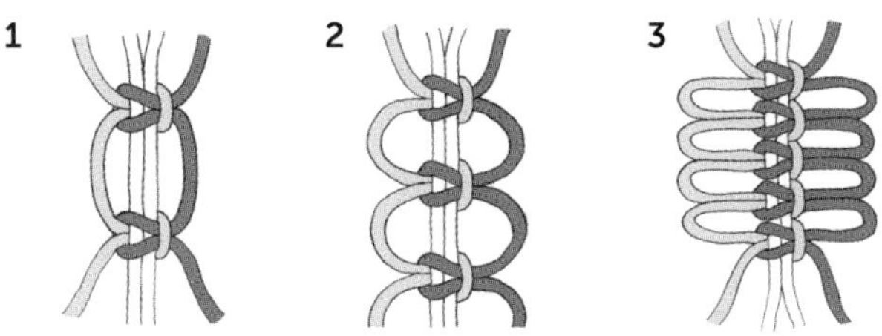

Wechselnde Kreuzknoten wKK

Dieses dekorative Muster entsteht, wenn man Arbeits- und Füllschnüre von Reihe zu Reihe vertauscht. Ein Vorteil dieser Technik ist der gleichmäßige Schnurverbrauch.

Schritt 1 Nach dem ersten Kreuzknoten die Arbeitsschnüre über die Füllschnüre und in die Mitte legen.

Schritt 2 Die Füllschnüre des ersten Kreuzknotens sind nun die Arbeitsschnüre des zweiten Knotens.

Schritt 3 In den folgenden Reihen nach jedem Kreuzknoten die Füll- und Arbeitsschnüre ebenso tauschen. Genug Platz zwischen den Reihen lassen, damit das dekorative Muster sichtbar wird.

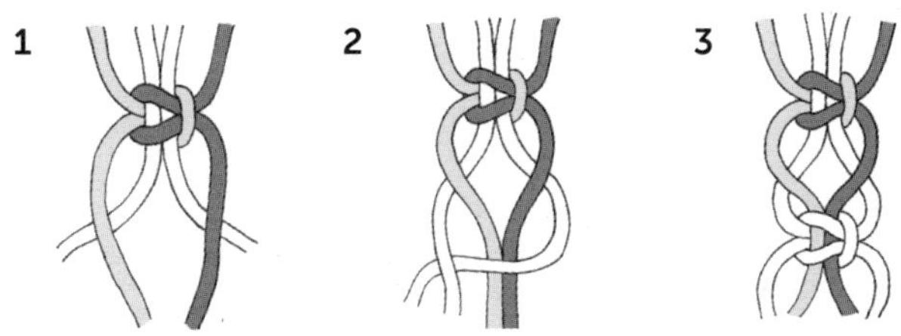

Spiralknoten nach rechts SKr
Auch dieser Knoten kommt in Makrameearbeiten häufig vor. Der Spiralknoten nach rechts entsteht, indem man mehrmals hintereinander nur die erste Hälfte des Kreuzknotens nach rechts knüpft. Für den Spiralknoten nach links (SKl) wird analog nur die erste Hälfte eines Kreuzknotens nach links gearbeitet.

Schritt 1 Schnur B nach links über die Füllschnüre und hinter Schnur A legen. Schnur A hinter die Füllschnüre führen und von unten durch die Schlaufe in Schnur B. Schnur A nach rechts ziehen, Schnur B nach links. Die Füllschnüre gerade halten.

Schritt 2 Schnur A nach links über die Füllschnüre legen, sodass eine Schlaufe entsteht, dann hinter Schnur B legen. Schnur B hinter die Füllschnüre legen und von unten durch die Schlaufe in Schnur A führen. Die Arbeitsschnüre gleichmäßig anziehen. Der Knoten soll von vorn und hinten gleich aussehen.

Schritt 3 Schritt 1 und 2 fortlaufend wiederholen. Dabei entsteht die spiralförmige Anordnung der Knoten. Der Knoten sieht von vorn und hinten gleich aus. Wenn die hintere Spirale auf der Vorderseite erscheint, kannst du wie oben immer fortfahren, ohne die Arbeit zu wenden. Falls nötig, die Knoten nach oben schieben und dabei die Füllschnüre gerade halten.

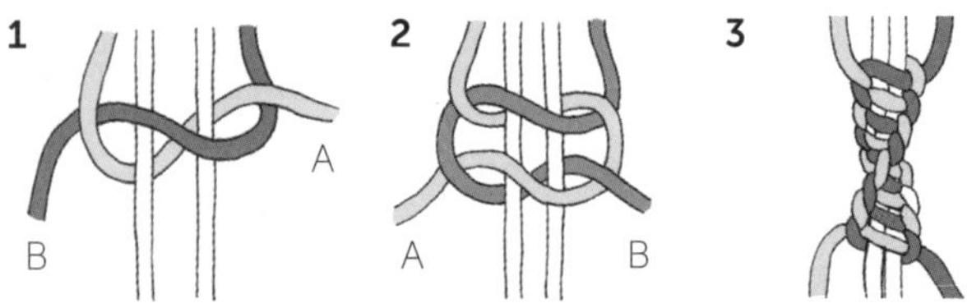

Versetzter halber Kreuzknoten vhKK
Auch hier entsteht durch Tauschen der Arbeits- und Füllschnüre ein Netz. Es müssen jeweils so viele halbe Kreuzknoten geknüpft werden, dass mindestens eine Wendung der Spirale entsteht.

Schritt 1 Eine Reihe Spiralknoten (aus halben Kreuzknoten) knüpfen. Jeder Spiralknoten soll mindestens eine Wendung aufweisen. In der zweiten Reihe Arbeits- und Füllschnüre tauschen und wieder eine Reihe Spiralknoten knüpfen.

Schritt 2 Wieder muss mindestens eine Wendung entstehen. Nach Wunsch weitere Reihen anfügen.

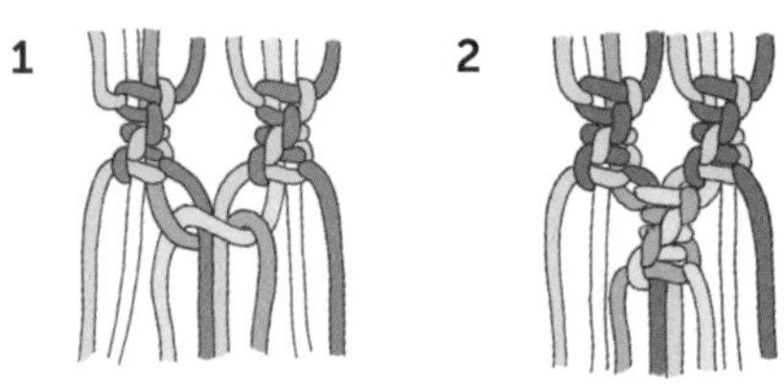

Lerchenkopf

Der Lerchenkopf ist der übliche Knoten, um Schnüre an einer Stange, einem Zweig oder einer Trägerschnur zu befestigen. Am einfachsten ist es, mit einer lockeren Schlaufe zu beginnen. Wenn aber ein Ende der Schnur bereits anderswo befestigt ist, muss die zweite Technik angewandt werden.

Schnurbedarf pro Knoten
6–7-fache Länge des fertigen Knotens, allerdings spielt auch die Dicke der Füllschnur oder Stange eine Rolle.

Lerchenkopf LK
Mit dem Lerchenkopf werden die Schnüre beispielsweise am Anfang eines Wandbehangs an der Stange oder Trägerschnur befestigt. Der Buckel des Knotens liegt vorn.

Schritt 1 Die Schnur zur Hälfte legen. Die Schlaufe von vorn nach hinten über die Stange oder Trägerschnur legen.

Schritt 2 Beide Enden der Schnur durch die Schlaufe führen, dann an ihnen ziehen, um den Knoten zu schließen.

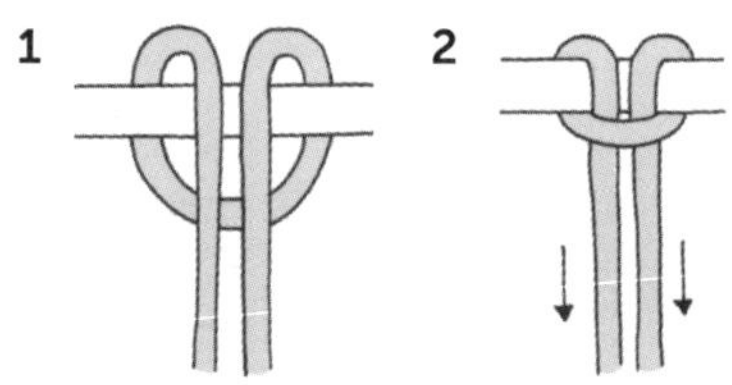

TIPP Die Abbildungen unten zeigen eine andere Arbeitsweise. Sie kommt zum Einsatz, wenn ein Ende der Schnur bereits woanders befestigt ist (siehe Wandbehang Atlantis auf Seite 75).

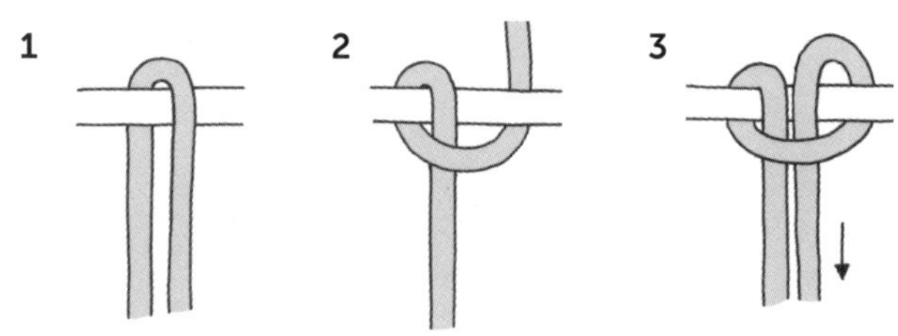

Lerchenkopf von hinten LKh

Der Lerchenkopf von hinten dient ebenfalls zur Befestigung der Schnüre an einer Stange. Er wird entgegengesetzt zur normalen Version gearbeitet, sodass der Buckel auf der Rückseite liegt.

Schritt 1 Die Schnur zur Hälfte falten und von hinten nach vorn um die Stange oder Trägerschnur legen.

Schritt 2 Beide Enden durch die Schlaufe führen und an ihnen ziehen, um den Knoten zu schließen.

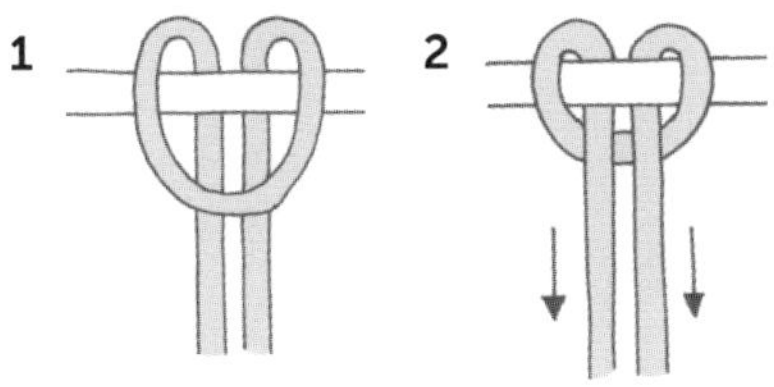

TIPP Wenn ein Schnurende bereits befestigt ist, kommt die unten gezeigte Variante zum Einsatz.

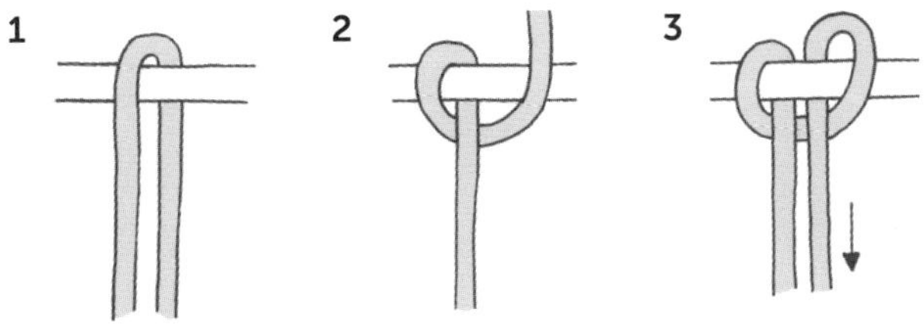

Senkrechter Lerchenkopf nach rechts sLKr

Mit dieser Technik kann man mit nur zwei Schnüren ein dekoratives Band knüpfen. Die Anzahl der Füllschnüre kann selbstverständlich auch erhöht werden. Für den senkrechten Lerchenkopf nach links (sLKl) spiegelverkehrt vorgehen: Die Arbeitsschnur ist links und wird um die Füllschnur (rechts) gelegt.

Schritt 1 Die rechte Arbeitsschnur über die linke Füllschnur legen, dann hinter diese und durch die Schlaufe führen.

Schritt 2 Die Arbeitsschnur nun unter die Füllschnur legen, dann über diese und von vorn nach hinten durch die Schlaufe führen.

Schritt 3 Den Knoten durch Zug an der Arbeitsschnur zuziehen, dabei die Füllschnur straff halten. Schritt 1–3 wiederholen, bis die gewünschte Länge erreicht ist.

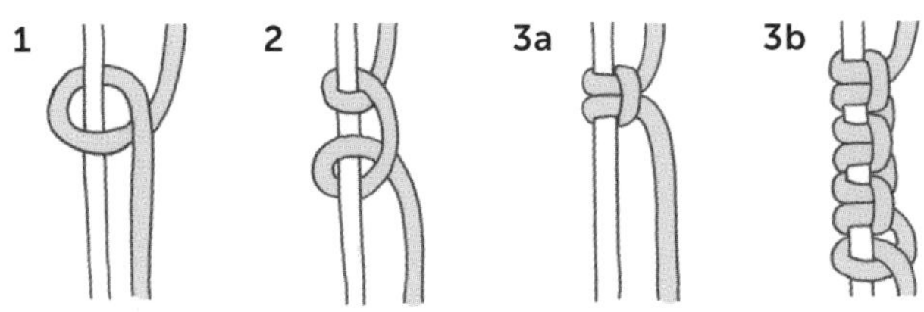

Senkrechter wechselnder Lerchenkopf swLK

Knüpft man die senkrechten Lerchenköpfe abwechselnd von rechts und von links, entsteht ein Band, das breiter als ein Kreuzknotenband ist. Hier wird über 2 Füllschnüre gearbeitet – also insgesamt mit 4 Schnüren. Du kannst dich aber auf eine Füllschnur beschränken.

Schritt 1 Der erste Lerchenkopf kann nach rechts oder links gearbeitet werden. Hier wird mit der linken Arbeitsschnur ein senkrechter Lerchenkopf nach links über 2 Füllschnüre geknotet.

Schritt 2 Nun mit der rechten Arbeitsschnur einen senkrechten Lerchenkopf nach rechts über die beiden Füllschnüre arbeiten.

Schritt 3 Nach links und rechts gerichtete Lerchenköpfe stets abwechseln, bis die gewünschte Länge erreicht ist. Die Knoten sollen dicht an dicht sitzen und die Verbindungsbögen zwischen ihnen sollen gleichmäßig anliegen.

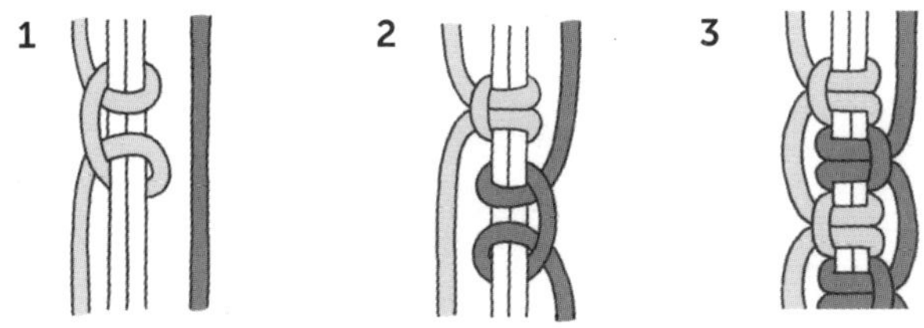

Senkrechter wechselnder Lerchenkopf mit Picots swLK-P

Bei dieser Variante bilden die Verbindungsschnüre zwischen den Lerchenköpfen dekorative Picots.

Schritt 1 Zuerst einen senkrechten Lerchenkopf nach links und einen weiteren nach rechts knüpfen. Dabei etwas Abstand zwischen den Knoten lassen. Die fertigen Knoten auf den Füllschnüren hochschieben. Je größer der Abstand, desto größer fallen die Picots aus.

Schritt 2 Weiter im Wechsel Lerchenköpfe nach links und rechts knüpfen, dabei auf gleichmäßige Abstände achten. Die Knoten jeweils hochschieben.

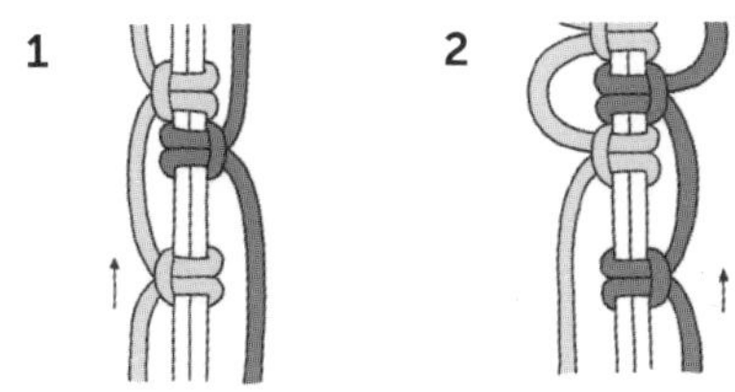

Webleinstek

Neben dem Kreuzknoten ist der Webleinstek einer der meistverwendeten Knoten für Wandbehänge. Weil er senkrecht, waagerecht und diagonal geknüpft werden kann, eignet er sich für raffinierte Muster wie Schmetterlinge oder Blätter. Jeder Einzelknoten besteht aus zwei Schlaufen, die um die Füllschnur gelegt werden. Für waagerecht und diagonal verlaufende Knotenreihen muss die Füllschnur lang genug für die gewünschten Musterlinien sein.

Schnurverbrauch pro Knoten
Arbeitsschnur in 5–7-facher Länge des fertigen Knotens

Webleinstek waagerecht WLw
Hier bilden die Knoten eine gerade, waagerechte Linie über das Werkstück. Die Füllschnur verläuft von links nach rechts, von rechts nach links oder hin und her.

Schritt 1 Für eine Reihe von links nach rechts die äußerste linke Schnur (Füllschnur) waagerecht über alle anderen Schnüre der Fläche legen. Die zweite Schnur von links dient als Arbeitsschnur für den ersten Webleinstek. Nach vorn holen und nach links um die Füllschnur legen. Die Umschlingung zuziehen, dabei die Füllschnur leicht anheben.

Schritt 2 Nun die Arbeitsschnur nach rechts um die Füllschnur wickeln (von vorne nach hinten) und ihr Ende durch die entstandene Schlinge ziehen. An der Arbeitsschnur ziehen, um den Knoten zu schließen. Schritt 1 und 2 mit der jeweils rechts befindlichen Schnur wiederholen.

Schritt 3 Um darunter eine zweite Reihe zu knüpfen, die Füllschnur in die entgegengesetzte Richtung biegen, sodass sie von rechts nach links über allen Schnüren liegt. Schritt 1 und 2 wiederholen. Mit der ersten Schnur von rechts beginnen, dann nach links vorarbeiten.

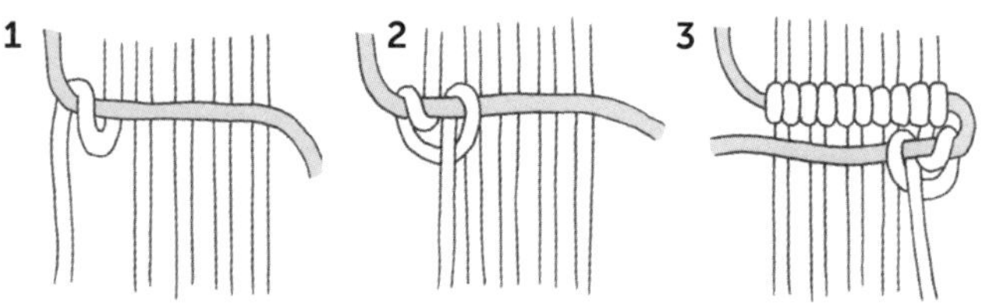

Webleinstek diagonal WLd
Die Technik unterscheidet sich nicht grundsätzlich vom waagerechten Webleinstek, allerdings wird hier eine schräge Reihe aus Knoten gearbeitet.

Schritt 1 Für eine schräge Reihe von links nach rechts die äußerste linke Schnur (Füllschnur) schräg über alle anderen legen. Mit der zweiten Schnur von links den ersten Webleinstek knoten. Nach rechts vorarbeiten. Jeder Webleinstek sitzt etwas tiefer als der vorherige, um eine schräge Linie zu erhalten.

Schritt 2 Um darunter eine zweite Reihe zu knüpfen, die Füllschnur in die entgegengesetzte Richtung biegen, sodass sie von rechts nach links über allen Schnüren liegt. Schritt 1 und 2 wiederholen. Mit der ersten Schnur von rechts beginnen, dann nach links vorarbeiten.

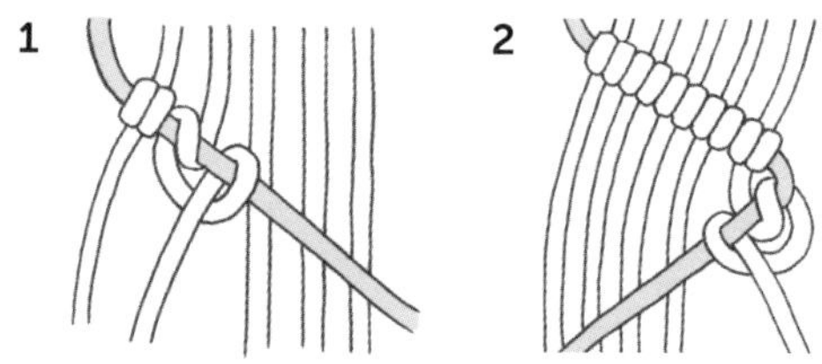

Webleinstek senkrecht WLs
Diese Technik unterscheidet sich von den beiden vorherigen. Hier dienen die senkrechten Schnüre als Füllschnüre, und die Arbeitsschnur bleibt immer gleich. Die einzelnen Knoten werden jedoch wie zuvor geknüpft, allerdings um 90 Grad gedreht.

Schritt 1 Für eine Reihe von links nach rechts ist die äußerste linke Schnur die erste Füllschnur. Die Arbeitsschnur wie gehabt um die Füllschnur legen und die Wicklung vorsichtig festziehen.

Schritt 2 Um den ersten Webleinstek zu beenden, die Arbeitsschnur unter der ersten Wicklung nochmals um die Füllschnur legen und ihr Ende durch die entstandene Schlinge ziehen (2a). Den Knoten festziehen (2b).

Schritt 3 Schritt 1 und 2 wiederholen, bis die Reihe beendet ist.

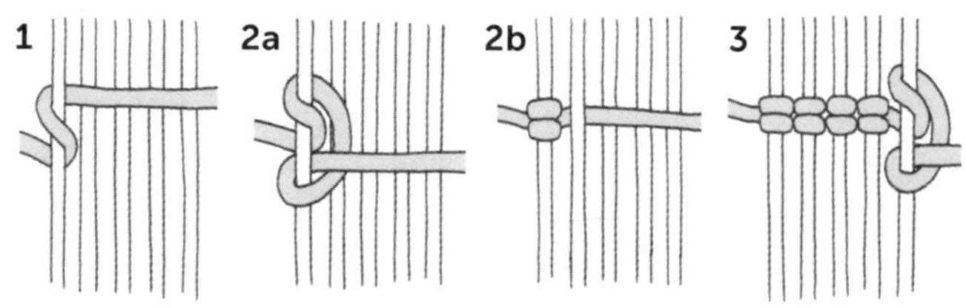

Rippenknoten

Diese einfache Spirale entsteht, indem man die Arbeitsschnur mehrmals und immer in derselben Richtung um die Füllschnur schlingt. Jeder einzelne Knoten der Spirale ist ein halber Schlag.

Schnurverbrauch pro Knoten 4–5-fache Länge der Spirale

Rippenknoten nach rechts RKr
Die Arbeitsschnur liegt rechts von den Füllschnüren und wird über vorne um sie geschlungen. Die Spirale verläuft von rechts nach links. Für eine Spirale von links nach rechts ebenso vorgehen, aber die Arbeitsschnur ist links.

Schritt 1 Die Arbeitsschnur über vorn nach hinten um die Füllschnüre legen und das Ende durch die Schlaufe ziehen.

Schritt 2 Den ersten Knoten behutsam festziehen. Dabei die Füllschnüre straff halten.

Schritt 3 Schritt 1 und 2 wiederholen. Zwischendurch die Knoten dicht zusammenschieben.

Schritt 4 Schritt 1–3 wiederholen, bis die gewünschte Länge erreicht ist.

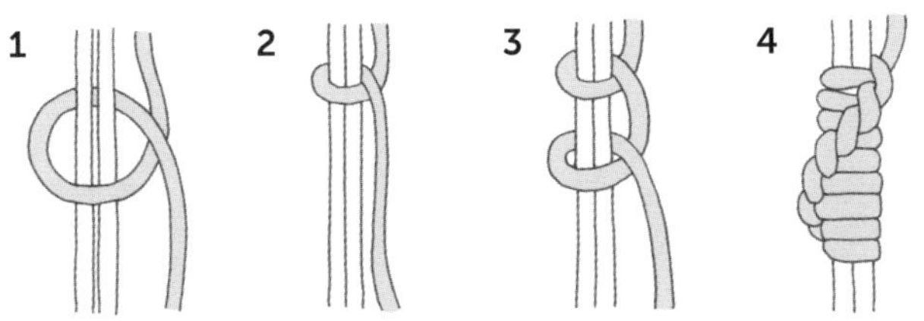

Wechselnder halber Schlag wHS
Bei dieser Technik wird nur mit zwei Schnüren gearbeitet. Eine Schnur dient als Füllschnur, die andere als Arbeitsschnur. Nach jedem Knoten tauschen die beiden Schnüre ihre Rollen.

Schritt 1 Zuerst mit der linken Schnur einen halben Schlag um die rechte Schnur knoten.

Schritt 2 Für den zweiten halben Schlag die Füllschnur aus Schritt 1 als Arbeitsschnur verwenden und um die linke Schnur knoten.

Schritt 3 Schritt 1 und 2 wiederholen.

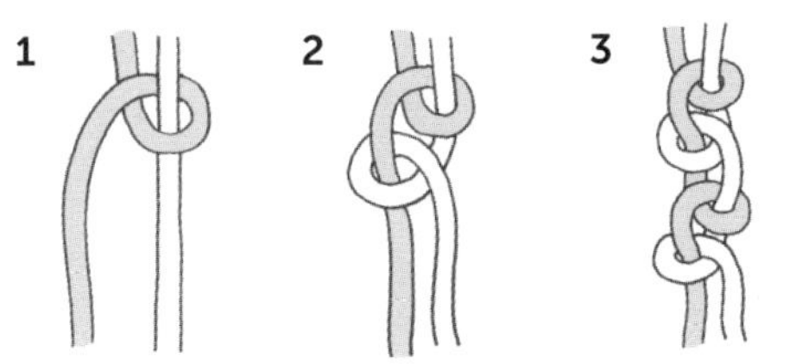

Wickelknoten

Wickelknoten eignen sich gut, um alle Schnurenden sauber zusammenzuhalten. Man kann sie auch für Schlaufen verwenden, beispielsweise für Blumenampeln. Für einen Wickelknoten wird zuerst mit dem Arbeitsfaden eine Schlinge gebildet. Dann den Arbeitsfaden mehrmals um die Schlaufe und/oder die Füllschnüre wickeln und durch die Schlinge ziehen.

Schnurverbrauch pro Knoten
8–10-fache Länge des fertigen Wickelknotens, hängt zusätzlich davon ab, wie viele Füllschnüre umwickelt werden.

Wickelknoten WK
Für den einfachen Wickelknoten wird eine Arbeitsschnur um eine beliebige Anzahl Füllschnüre gewickelt. Die Länge der Arbeitsschnur hängt von drei Faktoren ab: der Anzahl der Wicklungen, der Anzahl der Füllschnüre und der Dicke der Schnur. Es empfiehlt sich, die Arbeitsschnur lieber etwas länger zuzuschneiden. Übung macht den Meister.

Schritt 1 Die Füllschnüre zusammenfassen. Die Arbeitsschnur in einem u-förmigen Bogen darauflegen. Nun die Füllschnüre von oben nach unten mit der Arbeitsschnur eng umwickeln. Bei der ersten Wicklung (in der die Arbeitsschnur sich selbst kreuzt), die Arbeitsschnur noch mit einer Hand festhalten. Später kannst du loslassen und das Bündel beim Wickeln drehen. Dicht an dicht wickeln.

Schritt 2 Wenn noch etwa 1 cm des U-Bogens zu sehen ist, das Ende der Arbeitsschnur durch diese Schlaufe ziehen.

Schritt 3 Am oberen Ende der Arbeitsschnur ziehen, sodass die Schlaufe mit dem durchgezogenen Ende unter den Wicklungen verschwindet. Das obere und untere Ende der Arbeitsschnur können jetzt abgeschnitten werden.

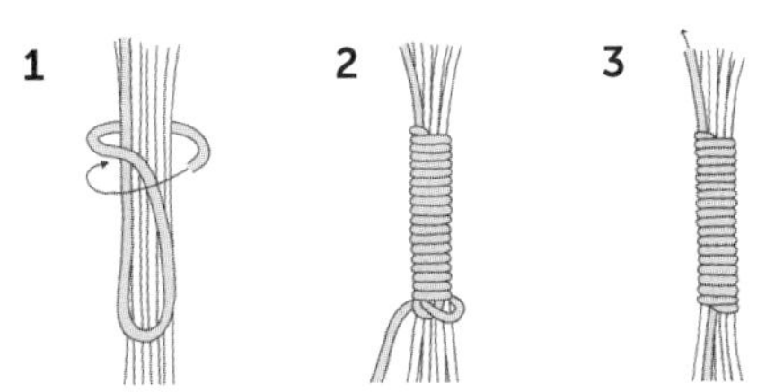

Wickelknoten unter einem Ring WK-R

Manchmal sitzen Wickelknoten direkt unter einem anderen Element, entweder einem Knoten oder etwa einem Ring. Hier wird der Wickelknoten unter einem Ring erklärt. Für die abschließenden Schritte gibt es zwei Varianten. Probiere aus, mit welcher du besser zurechtkommst.

Schritt 1 Alle Schnüre durch den Ring ziehen. Die Arbeitsschnur für die Wicklung muss extralang sein. Einen u-förmigen Bogen in die Arbeitsschnur legen. Der Wickelknoten reicht vom Ring bis zum unteren Ende des Bogens. Der Bogen muss also die gewünschte Länge haben.

In der ersten Runde ist es am einfachsten, die Arbeitsschnur mit einer Hand festzuhalten (dort, wo sie sich selbst kreuzt). Danach kannst du sie loslassen und das Bündel drehen. Dicht an dicht ohne Lücken wickeln.

Schritt 2 Wenn noch etwa 1 cm der unteren Schlaufe zu sehen ist, nicht weiterwickeln.

Variante 1

Schritt 2a Die Arbeitsschnur von vorn durch die Schlaufe ziehen.

Schritt 2b Mit einer Zange am oberen Ende der Arbeitsschnur ziehen, sodass die Schlaufe unter die Wicklungen rutscht. Dabei darauf achten, welche Füllschnüre versehentlich aus der Wicklung gezogen werden, und diese nach unten ziehen, damit die Wicklung schön fest wird.

Variante 2

Schritt 3a Die Schnur mehrmals locker um die Wicklung legen. Es muss nicht ordentlich aussehen. Das Ende der Arbeitsschnur von vorn durch die Schlaufe ziehen. Nun die Stelle suchen, an der die festen Wicklungen enden, und die lockeren Wicklungen hier fest und dicht an dicht anordnen.

Schritt 3b Am Ende der Arbeitsschnur ziehen, um die letzte Wicklung stramm zu ziehen.

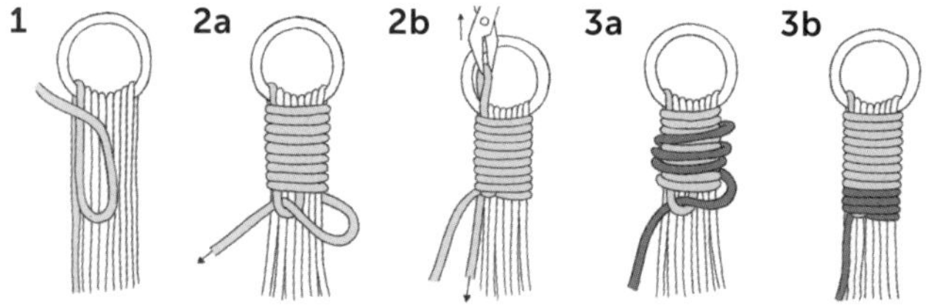

Wickelknotenschlaufe WK-S

Hier besteht auch die Schlaufe selbst aus einem Wickelknoten. Das ist praktisch, wenn – beispielsweise für eine Blumenampel – kein Ring zur Hand ist. Die Technik ist einfach. Die ganze Schlaufe besteht aus zwei Wickelknoten, darum muss die Arbeitsschnur sehr lang sein, damit sie auch für die zweite Wicklung ausreicht.

Schritt 1 Mit einem normalen Wickelknoten beginnen. Wenn die Füllschnüre an beiden Enden gleich lang sein sollen, muss er genau in der Mitte dieser Schnüre sitzen. Den Bogen in der Arbeitsschnur mittig auf die Füllschnüre legen und wie beim normalen Wickelknoten fortfahren.

Schritt 2 Den Wickelknoten umbiegen und fest zusammendrücken. Mit dem langen Ende der Arbeitsschnur einen zweiten Wickelknoten um nun doppelt so viele Füllschnüre arbeiten.

Schritt 3 Weil man nicht am Schnurende ziehen kann, um die Schlaufe unter die Wicklungen zu bringen, wird der Abschluss wie im Schritt 3a/b für den Wickelknoten unter einem Ring (siehe links) gearbeitet. Also aufhören zu wickeln, wenn noch 1 cm des Bogens zu sehen ist. Die Arbeitsschnur mehrmals locker um den Wickelknoten legen und das Ende durch die Schlaufe ziehen. Dann die Wicklungen straff und dicht anordnen und an der Arbeitsschnur ziehen, um die letzte Wicklung stramm zu ziehen.

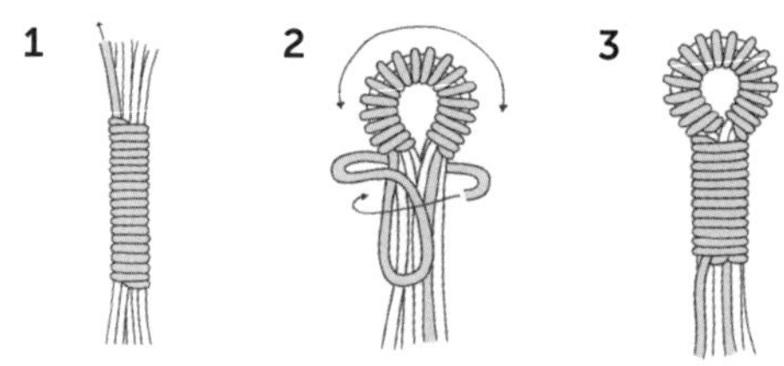

Kronenknoten

Der Kronenknoten macht Anfängern manchmal etwas Mühe, aber keine Sorge: Nach der dritten Sequenz wird es einfacher. Man kann diesen Knoten mit drei oder mehr Schnüren knüpfen. Die Technik ist immer gleich: Eine Schnur über die benachbarte legen, festziehen und wiederholen. Bei manchen Blumenampeln werden Kronenknoten mit Strängen aus mehreren Schnüren gearbeitet. Auch dabei kommt dieselbe Technik zum Einsatz.

Schnurverbrauch pro Knoten
4–5-fache Länge des fertigen Knotens

Kronenknoten mit 3 Schnüren KRK3
Beim Knüpfen mit 3 Schnüren entsteht eine »Röhre« mit einem schräg verlaufenden Muster. Der Knoten wird oben begonnen und in Runden gearbeitet. Für den Anfang die Schnüre auf einen Tisch legen, um sie in der richtigen Reihenfolge anordnen zu können.

Schritt 1 Die 3 Schnüre zeigen in verschiedene Richtungen. Man kann sie in der Mitte zusammenknoten. Anderenfalls die Schnüre anfangs mit einer Hand festhalten und den Kronenknoten mit der anderen Hand knüpfen.

Schritt 2 Eine Schnur im Uhrzeigersinn so über die nächste legen, dass eine Schlaufe entsteht.

Schritt 3 Die zweite Schnur über die erste und dritte legen.

Schritt 4 Die dritte Schnur über die zweite und die Basis der ersten legen, dann durch die Schlaufe der ersten Schnur ziehen. An allen Schnüren gleichzeitig ziehen, um den Knoten zu schließen.

Schritt 5 Die erste Runde ist fertig. Schritt 2–4 wiederholen, bis die gewünschte Länge erreicht ist.

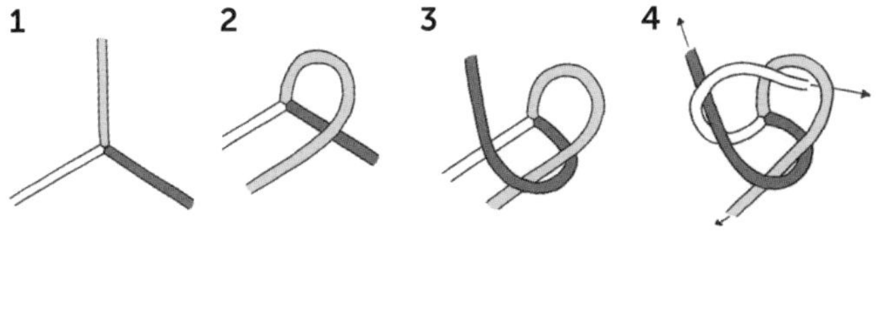

Kronenknoten mit 4 Schnüren KRK4
Meist werden Kronenknoten mit 4 Schnüren geknüpft – vielleicht, weil sie besonders ordentlich aussehen.

Schritt 1 Die 4 Schnüre zeigen in verschiedene Richtungen. Entweder mit einem Knoten in der Mitte fixieren oder die Mitte zunächst mit einer Hand festhalten und mit der anderen knüpfen. Alternativ 2 Schnüre über Kreuz legen.

Schritt 2 Eine Schnur erfassen und so über die (im Uhrzeigersinn) nächste legen, dass eine Schlaufe entsteht. Die zweite Schnur über die erste und dritte legen.

Schritt 3 Die dritte Schnur über die zweite und vierte legen. Die vierte Schnur über die dritte und die Basis der ersten legen, dann durch die Schlaufe der ersten Schnur ziehen. An allen 4 Schnüren gleichmäßig ziehen, um den Knoten zu schließen.

Schritt 4 Die erste Runde ist fertig. Schritt 2 und 3 wiederholen, bis die gewünschte Länge erreicht ist.

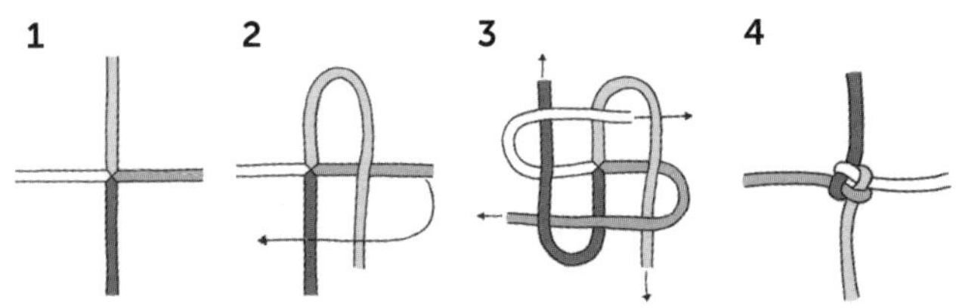

Zierknoten

Fassknoten FK
Dieser Knoten sieht sehr sauber und ordentlich aus. Umwickelt man die Schnur dreimal, wirkt er fast wie eine kleine, dekorative Perle. Er eignet sich auch sehr gut als Abschluss, um das Ausfransen des Schnurendes zu verhindern. Die Arbeitsschnur muss 6–8-mal so lang sein wie der fertige Knoten.

Schritt 1 Die Schnur zur Schlinge legen und das Ende dreimal um die linke Seite der Schlaufe wickeln – oder öfter, wenn der Knoten länger werden soll. Das untere Ende mit einer Hand festhalten. Vorsichtig mit der anderen Hand das andere Ende nach oben ziehen, um den Knoten zu schließen.

Schritt 2 Um den Knoten zu sichern, vorsichtig an beiden Enden ziehen.

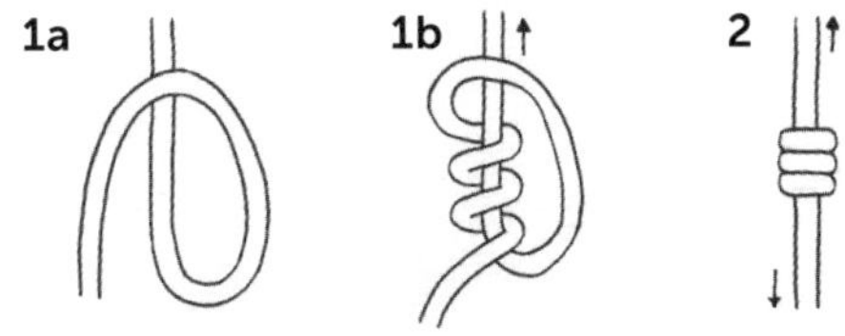

Josephinenknoten JK

Den dekorativen Josephinenknoten kannst du mit einer oder mehreren Lagen knüpfen. Er sieht beeindruckend kompliziert aus, aber wenn man das Prinzip einmal verstanden hat, ist er gar nicht so schwierig.

Schritt 1 In Schnur A eine Schlaufe legen. Schnur B über die Schlaufe legen, dann mit Schnur B ebenfalls eine Schlaufe bilden: Unter das untere Ende von Schnur A legen, dann über, unter Schnur A, über Schnur B und wieder unter Schnur A.

Schritt 2 Nun hast du zwei ineinander verschlungene Schlaufen. An allen vier Enden ziehen, um den Knoten zu schließen.

Für einen mehrsträngigen Josephinenknoten die Schnüre nicht festziehen, sondern Schnur C links und Schnur D rechts danebenlegen.

Schritt 3 Nun Schnur C parallel zu Schnur A fädeln, dann Schnur D parallel zu Schnur B führen. An CA und BD gleichmäßig ziehen, um den Knoten zu schließen.

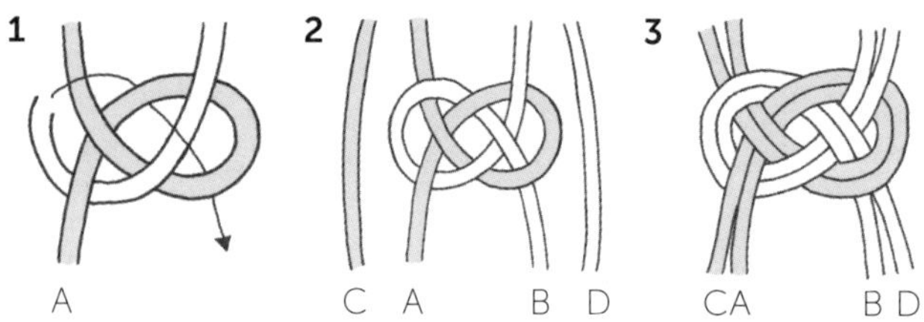

Pfaffenhut PH

Dieser Knoten wird mit zwei Schnüren geknüpft und bildet ein kleines Kreuz oder Pluszeichen auf seiner Oberseite.

Schritt 1 Die beiden Schnüre liegen parallel. Das Ende von Schnur B nach links unter Schnur A führen und über Schnur A wieder nach rechts legen.

Schritt 2 Das untere Ende von Schnur A nach oben über die Schlaufe legen.

Schritt 3 Das Ende von Schnur A zwischen die oberen Enden der Schnüre legen und hinter der Schlaufe wieder nach unten führen.

Schritt 4 Das untere Ende von Schnur B von rechts nach links unter Schnur A legen, dann von rechts nach links durch die von Schnur A gebildete senkrechte Schlaufe führen. Vorsichtig an Schnur B ziehen.

Schritt 5 Gleichmäßig an allen Enden ziehen, damit der Knoten ein sauberes Kreuz bildet.

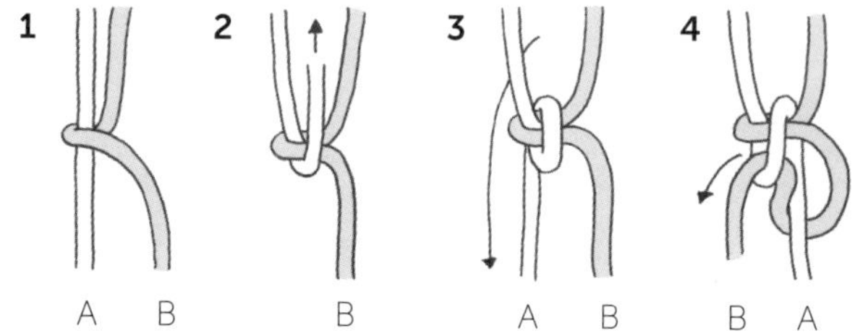

Zöpfe

Die meisten Menschen können Zöpfe mit 3 Strängen flechten – oft sogar, ohne groß über die Technik nachzudenken. Schwieriger wird es mit mehr als 3 Strängen. Bei der konventionellen Methode werden immer die äußeren Stränge zur Mitte gelegt. Für 4, 5 oder 6 Stränge gibt es andere Techniken. Unabhängig von der Anzahl der Stränge finde ich persönlich es am einfachsten, immer die äußerste linke Schnur durch die anderen hindurchzuflechten.

Zopf mit 3 Strängen Z3

Der einfachste Zopf besteht aus 3 Strängen. Wenn er insgesamt dicker werden soll, nimm einfach pro Strang mehrere Schnüre. Die Technik ändert sich dadurch nicht.

Schritt 1 Die 3 Stränge liegen parallel. Schnur A nach rechts über Schnur B legen.

Schritt 2 Schnur C nach links über Schnur A legen.

Schritt 3 Schnur B nach rechts über Schnur C legen.

Schritt 4 Schnur A nach links über Schnur B legen.

Schritt 5 So fortfahren: immer abwechselnd die linke und rechte Schnur Richtung Mitte zwischen die beiden anderen legen.

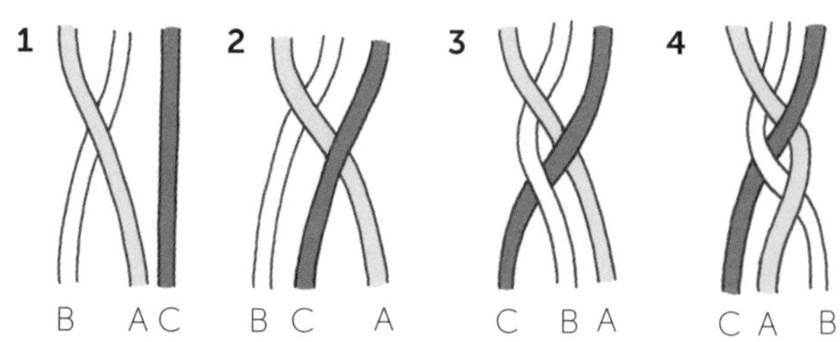

Zopf mit 4 Strängen Z4

Hier kreuzen zuerst die Schnüre B und D rechts über links. Schnur A über D und unter C legen. Dann immer die äußerste linke Schnur unter, über und unter die anderen legen, bis sie ganz rechts liegt. Die Reihenfolge der Schnüre nicht durcheinanderbringen.

Schritt 1 Die 4 Schnüre liegen parallel. Schnur B nach links über Schnur A legen, und Schnur D nach links über Schnur C legen.

Schritt 2 Jetzt mit Schnur A arbeiten. Nach rechts über Schnur D und dann unter Schnur C legen.

Schritt 3 Weiter geht es mit Schnur B: Unter Schnur D, über Schnur C und dann unter Schnur A legen. Die Arbeitsschnur jeweils nach oben schieben, damit der Zopf dicht wird.

Schritt 4 Von nun an Schritt 3 immer mit der linken Schnur wiederholen: Unter, über und unter die anderen legen, bis die gewünschte Länge erreicht ist. Ab und zu an den Schnüren ziehen, damit der Zopf schön dicht wird.

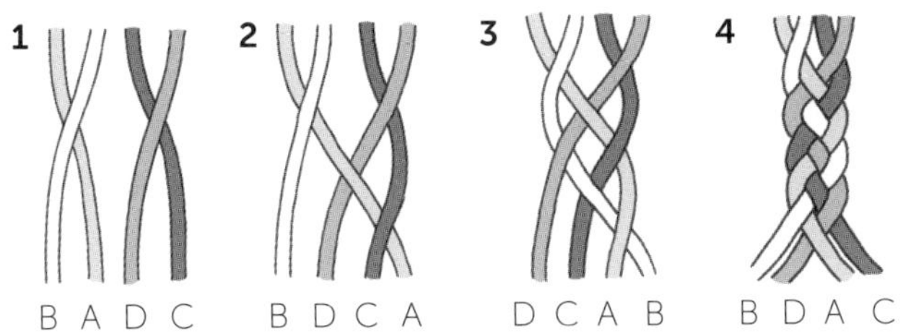

Zopf mit 5 Strängen Z5

Für diesen Zopf zuerst Schnur A über B und Schnur E über D zur Mitte hin kreuzen. Dann wird Schnur A wie beim 4er-Zopf nach rechts geflochten. Anschließend wird immer mit der äußersten linken Schnur von links nach rechts gearbeitet. Die Reihenfolge der Schnüre nicht durcheinanderbringen!

Schritt 1 Die 5 Schnüre liegen parallel. Schnur A nach rechts über Schnur B legen. Schnur E nach links über Schnur D legen.

Schritt 2 Schnur A nach rechts unter Schnur C, über Schnur E und unter Schnur D legen, sodass sie ganz nach rechts gelangt.

Schritt 3 Nun mit Schnur B fortfahren. Über Schnur C, unter Schnur E, über Schnur D und dann unter Schnur A legen. Die Arbeitsschnur (B) leicht nach oben schieben und die anderen Schnüre straff halten, damit der Zopf schön dicht wird.

Schritt 4 Von nun an Schritt 3 immer mit der linken Schnur wiederholen: Über, unter, über und unter die anderen legen, bis die gewünschte Zopflänge erreicht ist. Ab und zu an den Schnüren ziehen, damit der Zopf schön dicht wird.

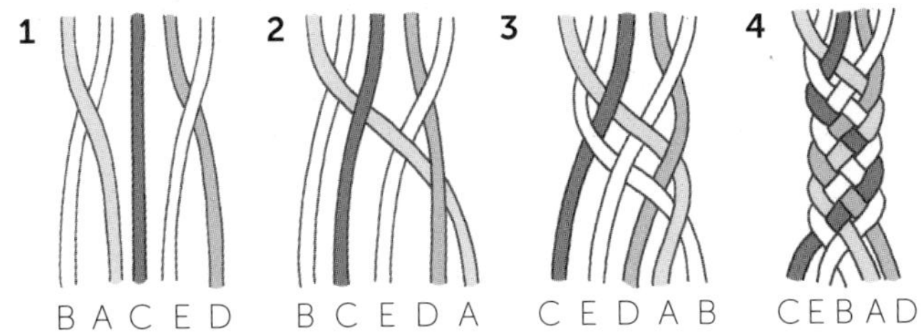

Zopf mit 6 Strängen Z6

Dieses attraktive Flechtmuster wird gern für Gürtel verwendet. Der Anfang ist etwas komplizierter, aber ab Schritt 4 wird genauso gearbeitet wie bei Zöpfen mit 4 oder 5 Strängen.

Schritt 1 Die 6 Stränge liegen parallel. Schnur C nach rechts über Schnur D legen. Schnur D nach links über Schnur B legen. Schnur E nach links über Schnur C legen.

Schritt 2 Schnur B nach rechts über Schnur E legen.

Schritt 3 Schnur C nach rechts über Schnur F legen. Dann mit Schnur B fortfahren: Nach rechts unter Schnur F und dann über Schnur C legen, sodass sie ganz rechts liegt.

Schritt 4 Mit Schnur A über die ganze Breite fortfahren. Nach rechts über Schnur D, unter Schnur E, über Schnur F unter Schnur C und dann über Schnur B. Die Arbeitsschnur (A) leicht nach oben schieben und die anderen Schnüre straff halten, damit der Zopf dicht wird.

Schritt 5 Von nun an Schritt 4 immer mit der linken Schnur wiederholen: Über, unter, über, unter, über die anderen Schnüre legen, bis die gewünschte Zopflänge erreicht ist. Die Reihenfolge nicht durcheinanderbringen. Ab und zu an den Schnüren ziehen, damit der Zopf schön dicht wird.

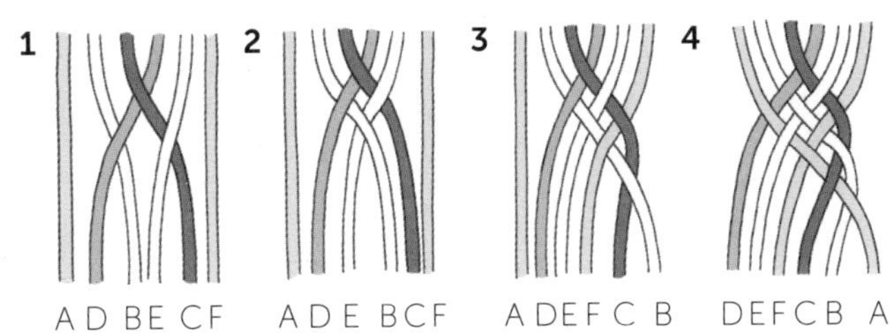

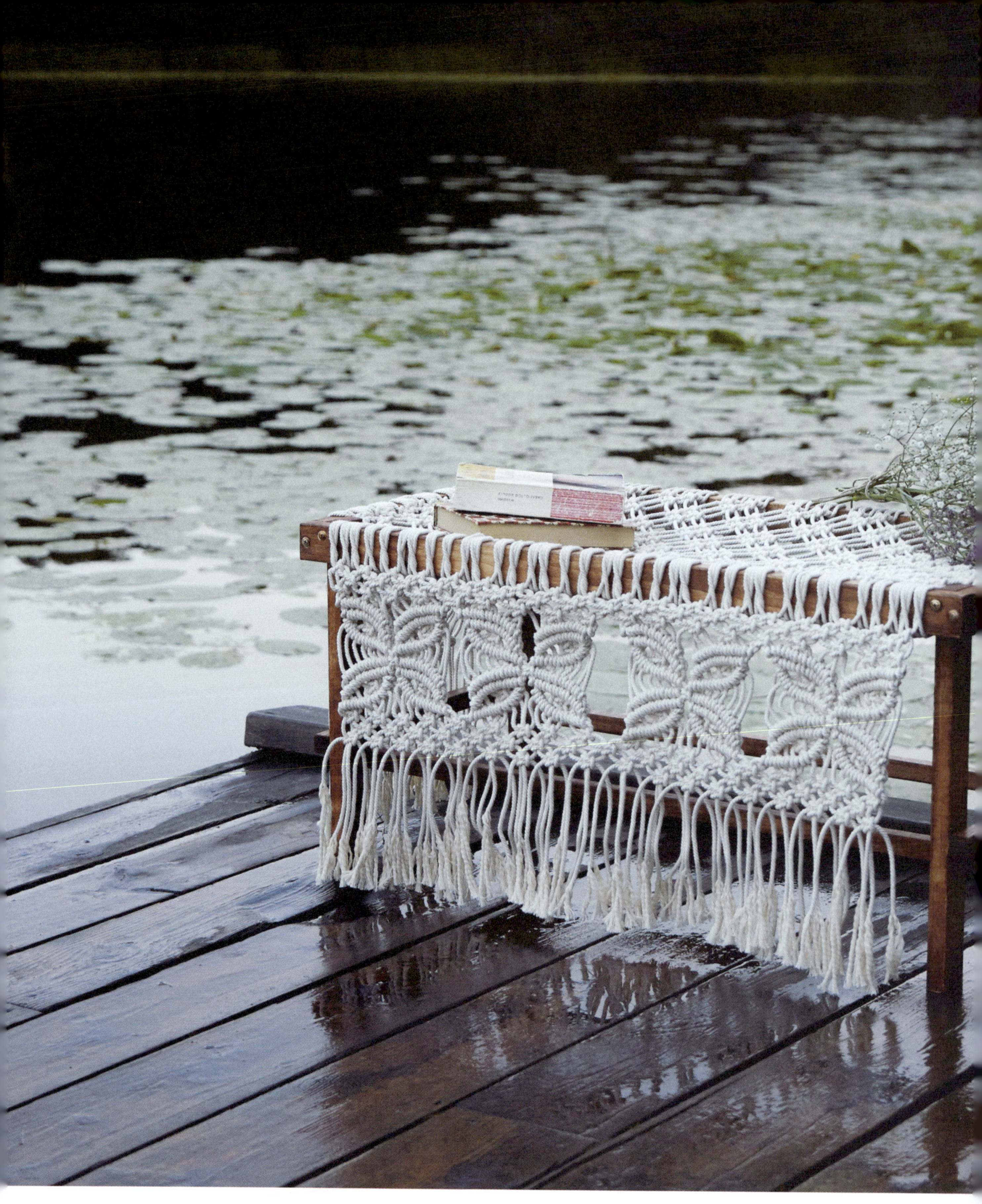

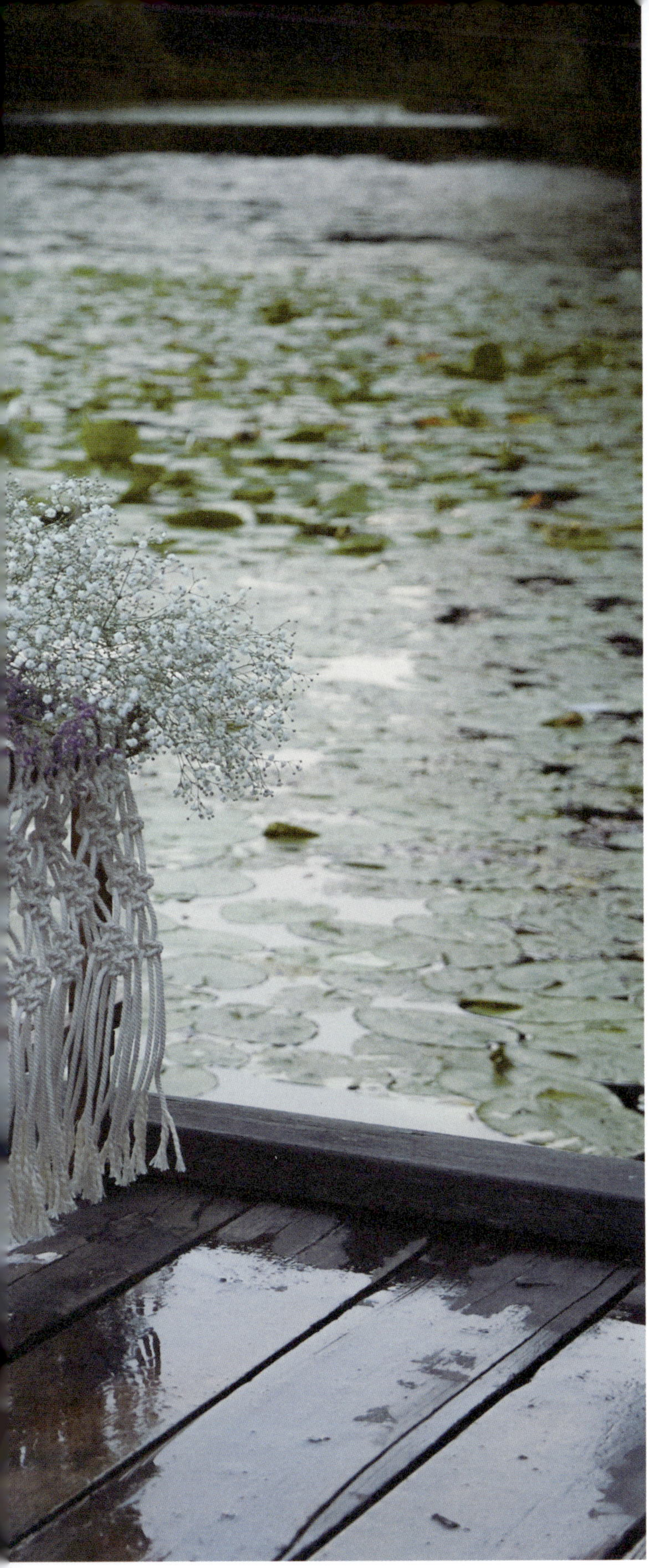

Muster

In diesem Kapitel zeige ich, wie durch die Kombination von Knoten verschiedene Muster entstehen. Solche Muster kannst du für Wandbehänge oder selbst entworfene Modelle verwenden. Wer die Projekte in diesem Buch nacharbeitet, kann einige der Muster gleich einüben.

Pfeile

Dieses geometrische Muster besteht aus diagonalen Webleinsteks. Jeder Abschnitt (ein »Pfeil«) setzt sich aus 14 Webleinsteks pro Reihe zusammen, es werden also 16 Schnüre einschließlich der Füllschnur benötigt. Um das Muster zu verbreitern, muss die Anzahl der Schnüre ein Vielfaches von 16 sein.

Verwendete Knoten
Webleinstek diagonal (WLd) Seite 22

Anleitung

Schritt 1 Für den ersten Pfeil (Schnur 1–16) dient die erste Schnur von links als Füllschnur. 7 diagonale Webleinsteks (WLd) zur Mitte hin knüpfen. Sie sind schräg abwärts angeordnet. Dann die 16. Schnur (rechts außen) als Füllschnur benutzen und weitere 7 schräg abwärts angeordnete Webleinsteks zur Mitte hin arbeiten. 3 weitere Reihen ebenso knüpfen, dabei jeweils die äußerste rechte sowie linke Schnur als Füllschnur verwenden. Für alle weiteren Mustersätze (à 16 Schnüre) wiederholen.

Schritt 2 Wenn die ersten 4 Reihen fertig sind, die linke Füllschnur als Füllschnur für einen zusätzlichen Webleinstek als Verbindung in der Mitte verwenden.

Schritt 3 Weitere 4 Reihen knüpfen. Diesmal in der Mitte beginnen und die Webleinsteks zu den Rändern hin abfallen lassen.

Schritt 4 Schritt 2–3 wiederholen, bis das Werkstück die gewünschte Länge hat.

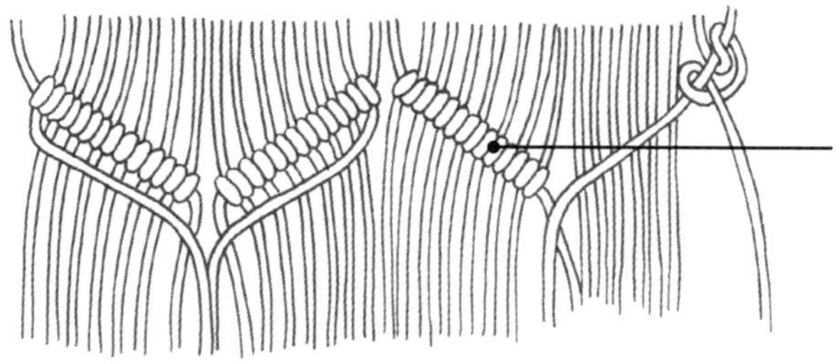

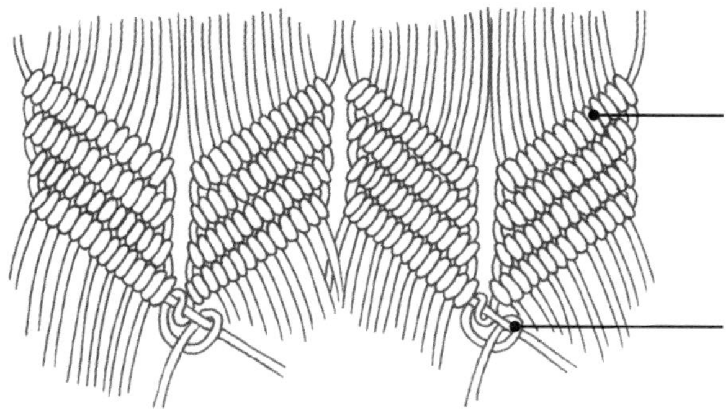

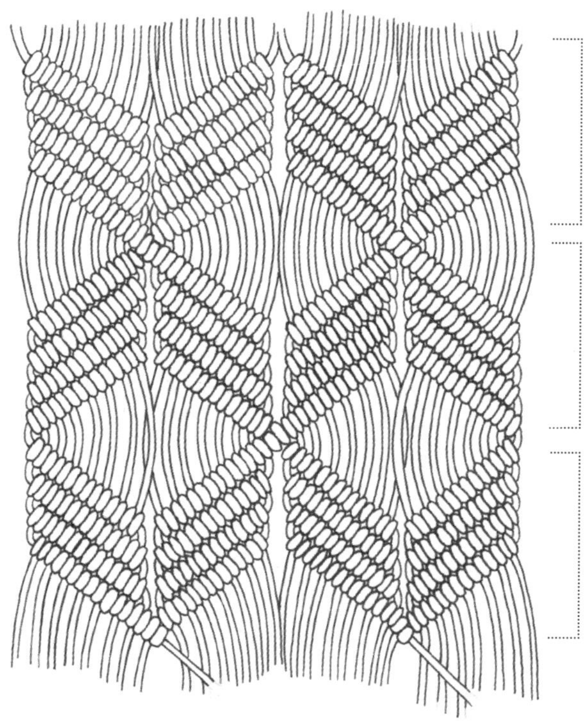

Fischgratmuster

Dieses Muster wird mit 32 Schnüren geknüpft. Jeder Abschnitt besteht aus 5 Kreuzknoten und 12 Schnüren, nur die halben Muster an den Rändern bestehen aus 8 Schnüren. Um weitere Kreuzknoten hinzuzufügen oder zu verringern, wird einfach an jeder Seite eine Schnur addiert oder subtrahiert. Die Füllschnüre müssen nicht extralang sein, weil mit ihnen keine Knoten geknüpft werden. Die äußeren rechten und linken Schnüre dagegen müssen sehr lang sein, weil sie für die meisten Knoten verwendet werden.

Verwendete Knoten

Kreuzknoten nach rechts (KKr) Seite 18

Anleitung

Schritt 1 Das Muster mit 3 Kreuzknoten (KK) beginnen. Dafür Schnüre 1–4, 15–18 und 29–32 verwenden. Auf der linken Seite mit Schnur 1 fortfahren. Schnur 5 dient als weitere Arbeitsschnur. Für die ersten 3 Kreuzknoten werden dieselben Füllschnüre verwendet. Im rechten Abschnitt sind Schnur 32 und 28 die Arbeitsschnüre. Im mittleren Bereich den nächsten Kreuzknoten mit Schnur 14 und 19 knüpfen.

Schritt 2 Für die ersten 3 Gruppen für jeden der 5 Kreuzknoten neue Arbeitsschnüre verwenden. Wenn in jeder Gruppe alle 5 Knoten fertig sind, hängen zwischen den Gruppen noch 2 lose Schnüre.

Schritt 3 Für die erste Reihe des zweiten Mustersatzes mit den obersten Arbeitsschnüren der vorigen Gruppe Kreuzknoten um die losen Schnüre knüpfen. Für den zweiten Kreuzknoten die Arbeitsschnüre des zweiten Knotens der vorigen Gruppe verwenden, usw.

Schritt 4 Schritt 1–3 wiederholen, bis das Muster die gewünschte Länge hat.

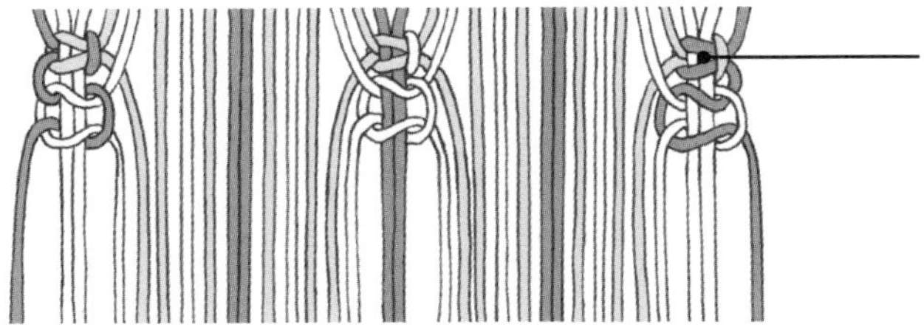

Schritt 1 KKr (3 pro Reihe)

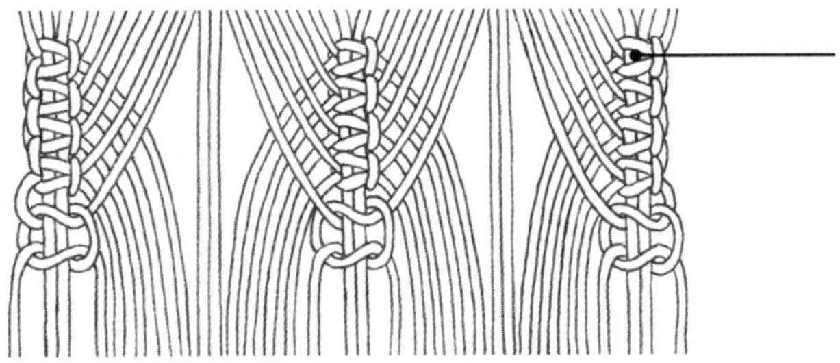

Schritt 2 KKr (x5 Reihen)

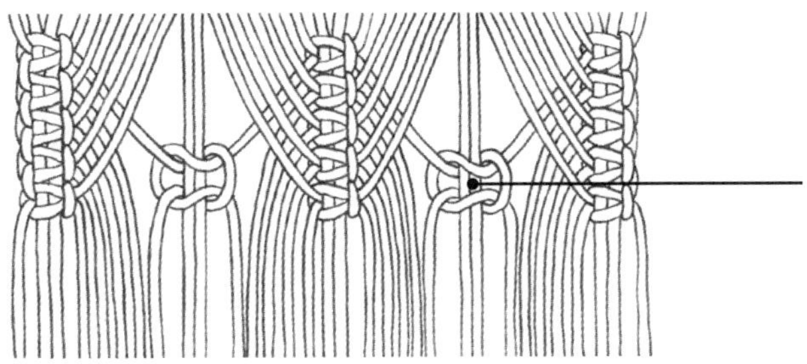

Schritt 3 KKr

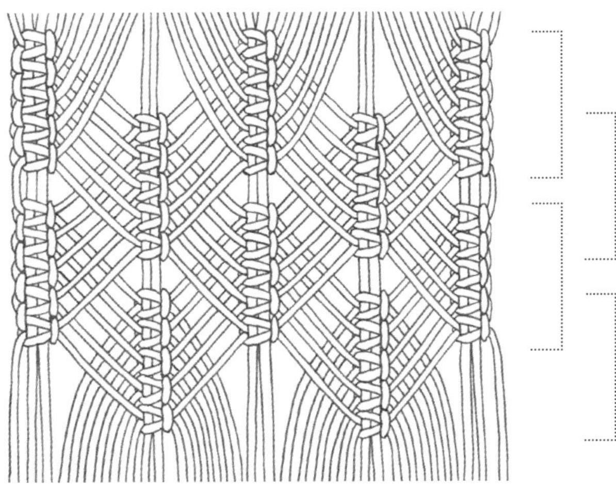

Schritt 2

Schritt 3

Schritt 2

Schritt 3

Schmetterling

Dieses Muster wird mit 18 Schnüren gearbeitet. Um es zu vergrößern oder zu verkleinern, jeweils 2 Schnüre hinzufügen oder weglassen.

Verwendete Knoten

Webleinstek diagonal (WLd) Seite 22
Kreuzknoten nach rechts (KKr) Seite 18
Kreuzknoten nach links (KKl) Seite 18

Anleitung

Schritt 1 Schnur 1 und 18 dienen als Füllschnüre für eine Reihe von je 8 Webleinsteks, die im leichten Bogen schräg abwärts von den Seiten zur Mitte hin verlaufen. Direkt darunter eine weitere Reihe Webleinsteks knüpfen (8 links, 8 rechts).

Schritt 2 Mit den Schnüren 3–6 einen nach rechts gerichteten Kreuzknoten (KKr) unter den Webleinsteks knüpfen (im oberen linken Flügel). Dann mit den Schnüren 13–16 einen nach links gerichteten Kreuzknoten (KKl) unter den Webleinsteks im oberen rechten Flügel knüpfen.

Schritt 3 Schnüre 1 und 18 als Füllschnüre verwenden und eine Reihe von 8 schrägen Webleinsteks von jeder Seite zur Mitte arbeiten. Damit ist das obere Flügelpaar fertig.

Schritt 4 Mit den 4 mittleren Schnüren (Schnüre 8–11) einen nach rechts gerichteten Kreuzknoten knüpfen. Er verbindet die Flügel.

Schritt 5 Die Arbeitsschnüre des mittleren Kreuzknotens (Schnur 8 und 11) als Füllschnüre verwenden. Auf jede Seite eine im Bogen abfallende Reihe aus 7 Webleinsteks von der Mitte zu den Rändern hin knüpfen.

Schritt 6 Direkt darunter eine weitere Reihe Webleinsteks knüpfen (8 links, 8 rechts). Mit Schnur 4–7 unter den Webleinsteks einen nach rechts gerichteten Kreuzknoten (im linken unteren Flügel) knüpfen. Im rechten unteren Flügel einen nach links gerichteten Kreuzknoten mit Schnur 12–15 arbeiten.

Schritt 7 Zuletzt auf jeder Seite von der Mitte zu den Rändern eine weitere Reihe aus 8 diagonalen Webleinsteks knüpfen.

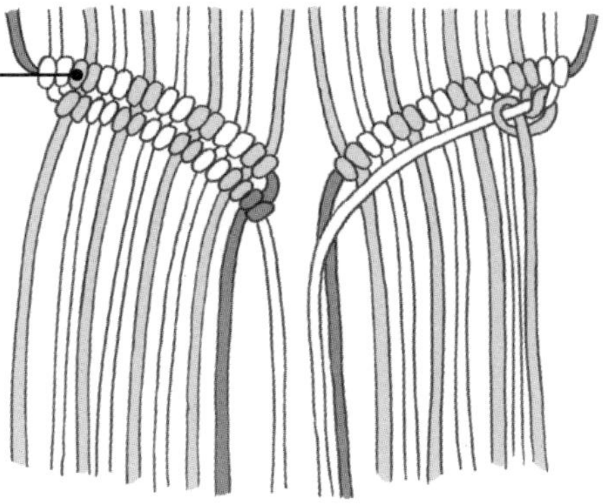
Schritt 1
WLd (x8)

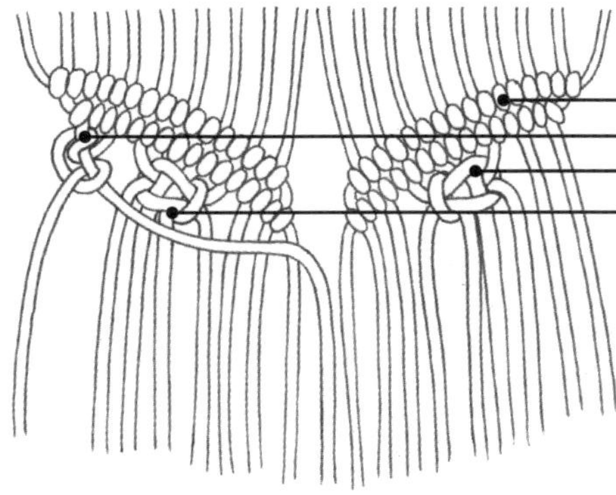
Schritt 1 WLd
Schritt 3 WLd
Schritt 2 KKl
Schritt 2 KKr

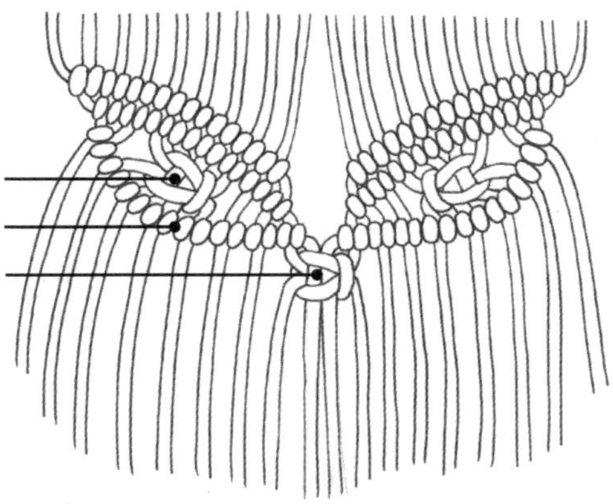
Schritt 2 KKr
Schritt 3 WLd
Schritt 4 KKr

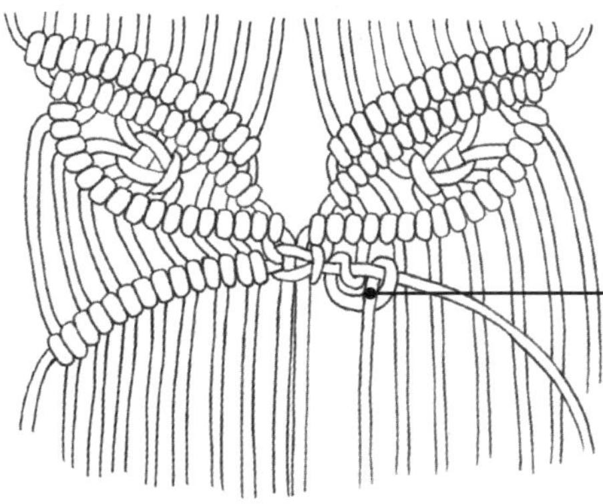
Schritt 5
WLd (x7)

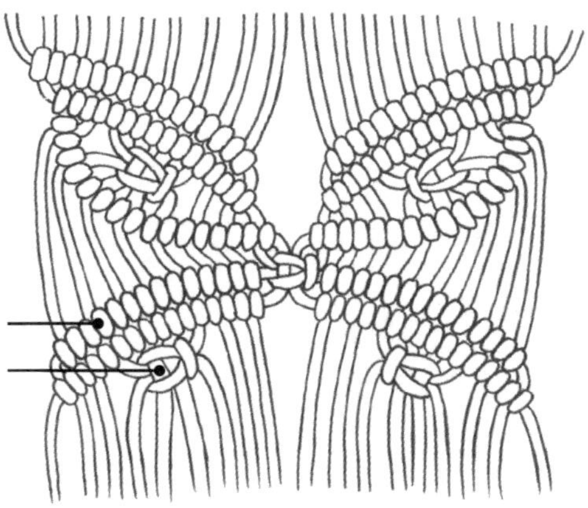
Schritt 5 WLd (x7)
Schritt 6 KKr

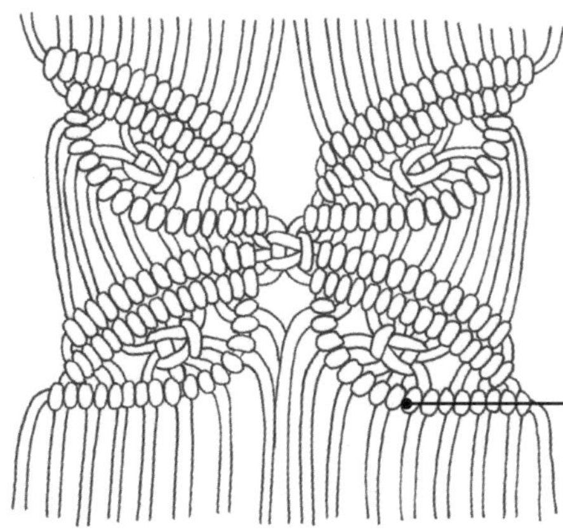
Schritt 7
WLd (x8)

Blätter

Dieses Muster wird mit 16 Schnüren gearbeitet. Die Füllschnur im »Stiel« wird während der Arbeit nicht viel kürzer, alle anderen Schnüre müssen sehr großzügig bemessen sein. Die genaue Länge hängt von der gewünschten Höhe des Musters (Länge der Ranke) ab. Rechne mit dem 3–5-Fachen des fertigen Musters. Die Zuschnittlänge hängt auch davon ab, wie fest du knotest und wie lang die Fransen sein sollen.

Verwendete Knoten
Webleinstek diagonal (WLd) Seite 22

Anleitung

Schritt 1 Für den Stiel mit Schnur 9–13 von links nach rechts 5 diagonale Webleinsteks (WLd) knüpfen, Schnur 8 dient als Füllschnur. Rechts bleiben 3 lose Schnüre hängen. Für den Ansatz des ersten Blatts dient Schnur 9 (vom zweiten Webleinstek im Stiel) als Füllschnur.

Schritt 2 Für die obere Kontur des Blatts 8 diagonale Webleinsteks von rechts nach links bis zum Rand knüpfen. Links bleiben keine losen Schnüre übrig. Die Schnur vom ersten Webleinstek der oberen Kontur als Füllschnur für den unteren Teil des Blatts über die anderen Schnüre legen.

Schritt 3 Für die untere Kontur des Blatts 8 diagonale Webleinsteks knüpfen. Die Füllschnur vom Stiel (jetzt Schnur 13) nach links über die anderen legen. Rechts bleiben 3 lose Schnüre hängen.

Schritt 4 Die Knoten stets schräg und im leichten Bogen anordnen. Den Stiel fortsetzen: 9 schräge Webleinsteks von rechts nach links knüpfen. Links bleiben 3 lose Schnüre hängen. Die nun achte Schnur dient als Füllschnur für die obere Kontur des zweiten Blatts.

Schritt 5 Für die obere Kontur des zweiten Blatts 8 diagonale Webleinsteks zum rechten Rand hin knüpfen, ebenso für den unteren Teil. Für alle Blätter gilt: Die Arbeitsschnur für den ersten Webleinstek des oberen Teils ist die Füllschnur für den unteren Teil des Blatts.

Schritt 6 Die Schritte wiederholen, um das Muster fortzuführen. Nach einem Stielsegment hängen auf jeder Seite stets 3 lose Schnüre. Das linke Blatt immer mit Schnur 1–9 arbeiten, Schnur 9 ist die Füllschnur des oberen Teils. Das rechte Blatt immer mit Schnur 8–16 knüpfen, Schnur 8 ist die Füllschnur des oberen Teils.

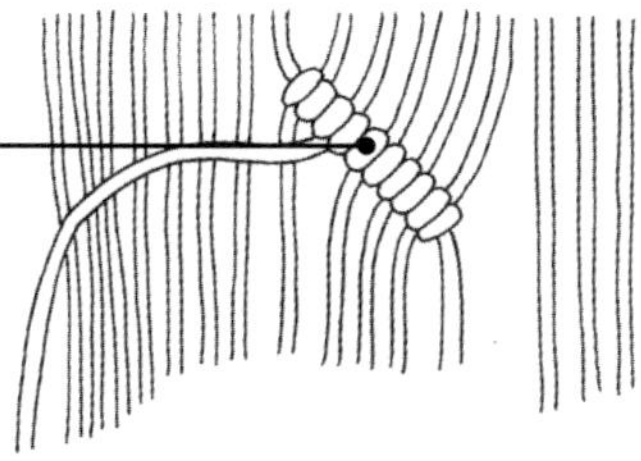
Schritt 1 WLd (x5)

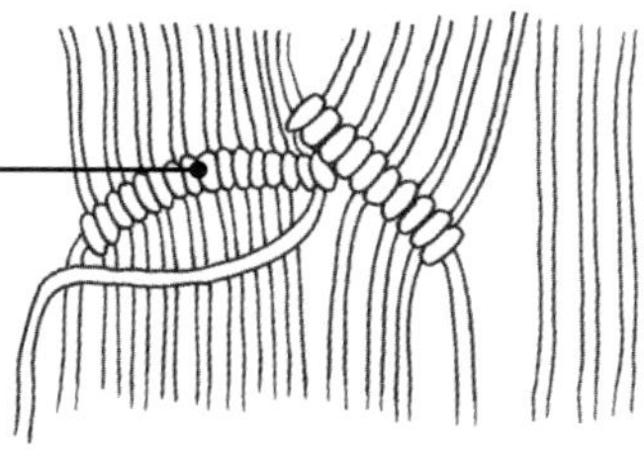
Schritt 2 WLd (x8)

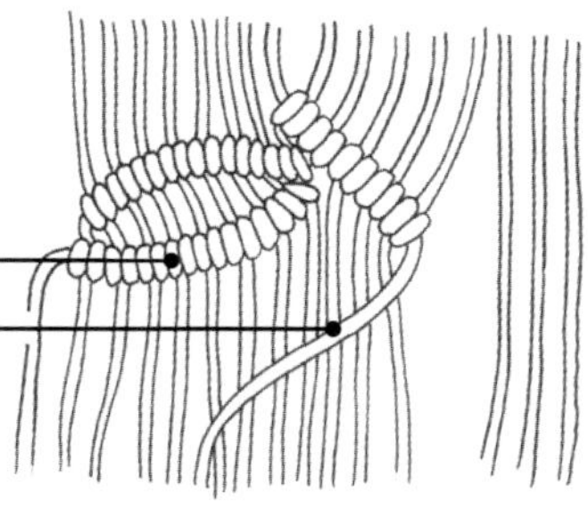
Schritt 3 WLd (x8)
Schritt 3

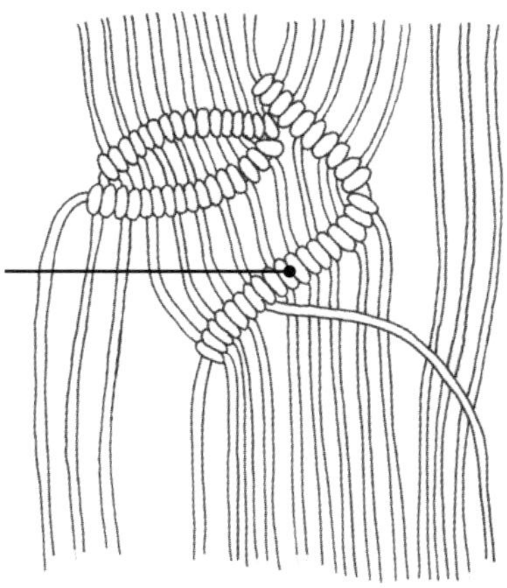
Schritt 4 WLd (x9)

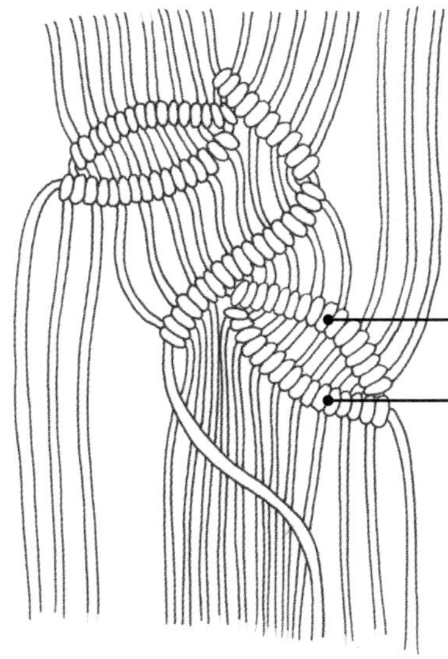
Schritt 5
WLd (x8)
Schritt 5
WLd (x8)

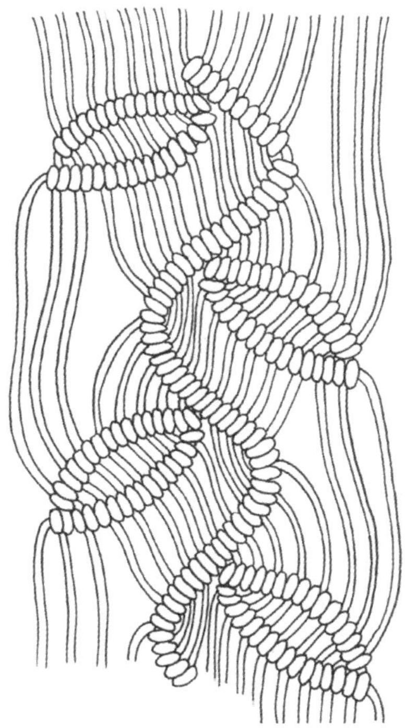
Schritt 1
Schritt 2–3
Schritt 4
Schritt 5
Schritt 1
Schritt 2–3
Schritt 4
Schritt 5

Dreiecke

Dies ist eine von vielen Möglichkeiten, aus versetzen Kreuzknoten raffinierte Muster aufzubauen. Die längste Seite jedes Dreiecks besteht aus 4 Kreuzknoten, also 16 Schnüren pro Dreieck. Für ein flächiges Muster müssen mindestens 2 Dreiecke nebeneinander geknüpft werden. Du brauchst also mindestens 32 Schnüre.

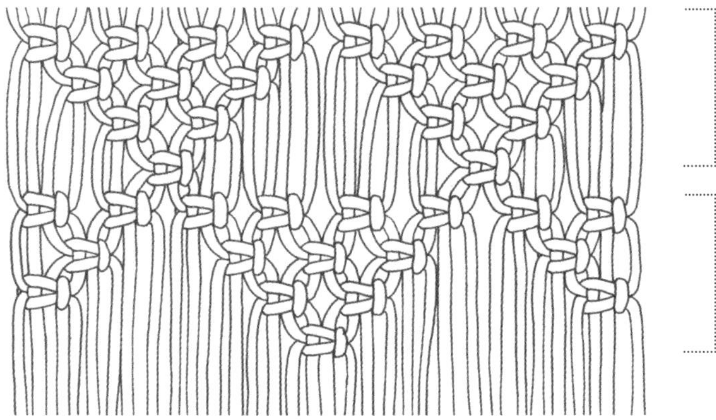

Verwendete Knoten

Kreuzknoten nach rechts (KKr) Seite 18

Versetzter Kreuzknoten (vKK) Seite 19

Anleitung

Schritt 1 Über die gesamte Breite der Arbeit eine Reihe Kreuzknoten (KK) knüpfen. Dann unter jeder Vierergruppe 3 versetzte Kreuzknoten (vKK) arbeiten. 2 weitere Reihen anschließen: eine mit 2 versetzten Kreuzknoten und die letzte mit 1 versetzten Kreuzknoten. Damit ist der erste Mustersatz fertig.

Schritt 2 Den nächsten Mustersatz wieder mit einer waagerechten Reihe von Kreuzknoten über die ganze Breite beginnen. Für das halbe Dreieck am Rand nur 1 versetzten Kreuzknoten unter den beiden ersten knüpfen. Für das nächste, komplette Dreieck 3 versetzte Kreuzknoten knüpfen, die Reihe mit einem halben Dreieck beenden. 2 weitere Reihen knüpfen, um den Mustersatz zu beenden. Die halben Dreiecke an den Rändern bestehen nur aus 3 (statt 4) Reihen.

Schritt 3 Schritt 1 und 2 wiederholen, bis die gewünschte Länge erreicht ist.

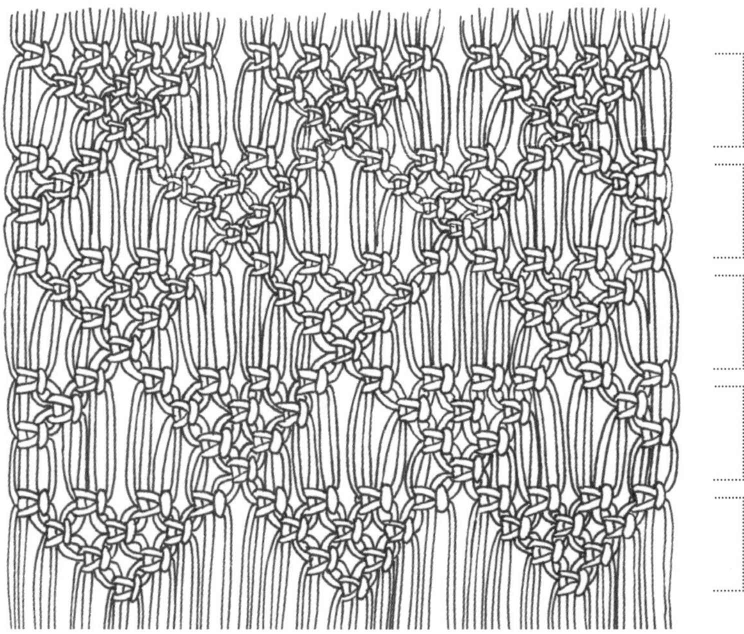

Oben (von links nach rechts)
Dreiecke und Netz
Unten (von links nach rechts)
Pfeile, Blätter, Schmetterling

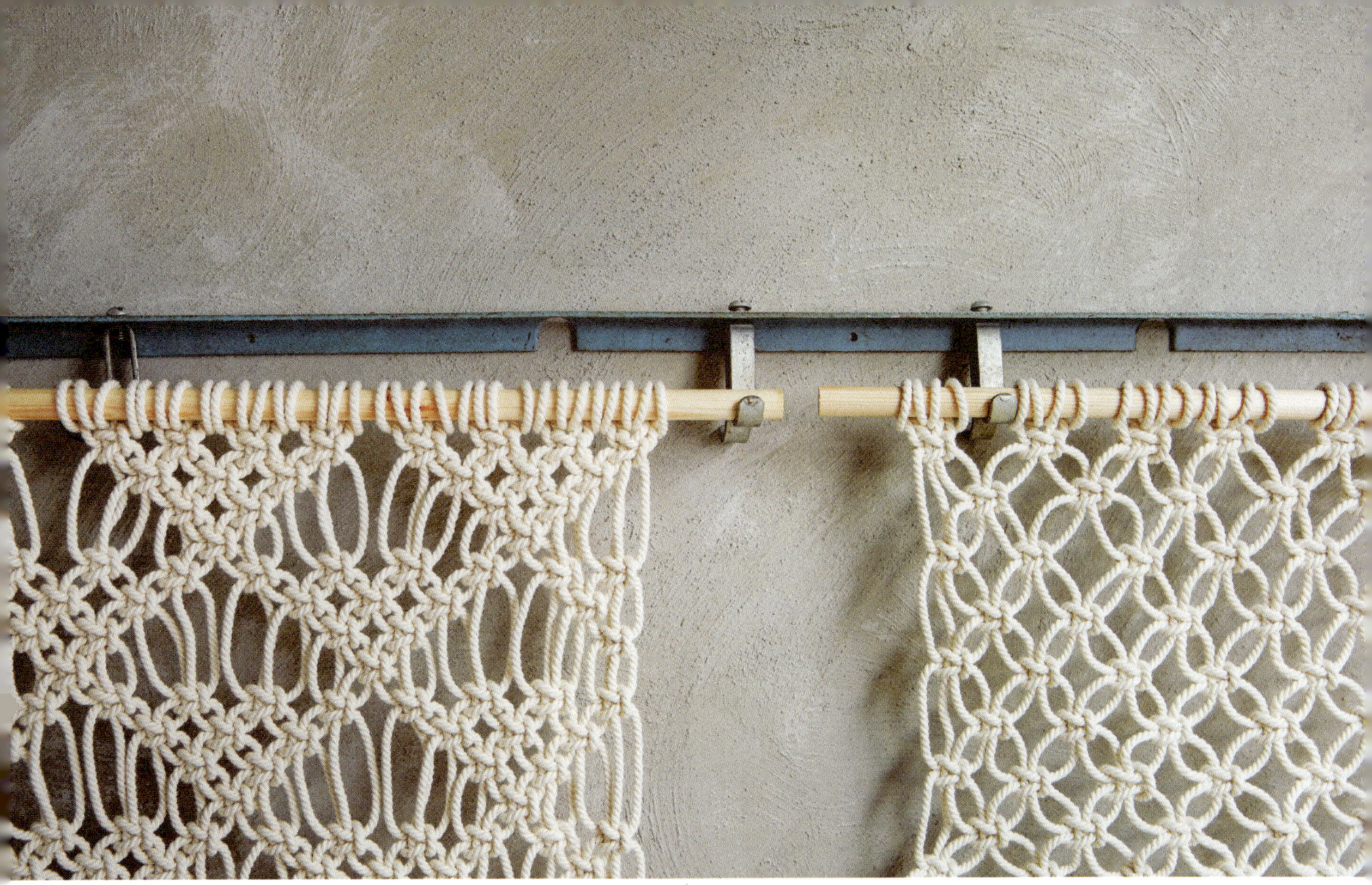

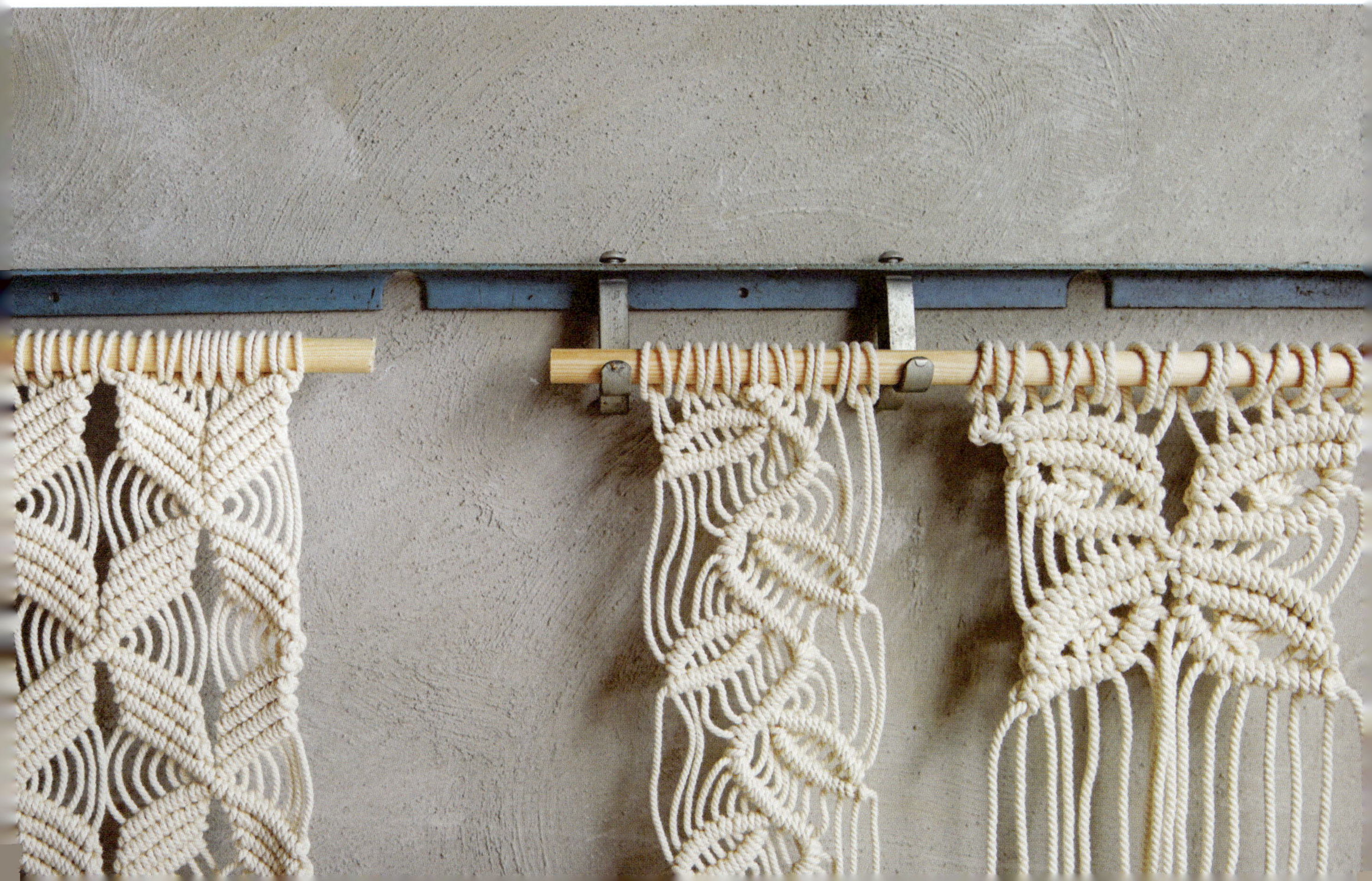

Netz

Dies ist eins der einfachsten Makrameemuster. Es besteht nur aus versetzten Kreuzknoten. Wie dicht oder luftig das Netz ausfällt, hängt von den Abständen zwischen den Reihen ab. Du kannst nach rechts oder nach links gerichtete Kreuzknoten arbeiten. Damit das Muster akkurat aussieht, ist es wichtig, sich für einen Typ zu entscheiden und konsequent dabei zu bleiben.

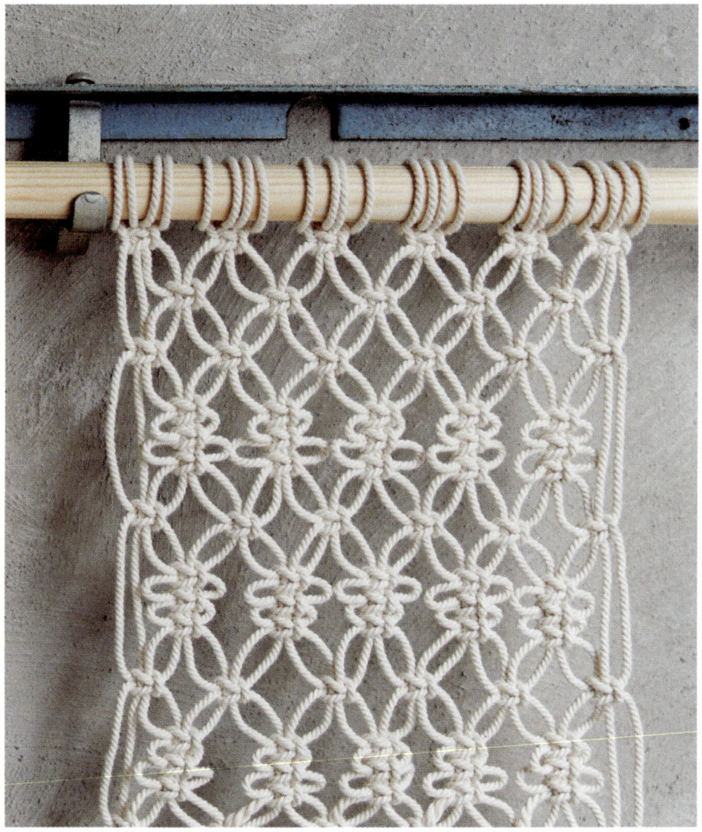

Netz mit Picots

Verwendete Knoten

Versetzter Kreuzknoten (vKK) Seite 19
Kreuzknoten nach rechts (KKr) Seite 18

Anleitung

Die erste Reihe Kreuzknoten über die gesamte Breite arbeiten. In den folgenden Reihen jeweils die Füll- und Arbeitsschnüre tauschen, sodass versetzte Kreuzknoten (vKK) entstehen. Achte auf gleichmäßige Abstände zwischen den Reihen. Fortfahren, bis die gewünschte Länge erreicht ist.

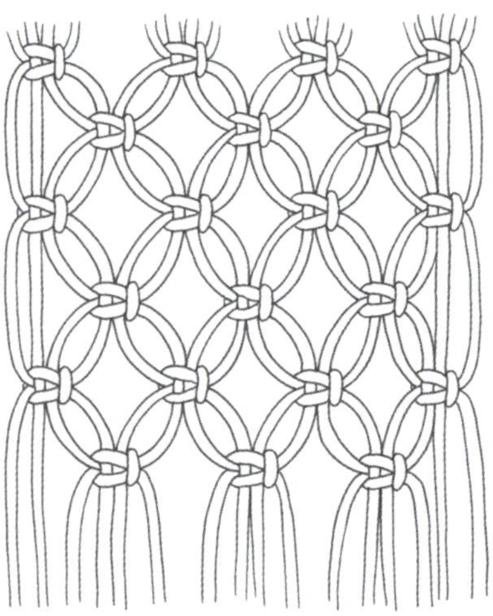

Tipp

Das waagerechte Knüpfen mit gleichmäßigen Abständen gelingt leichter, wenn man ein Lineal (oder ein Rundholz) zwischen die Reihen legt. Lineal und Füllschnüre liegen hinten, die Arbeitsschnüre vorn. Die Knoten werden um das Hilfsmittel herum geknüpft. Wenn die Reihe fertig ist, das Lineal einfach herausziehen und neu anlegen.

Netz mit Picots

Hier werden Kreuzknoten mit dekorativen Picots in das Netz eingearbeitet. Dafür müssen die Arbeitsschnüre wesentlich länger sein als für einfache (versetzte) Kreuzknoten. Für das Muster werden mindestens 8 Schnüre benötigt.

Verwendete Knoten

Versetzter Kreuzknoten (vKK) Seite 19
Kreuzknoten mit Picots (KK-P) Seite 19
Kreuzknoten (KK) Seite 18

Anleitung

Schritt 1 Eine Reihe Kreuzknoten (KK; hier: KKr) knüpfen. Dann folgt in etwas Abstand eine Reihe versetzte Kreuzknoten (vKK). Sie bildet die erste Reihe des Mustersatzes aus 3 Kreuzknoten (Zeichnung oben rechts). In der nächsten Reihe mit etwas Abstand Kreuzknoten mit denselben Arbeitsschnüren knüpfen. Die zweiten Knoten zu den ersten hochschieben, sodass sich Kreuzknoten mit Picots (KK-P) bilden. Die dritte Reihe mit noch größerem Abstand und wieder mit denselben Schnüren knoten. Beim Hochschieben ergeben sich dadurch etwas größere Picots.

Schritt 2 2 Reihen versetzte Kreuzknoten arbeiten, dazwischen wieder etwas Abstand lassen. An die zweite Reihe den nächsten Mustersatz anschließen: Wieder mit denselben Schnüren knüpfen, aber diesmal liegen die größeren Picots oben und die kleineren unten.

Schritt 3 Schritt 1 und 2 wiederholen, bis die gewünschte Länge erreicht ist.

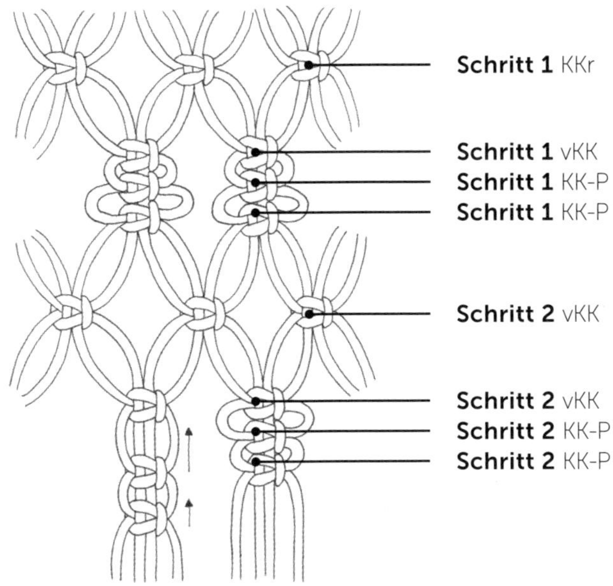

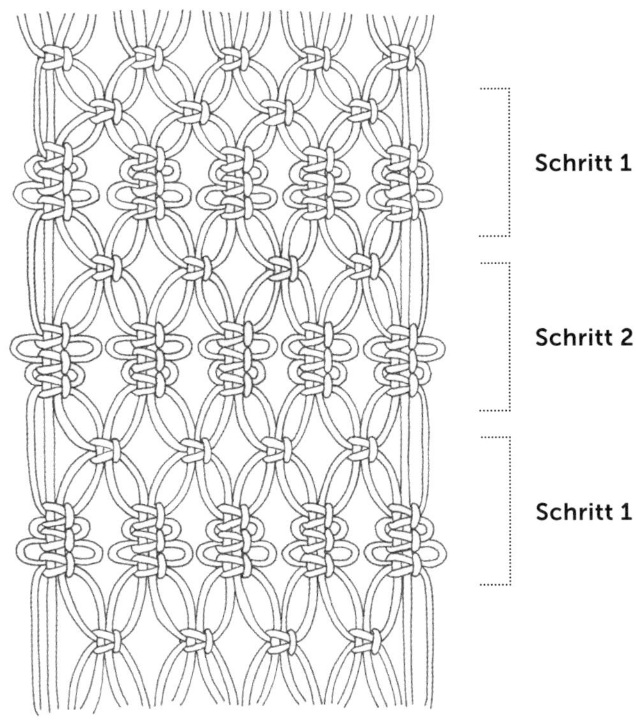

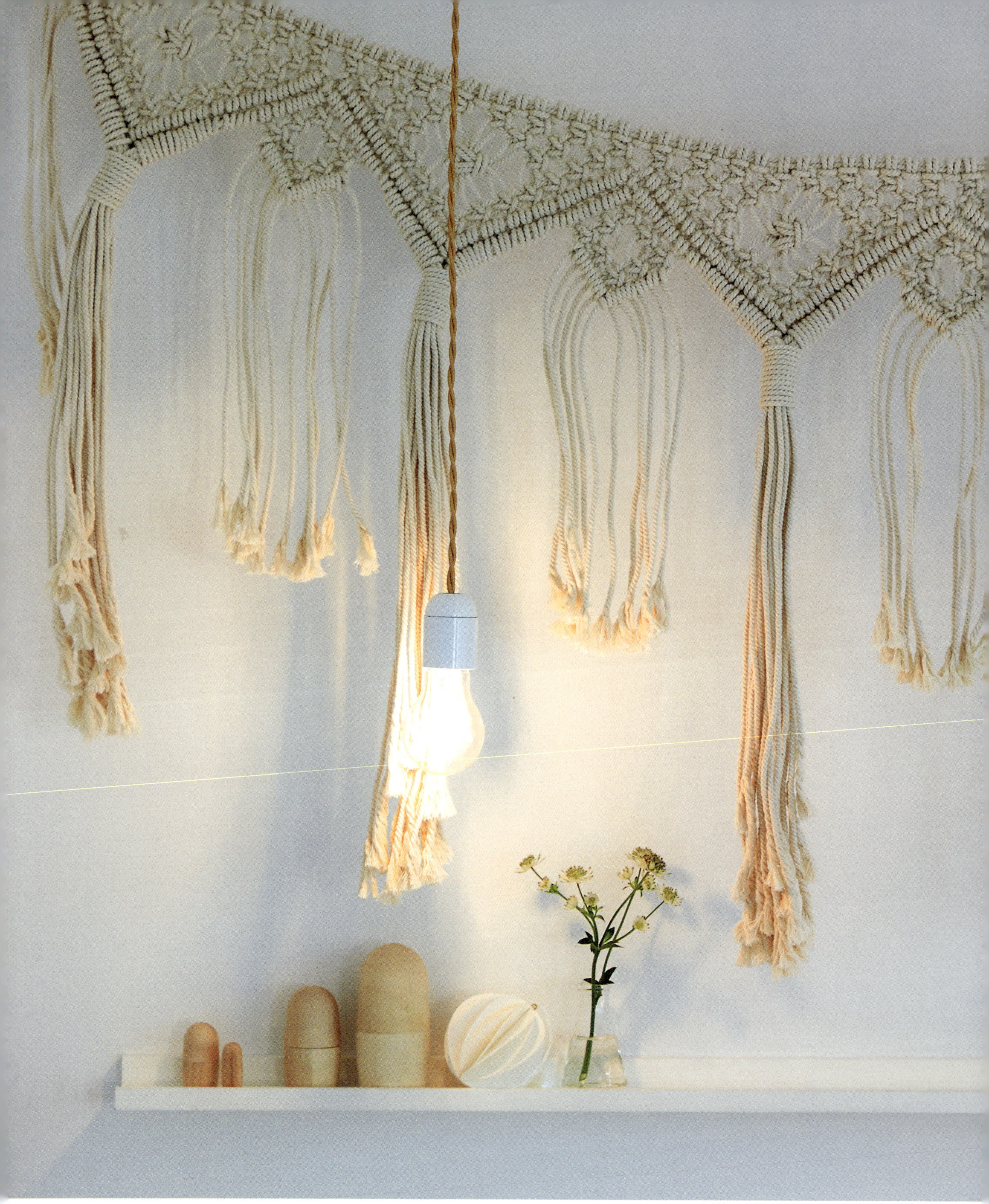

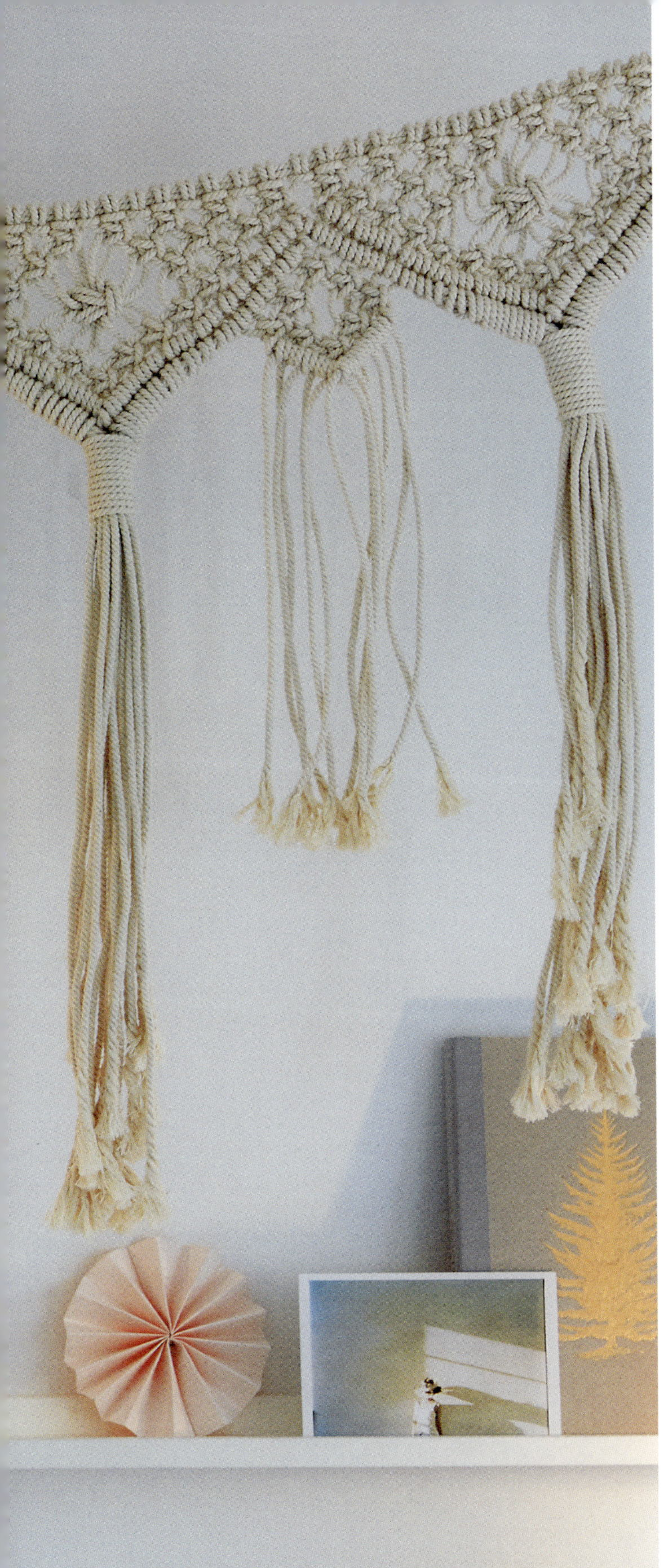

Projekte

Wenn du die Grundtechniken beherrschst, kannst du dich an eigene Projekte wagen. Im folgenden Kapitel findest du eine Auswahl von 21 Vorschlägen, die sich hinsichtlich Größe, Schwierigkeitsgrad und Stil unterscheiden. Du hast die Wahl zwischen Blumenampeln, Wandbehängen und Traumfängern sowie ungewöhnlicheren Modellen wie Laternen, Girlanden und sogar einer Bespannung für eine Bank.
Viel Vergnügen!

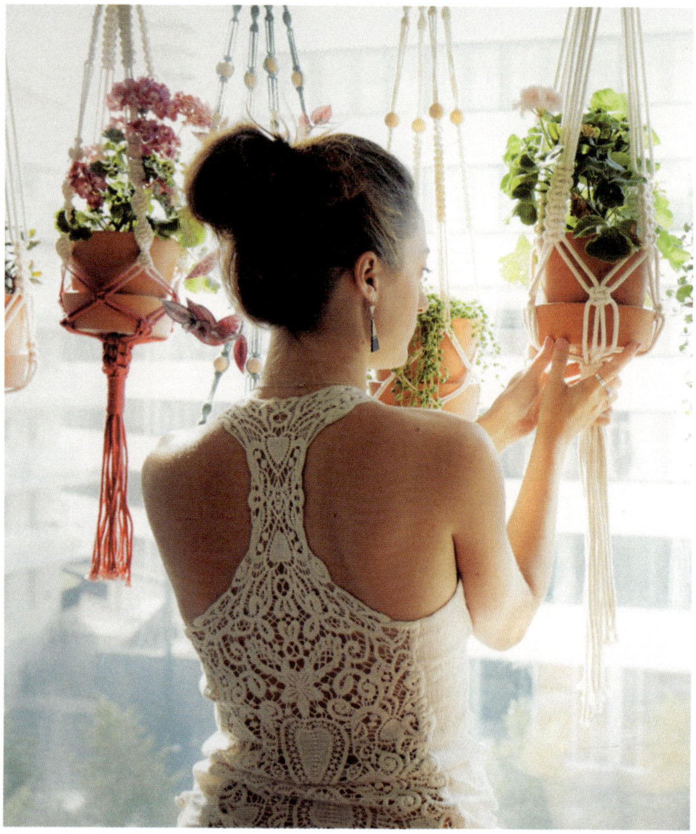

Blumenampel Rosa

Blumenampeln lassen sich leicht färben. Diese hat eine Gesamtlänge von 110 cm und eine geknüpfte Schlaufe. Das ist praktisch, wenn du gerade keinen passenden Ring aus Metall oder Holz im Haus hast.

Verwendete Knoten

Kreuzknoten (KK) Seite 18
Kreuzknotenband (KK-B) Seite 18–19
Spiralknoten nach rechts (SKr) Seite 20
Versetzter Kreuzknoten (vKK) Seite 19
Kronenknoten mit 4 Schnüren (KRK4) Seite 25
Wickelknoten (WK) Seite 23

Material

42 m gedrehte Baumwollschnur, 4 mm
4 Holzperlen, 2–2,5 cm Durchmesser, Loch 6–10 mm

Zubehör

Textilfarbe in Pink
Bürste

Vorbereitung

Schnüre zuschneiden:
4 Schnüre, je 3,4 m lang
2 Schnüre, je 6 m lang
1 Schnur, 7,4 m lang (extralang für die obere Schlaufe)
1 Schnur, 8,6 m lang (extralang für die obere Schlaufe und den Wickelknoten am Ende)

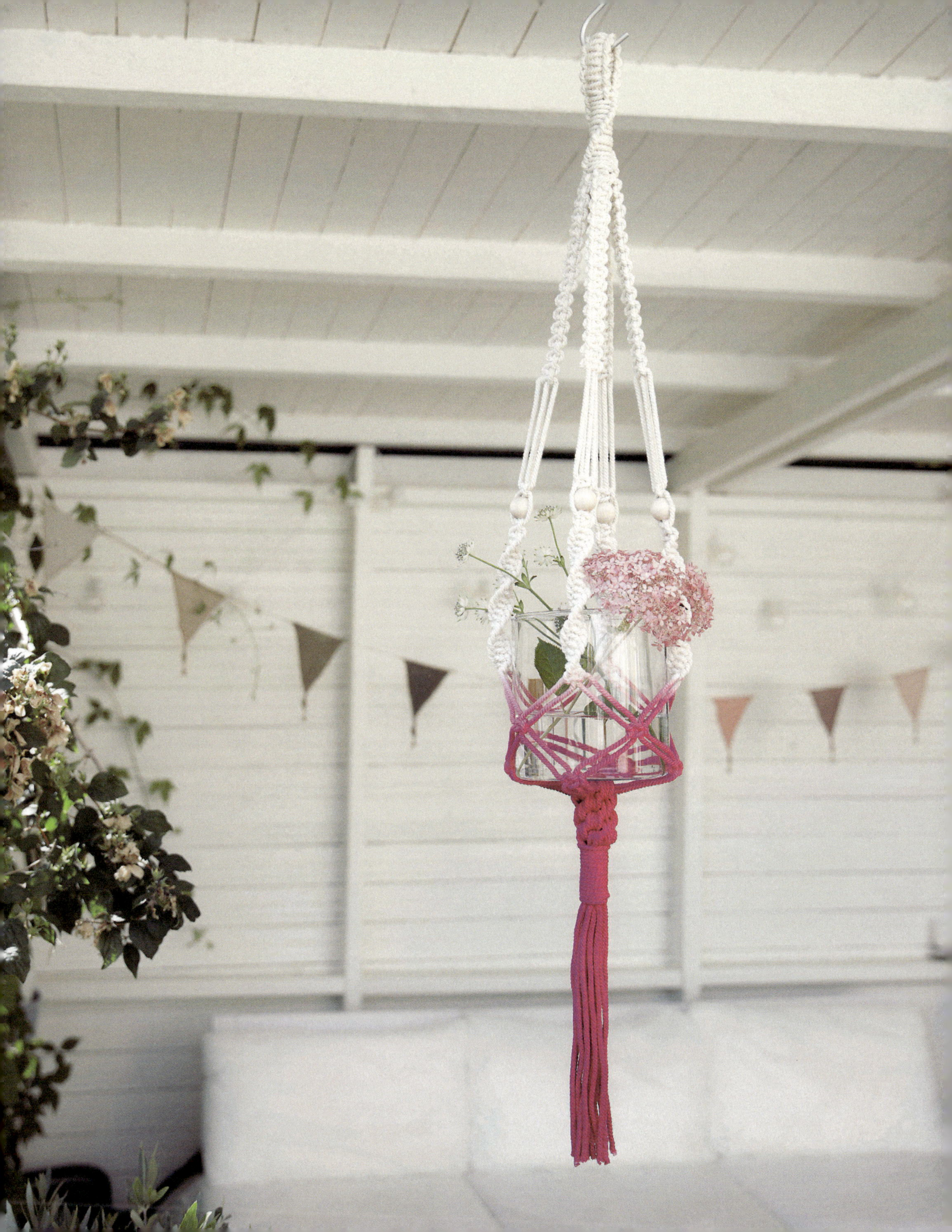

Anleitung

Schritt 1

Die vier 3,4 m langen Schnüre und die beiden 6 m langen Schnüre so parallel zueinander auf den Fußboden legen, dass ihre Mittelpunkte auf gleicher Höhe liegen. Diese Schnüre bilden die Füllschnüre der der oberen Schlaufe. Die beiden verbliebenen langen Schnüre beidseitig neben die Füllschnüre liegen. Je ein Ende liegt auf Höhe des oberen Endes der 6 m langen Schnüre. Diese beiden äußeren Schnüre dienen als Arbeitsschnüre für die Schlaufe.

Schritt 2

Mit dem längeren Ende jeder Arbeitsschnur (das nicht mit den anderen Schnüren ausgerichtet ist), ein Band aus 11 Kreuzknoten (KK-B) in der Mitte des Füllschnürebündels knüpfen. Die oberen Enden der langen Arbeitsschnüre bleiben mit den oberen Enden der 6 m langen Füllschnüre ausgerichtet.

Schritt 3

Das Kreuzknotenband zur Schlaufe biegen. Mit den langen Enden der beiden Arbeitsschnüre Spiralknoten nach rechts (SKr) um alle anderen Schnüre knüpfen. Die Spirale soll etwa 6 cm lang sein und aus 10–15 halben Kreuzknoten bestehen.

Schritt 4

Die Schnüre in 4 Bündel teilen. Jedes besteht aus 2 langen und 2 kurzen Schnüren. Aus jedem Bündel ein flaches Band aus 15 Kreuzknoten knüpfen.

Schritt 5

10 cm Abstand lassen, dann in jedes Bündel einen Kreuzknoten knüpfen. Je eine Perle auf die beiden Füllschnüre jedes Bündels fädeln, dann einen weiteren Kreuzknoten unter der Perle knüpfen.

Schritt 6

In jedes Bündel unter dem Kreuzknoten Spiralknoten nach rechts (SKr) arbeiten. Der Strang soll 13 cm lang sein und aus 20–24 halben Kreuzknoten bestehen.

Schritt 7

Für das luftige Netz 2 Reihen versetzte Kreuzknoten (vKK) knüpfen, dabei Füllschnüre und Arbeitsschnüre jeweils wechseln. Über und unter diesen Knoten jeweils 6–7 cm Abstand lassen.

Schritt 8

Um alle Schnüre zusammenzufassen, einen Kronenknoten mit 4 Strängen (KRK4) arbeiten. Die 4 Schnurbündel dienen dabei als Arbeitsschnüre (siehe Abbildung). Die Blumenampel kopfüber auf den Tisch legen, die Schnüre mit einer Faust erfassen und die 4 Stränge auslegen. So ist der Kronenknoten einfacher zu knüpfen. Etwa 6–7 cm Abstand zu den versetzten Kreuzknoten halten und Kronenknoten mit 4 Strängen (KRK4) über 5–6 Runden knüpfen.

Schritt 9

Mit der längsten Schnur einen 5–6 cm langen Wickelknoten um alle anderen Schnüre arbeiten.

Schritt 10

Die Blumenampel ist fertig geknüpft und kann gefärbt werden. Bereite das Färbebad nach Packungsanweisung vor und hänge nur das untere Ende der Blumenampel hinein. Entscheide selbst, wie voll sich deine Blumenampel saugen soll. Wenn du die Enden ausfransen willst, bürste sie vor dem Färben, damit die Quaste am Ende schön gleichmäßig gefärbt ist.

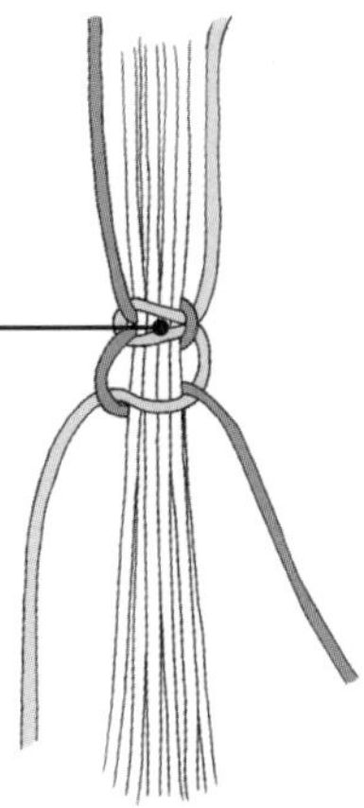
Schritt 2 KK-B

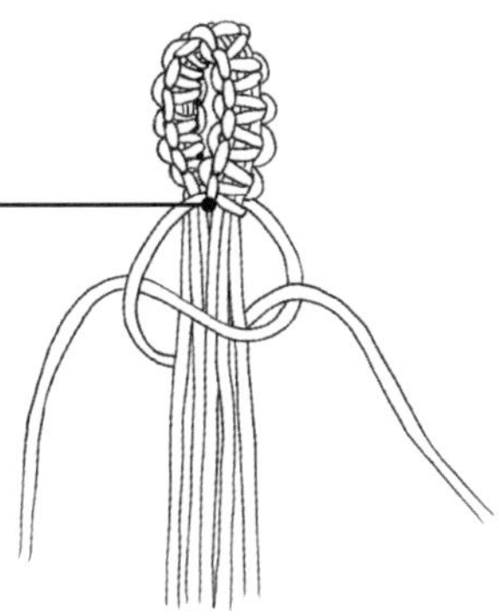
Schritt 3 SKr

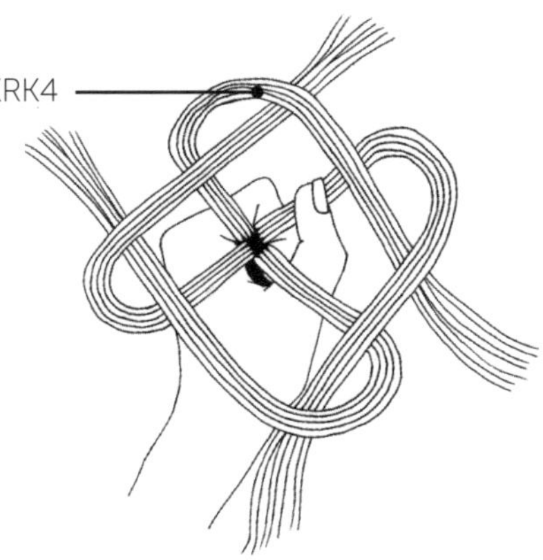
Schritt 8 KRK4

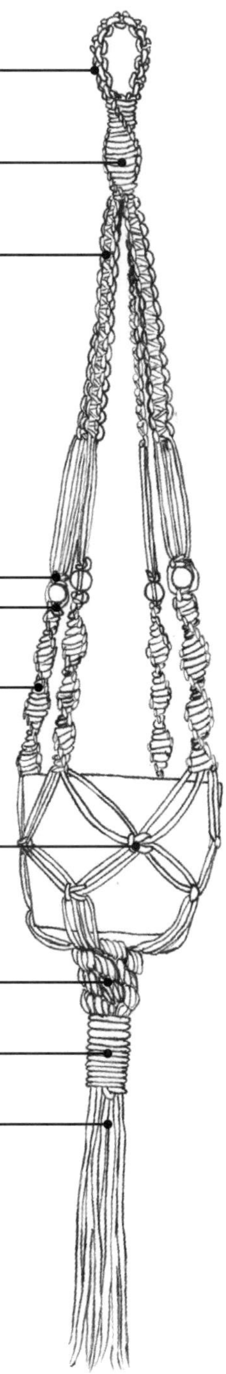
Schritt 2 KK-B (x11)
Schritt 3 SKr (x10–15)
Schritt 4 KK-B
(15 in 4 Strängen)
Schritt 5 KK
Schritt 5 KK
Schritt 6 SKr
(20–24 pro Strang)
Schritt 7 vKK
Schritt 8 KRK4
Schritt 9 WK
Schritt 10 ausfransen

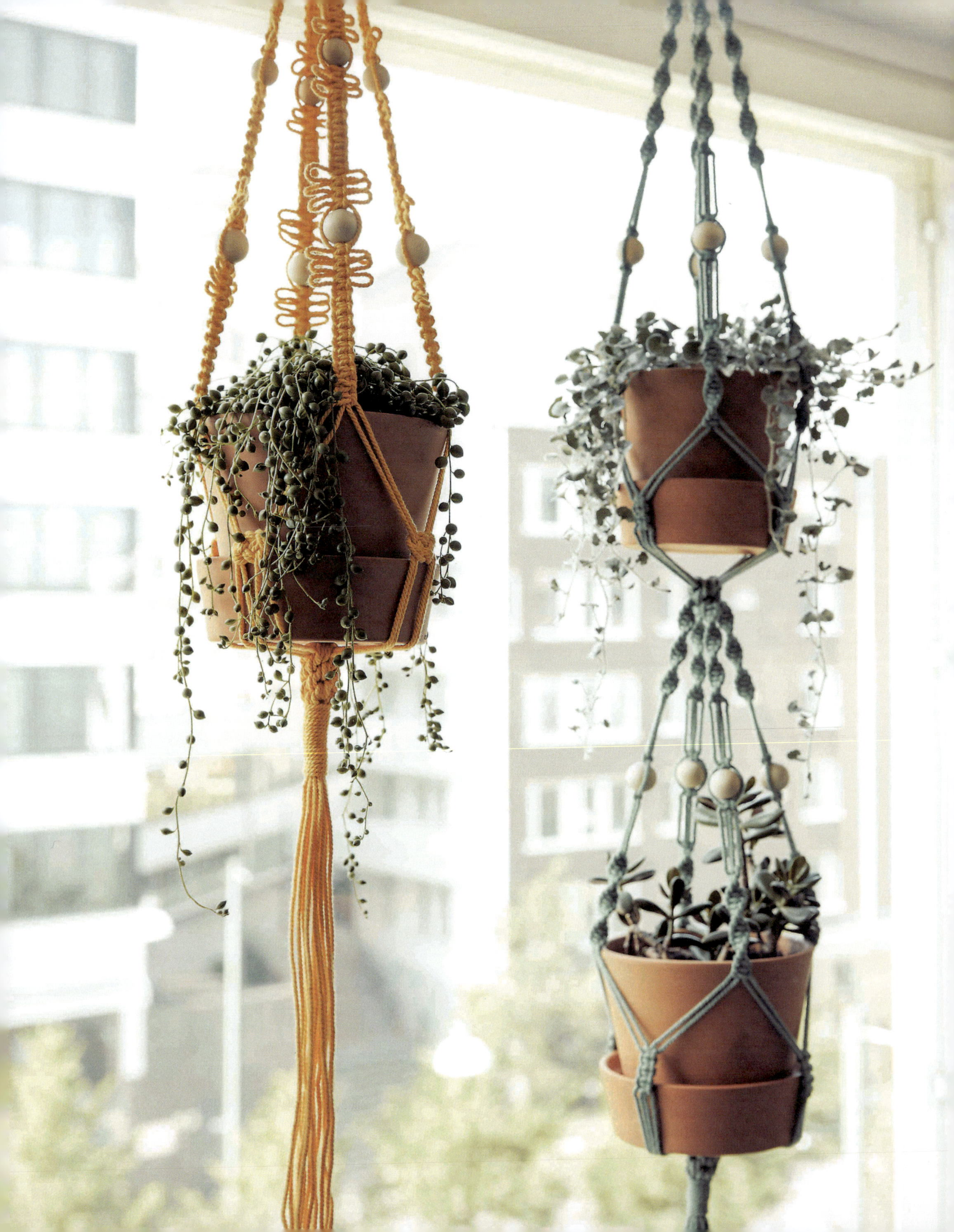

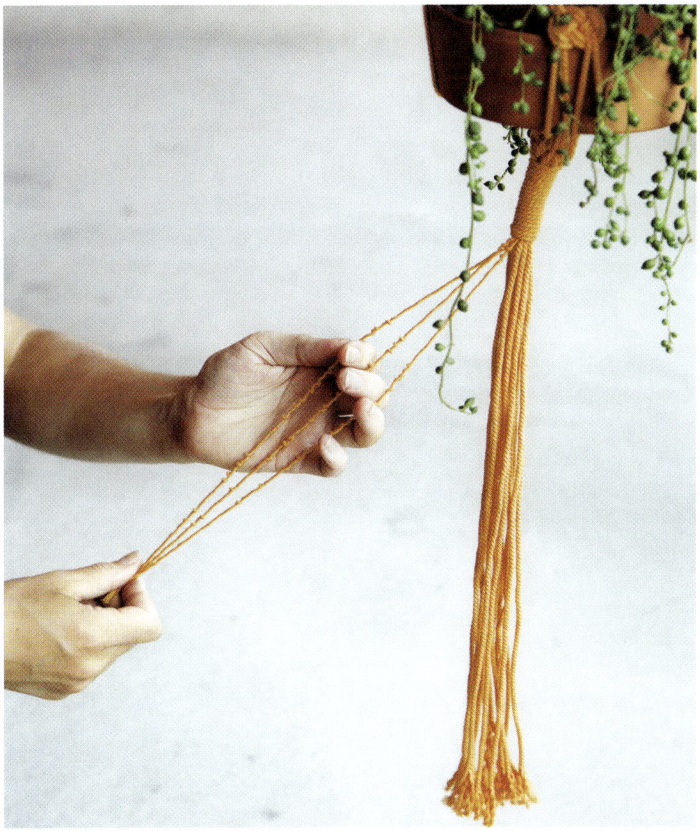

Blumenampel Biene

Diese 120 cm lange Blumenampel aus gelber Schnur wird mit Picots gearbeitet, die wie kleine Insektenflügel aussehen. Du kannst stattdessen aber auch versetzte Kreuzknoten arbeiten.

Verwendete Knoten
Überhandknoten (ÜK) Seite 18
Wickelknoten (WK) Seite 24
Kreuzknoten (KK) Seite 18
Kreuzknotenband (KK-B) Seite 18–19
Kreuzknoten mit Picots (KK-P) Seite 19
Josephinenknoten (JK) Seite 26
Kronenknoten mit 4 Schnüren (KRK4) Seite 25

Material
38 m gedrehte Baumwollschnur, 2,5 mm
Holzring, 4–5 cm Durchmesser
8 Holzperlen, 2–2,5 cm Durchmesser, Loch 6 mm

Zubehör
Bürste
Häkelnadel (zum Auffädeln der Perlen)

Vorbereitung
Schnüre zuschneiden:
4 Schnüre, je 3 m lang (Füllschnüre)
3 Schnüre, je 6 m lang (Arbeitsschnüre)
1 Schnur, 8 m lang (extralang für den Wickelknoten)

Anleitung

Eine 3 m lange und eine 6 m lange Schnur zusammen durch den Ring ziehen und in der Mitte falten. Die 4 Schnüre mit einem Überhandknoten (ÜK) zusammenbinden, damit sie nicht aus dem Ring rutschen. Mit den anderen Schnüren noch zweimal wiederholen. Eine 3 m lange Füllschnur und die extralange Arbeitsschnur sind noch übrig. Diese beiden ebenfalls durch den Ring ziehen und in der Mitte falten. Beide Enden der Füllschnur und ein Ende der extralangen Arbeitsschnur mit einem Überhandknoten bündeln, das andere sehr lange Ende bleibt lose.

Schritt 1

Mit dem losen Ende der extralangen Arbeitsschnur einen 4–5 cm langen Wickelknoten (WK) direkt unterhalb des Rings um alle anderen Schnüre arbeiten.

Schritt 2

Den Überhandknoten (ÜK) mit 3 Enden lösen und die Schnur vom Wickelknoten hinzunehmen. Mit den beiden langen Schnüren ein Band aus 17 Kreuzknoten (KK-B) knüpfen. Die Bündel nacheinander lösen und daraus ebenfalls Kreuzknotenbänder (KK-B) knüpfen.

Schritt 3

2 Kreuzknoten mit Picots (KK-P) knüpfen. Die Füllschnüre durch eine Perle fädeln (falls nötig, die Häkelnadel benutzen), dann unter der Perle 2 weitere Kreuzknoten mit Picots knüpfen. Mit den anderen 3 Strängen wiederholen.

Schritt 4

Ein flaches Band aus 6 Kreuzknoten arbeiten. Mit den 3 anderen Strängen wiederholen.

Schritt 5

3 Kreuzknoten mit Picots (KK-P) knüpfen. Die Füllschnüre durch eine Perle fädeln und darunter 3 weitere Kreuzknoten mit Picots arbeiten. Mit den 3 anderen Strängen wiederholen.

Schritt 6

In jeden der 4 Stränge ein flaches Band aus 9 Kreuzknoten knüpfen.

Schritt 7

Von 2 Kreuzknotenbändern je eine Füllschnur und eine Arbeitsschnur fassen. Damit in 10 cm Abstand zu den Bändern einen Josephinenknoten (JK) knüpfen. Ebenso 3 weitere Josephinenknoten arbeiten.

Schritt 8

Um die Schnüre zusammenzufassen, einen Kronenknoten mit 4 Strängen (KRK4) arbeiten. Die 4 Schnurbündel dienen dabei als 4 Arbeitsschnüre. Die Blumenampel kopfüber auf den Tisch legen, die Schnüre mit einer Faust erfassen und die 4 Stränge auslegen. So ist der Kronenknoten einfacher zu knüpfen. Etwa 10 cm Abstand zu den Josephinenknoten halten und Kronenknoten mit 4 Strängen (KRK4) über 5–6 Runden knüpfen.

Schritt 9

Mit der längsten verbleibenden Schnur einen 4–5 cm langen Wickelknoten um alle anderen Schnüre arbeiten.

Schritt 10

Die Enden ausfransen und mit einer Bürste entwirren.

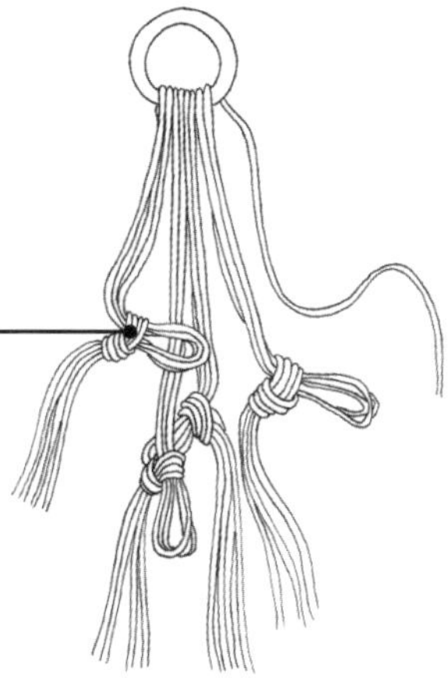
Vorbereitung
ÜK (4 Stränge)

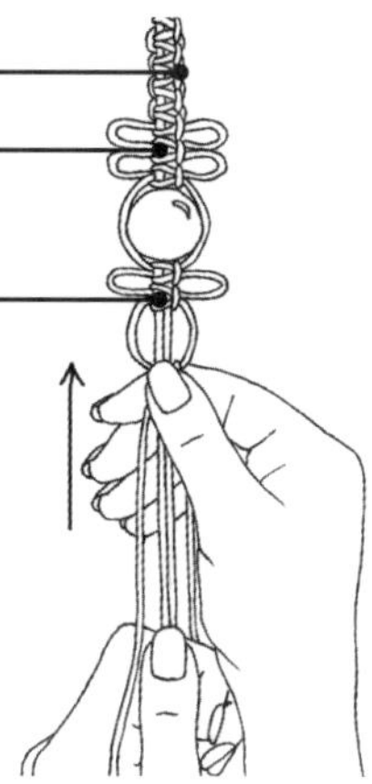
Schritt 2 KK-B (x17)
Schritt 3 KK-P (x2)
Schritt 3 KK-P (x2)

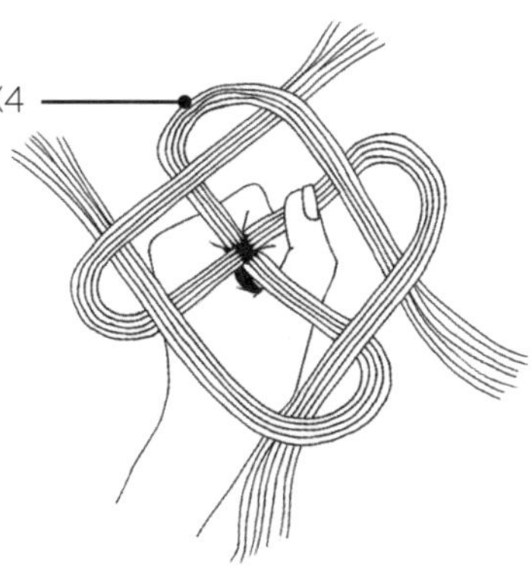
Schritt 8 KRK4

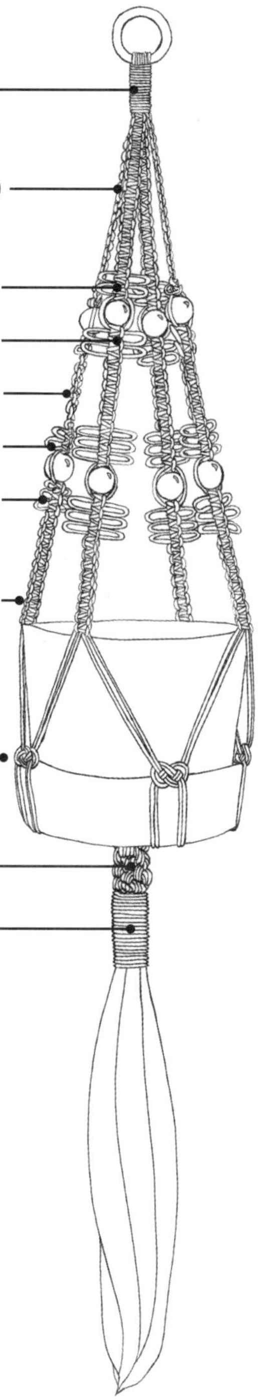
Schritt 1 WK
Schritt 2 KK-B (17 pro Strang)
Schritt 3 KK-P (2 pro Strang)
Schritt 3 KK-P (2 pro Strang)
Schritt 4 KK-B (6 pro Strang)
Schritt 5 KK-P (3 pro Strang)
Schritt 5 KK-P (3 pro Strang)
Schritt 6 KK-B (9 pro Strang)
Schritt 7 JK
Schritt 8 KRK4
Schritt 9 WK

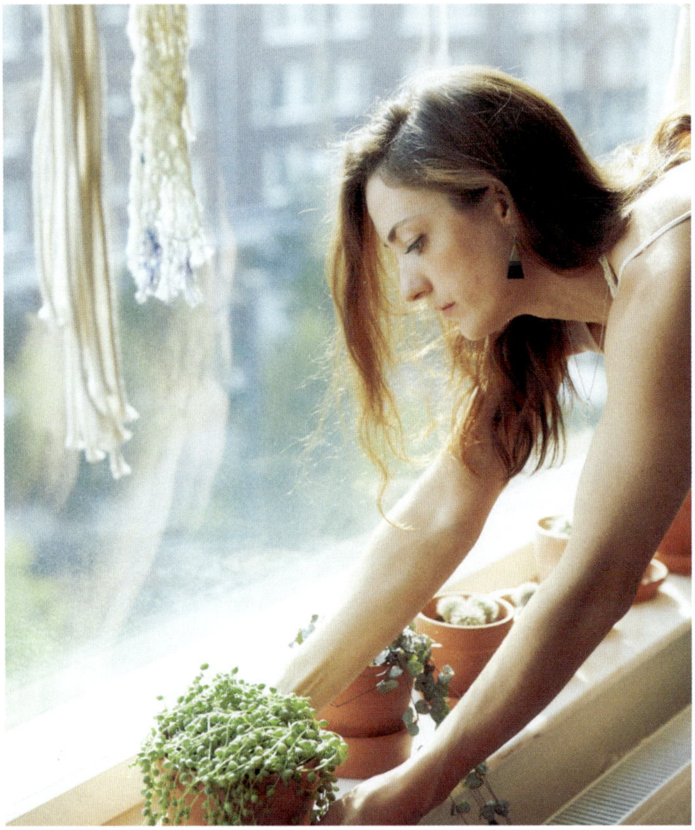

Blumenampel Flora

Diese 140 cm lange Blumenampel ist ideal für alle, die Freude an vielen Pflanzen haben. Das doppelstöckige Modell wird ähnlich wie eine einfache Ampel gearbeitet; nach dem Kronenknoten fügst du einfach die zweite Etage an.

Verwendete Knoten
Überhandknoten (ÜK) Seite 18
Wickelknoten (WK) Seite 24
Spiralknoten nach rechts (SKr) Seite 20
Kreuzknoten (KK) Seite 18
Versetzter Kreuzknoten (vKK) Seite 19
Kronenknoten mit 4 Schnüren (KRK4) Seite 25

Material
45 m gedrehte Baumwollschnur, 2,5 mm
Holzring, 4–5 cm Durchmesser
8 Holzperlen, 2–2,5 cm Durchmesser, Loch 6–10 mm

Zubehör
Häkelnadel oder dicke Sticknadel (zum Auffädeln der Perlen)

Vorbereitung
Schnüre zuschneiden:
4 Schnüre, je 4 m lang (Füllschnüre)
3 Schnüre, je 6,8 m lang (Arbeitsschnüre)
1 Schnur, 8 m lang (extralange Arbeitsschnur, auch für die Wickelknoten)

Eine 4 m lange und eine 6,8 m lange Schnur zusammen durch den Ring ziehen und in der Mitte falten. Mit einem Überhandknoten bündeln, damit sie nicht aus dem Ring rutschen. Noch zweimal mit weiteren Schnüren wiederholen.

Die verbliebene Füllschnur und die extralange Arbeitsschnur durch den Ring ziehen und in der Mitte falten. Beide Enden der Füllschnur und ein Ende der extralangen Arbeitsschnur mit einem Überhandknoten (ÜK) bündeln. Das andere sehr lange Ende bleibt lose.

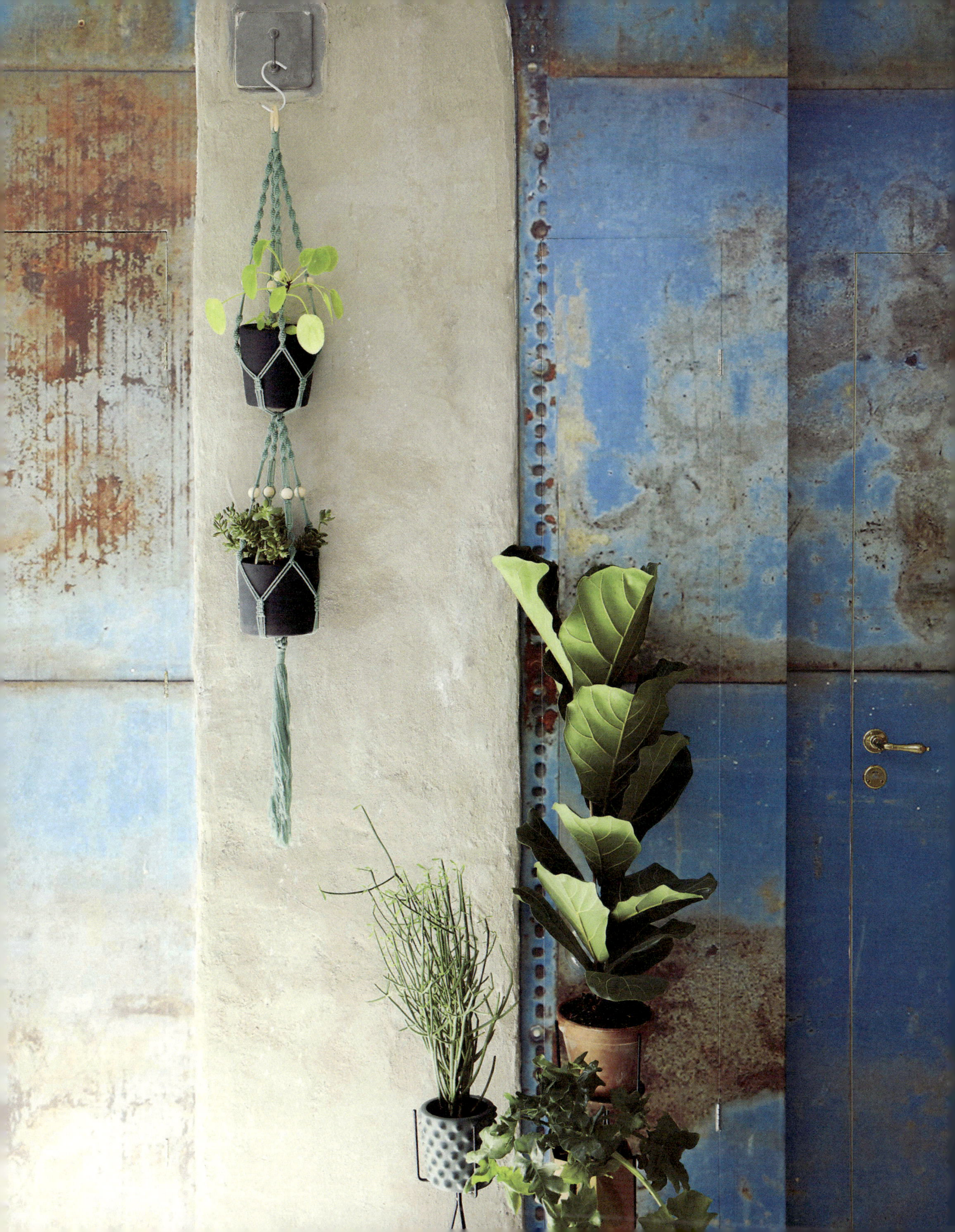

Anleitung

Schritt 1

Mit der extralangen Arbeitsschnur direkt unterhalb des Rings einen 3–4 cm langen Wickelknoten um alle anderen Schnüre arbeiten.

Schritt 2

Den Überhandknoten mit 3 Schnüren lösen und die gerade benutzte Arbeitsschnur hinzunehmen. Mit den beiden langen Schnüren einen 18 cm langen Spiralknoten nach rechts (SKr) knüpfen.

Schritt 3

4 cm unter der Spirale frei lassen, dann einen Kreuzknoten (KK) knüpfen.

Schritt 4

Die beiden Füllschnüre durch eine Perle fädeln (bei Bedarf mithilfe einer Häkel- oder Sticknadel). Direkt unterhalb der Perle mit den Arbeitsschnüren einen weiteren Kreuzknoten knüpfen.

Schritt 5

4 cm Abstand lassen, dann eine 8 cm lange Spirale nach rechts aus halben Kreuzknoten arbeiten.

Schritt 6

Die anderen Überhandknoten nacheinander lösen und die Schritte 2–5 mit jedem Schnurbündel wiederholen.

Schritt 7

6 cm unter den Spiralen frei lassen, dann eine Reihe versetzte Kreuzknoten (vKK) knüpfen, dafür die Füllschnüre benachbarter Knoten verwenden. Nun sind die 4 Bündel durch eine netzartige Struktur verbunden. Unter jeden versetzten Kreuzknoten 2 weitere Kreuzknoten knüpfen (= jeweils 3 untereinander).

Schritt 8

Die 4 Gruppen (à 4 Schnüre) wieder separat mit lockeren Überhandknoten bündeln. So ist der Kronenknoten einfacher zu arbeiten.

Schritt 9

6 cm unter dem letzten Kreuzknoten frei lassen, dann 3 Runden Kronenknoten mit 4 Strängen knüpfen. Die Handhaltung der Schnüre beim Kronenknoten ist unten auf Seite 49 abgebildet.

Schritt 10

Für die untere Blumenampel ein 4er-Schnurbündel öffnen. Unter dem Kronenknoten eine 8 cm lange Spirale knüpfen. Die langen Schnüre dienen als Arbeitsschnüre.

Schritt 11

4 cm unter der Spirale frei lassen, dann einen Kreuzknoten knüpfen. Die Füllschnüre durch eine Perle fädeln, dann unterhalb der Perle einen weiteren Kreuzknoten knüpfen.

Schritt 12

4 cm unter dem Kreuzknoten frei lassen, dann eine weitere Spirale von 8 cm Länge arbeiten.

Schritt 13

Schritt 10–12 mit den anderen 3 Strängen wiederholen.

Schritt 14

Wie in Schritt 7 eine Reihe versetzte Kreuzknoten mit den Füllschnüren benachbarter Gruppen knüpfen, allerdings 8 cm (statt 6 cm) unterhalb der Spirale beginnen, um Platz für einen etwas größeren Topf zu schaffen. Darunter 3 weitere Kreuzknoten arbeiten (= 4 Kreuzknoten untereinander).

Schritt 15

Die Stränge wieder mit Überhandknoten bündeln. So ist der Kronenknoten einfacher zu knüpfen. 6 cm unter den Kreuzknoten 5 Runden Kronenknoten mit 4 Strängen knüpfen.

Schritt 16

Unter dem Kronenknoten mit der längsten noch vorhandenen Schnur einen 5 cm langen Wickelknoten arbeiten. Alle Schnüre auf gleiche Länge schneiden und nach Belieben ausfransen.

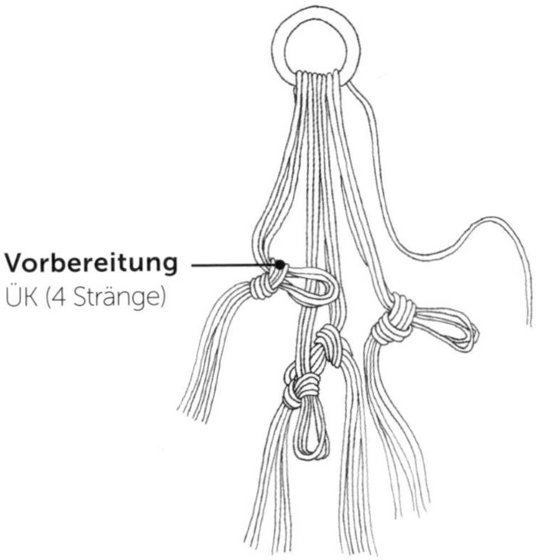
Vorbereitung
ÜK (4 Stränge)

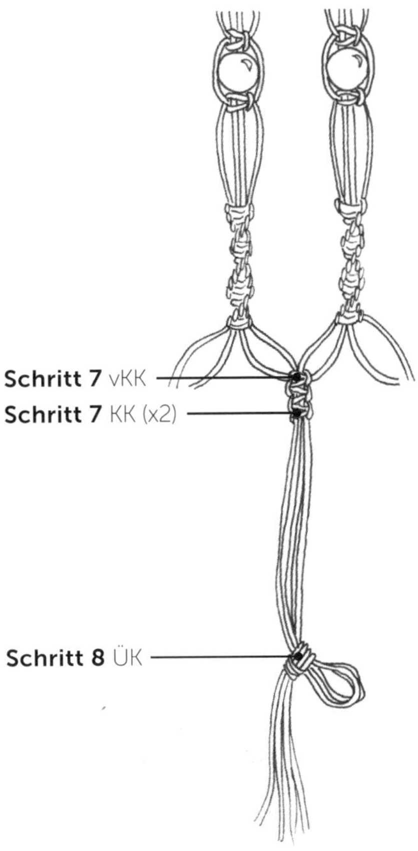
Schritt 7 vKK
Schritt 7 KK (x2)
Schritt 8 ÜK

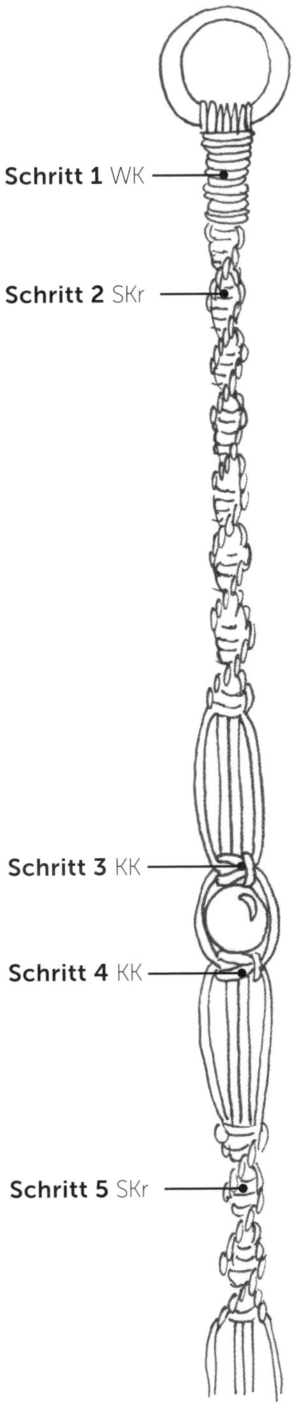
Schritt 1 WK
Schritt 2 SKr
Schritt 3 KK
Schritt 4 KK
Schritt 5 SKr

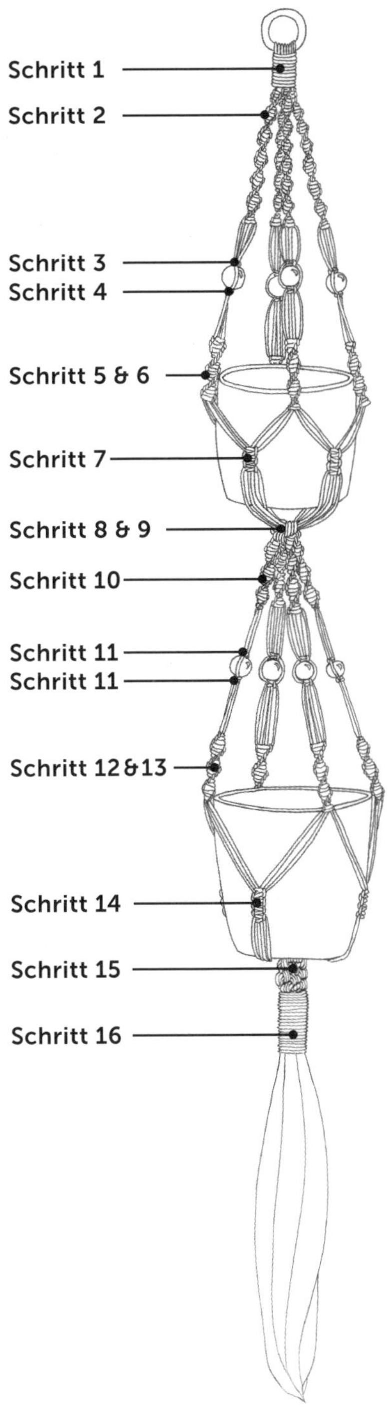
Schritt 1
Schritt 2
Schritt 3
Schritt 4
Schritt 5 & 6
Schritt 7
Schritt 8 & 9
Schritt 10
Schritt 11
Schritt 11
Schritt 12&13
Schritt 14
Schritt 15
Schritt 16

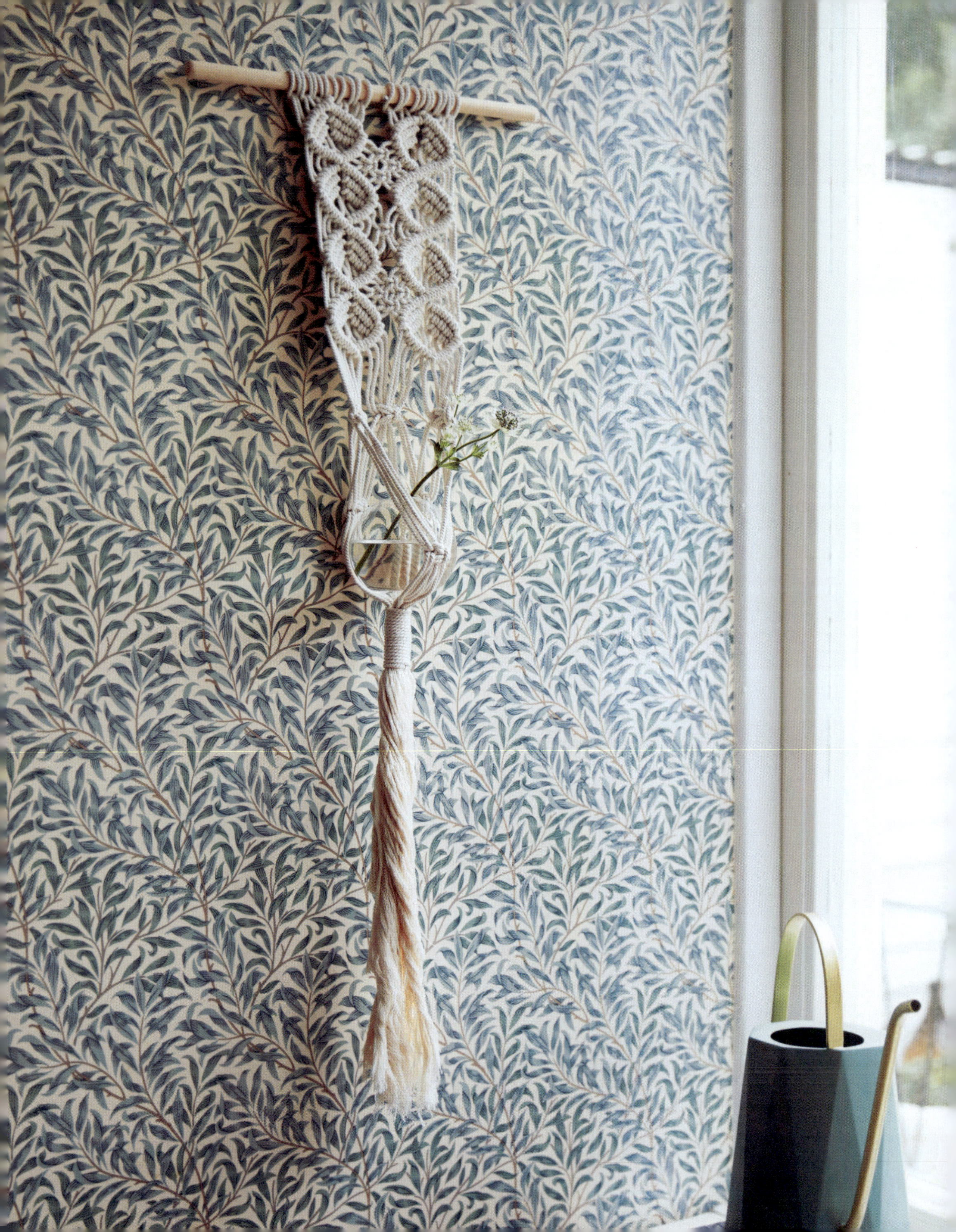

Blumenampel
Agatha

Diese Blumenampel wird an die Wand gehängt. Im ersten Teil wird sie wie ein Wandbehang gearbeitet (man könnte es auch dabei belassen), dann wird das Ende dreidimensional ausgeformt. Wenn du möchtest, kannst du oben auch ein anderes Muster knüpfen. Diese Anleitung ergibt eine Blumenampel von 12 cm Breite und 75 cm Länge und kann einen Topf mit 10 bis 12 cm Durchmesser halten, oder wie auf dem Foto links: ein Glas.

Verwendete Knoten

Lerchenkopf von hinten (LKh) Seite 21
Webleinstek diagonal (WLd) Seite 22
Kreuzknoten (KK) Seite 18
Versetzter Kreuzknoten (vKK) Seite 19
Wickelknoten (WK) Seite 23

Material

42 m gedrehte oder geflochtene Baumwollschnur, 2,5 mm
Holzstange, 30 cm lang

Vorbereitung

Schnüre zuschneiden:
11 Schnüre, je 3,4 m lang
1 Schnur, 4 m lang

Alle 3,4 m langen Schnüre zur Hälfte falten und mit einem Lerchenkopf von hinten (LKh) an der Holzstange befestigen.

Die 4 m lange Schnur so falten, dass ein Ende 1,7 m und das andere 2,3 m lang ist. Mit einem Lerchenkopf von hinten an einer beliebigen Stelle der Holzstange befestigen. Du hast nun für jeden der beiden Mustersätze 12 Schnüre. Die 8 Schnüre in der Mitte werden benutzt, um die Mustersätze mit versetzten Kreuzknoten zu verbinden.

Anleitung

Schritt 1

Die Schnüre 6 und 19 in die Mitte legen. Sie dienen als Füllschnüre für die erste Reihe diagonaler Webleinsteks (WLd). Im linken Bereich mit Schnur 7 einen diagonalen Webleinstek nach rechts um Schnur 6 knüpfen. Im rechten Bereich mit Schnur 18 einen diagonalen Webleinstek nach links um Schnur 19 knüpfen.

Ebenso nacheinander Schnüre 8 bis 12 um Schnur 6 knoten und Schnüre 13 bis 17 um Schnur 19. Dabei jeweils zur Mitte hin arbeiten. Es entsteht pro Seite eine schräge Reihe aus 6 Webleinsteks.

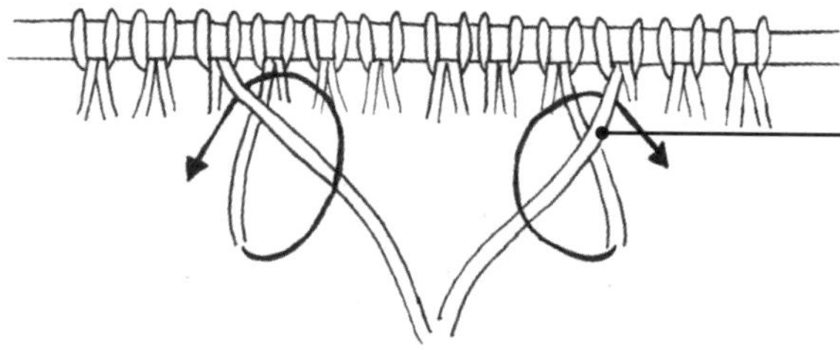

Schritt 2

Nun Schnüre 6 und 19 als Füllschnüre für die äußeren Abschnitte der schrägen Reihe verwenden. Sie verlaufen in entgegengesetzter Richtung, also von der Mitte zu den Rändern.

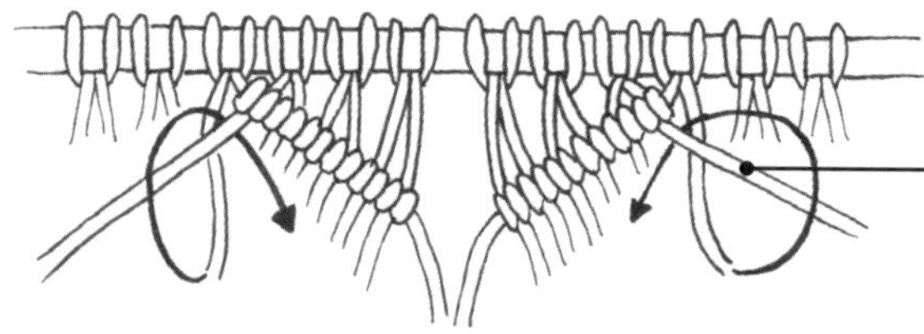

Schritt 3

Für die zweite Reihe 4 diagonale Webleinsteks pro Richtung arbeiten. Die dritte Reihe besteht noch aus 3 diagonalen Webleinsteks pro Richtung. Nun die Schnüre 1, 12, 13 und 24 als Füllschnüre verwenden. Schnur 1 und 12 zueinanderführen, ebenso Schnur 13 und 24. Jeweils 5 diagonale Webleinsteks knüpfen. Um das Muster abzuschließen, Schnüre 1 und 24 als Füllschnüre verwenden. Schnüre 12 und 13 dienen als Arbeitsschnüre für einen diagonalen Webleinstek pro Mustersatz.

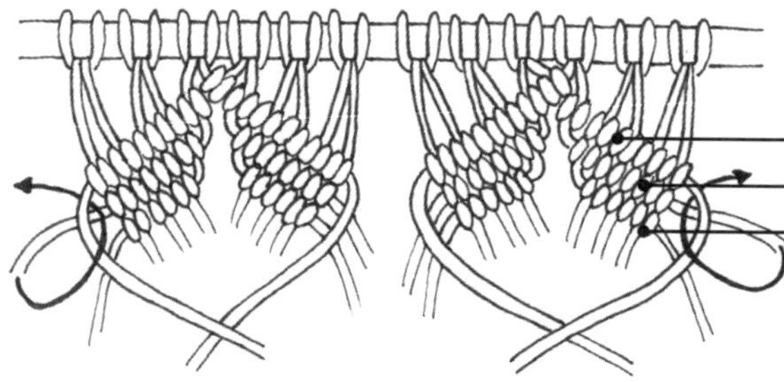

Schritt 4

Mit den 4 mittleren Schnüren (Schnüre 11–14) einen Kreuzknoten (KK) arbeiten, um die beiden Mustersätze zu verbinden. Unter dem ersten Kreuzknoten folgen 2 versetzte Kreuzknoten, dann wird die Verbindung mit einem weiteren Kreuzknoten beendet.

Schritt 5

Schritt 1–4 wiederholen, aber die Mustersätze nur mit einem Kreuzknoten verbinden.

Schritt 6

Schritt 1–4 noch einmal wiederholen und schließlich Schritt 1–3 noch einmal wiederholen.

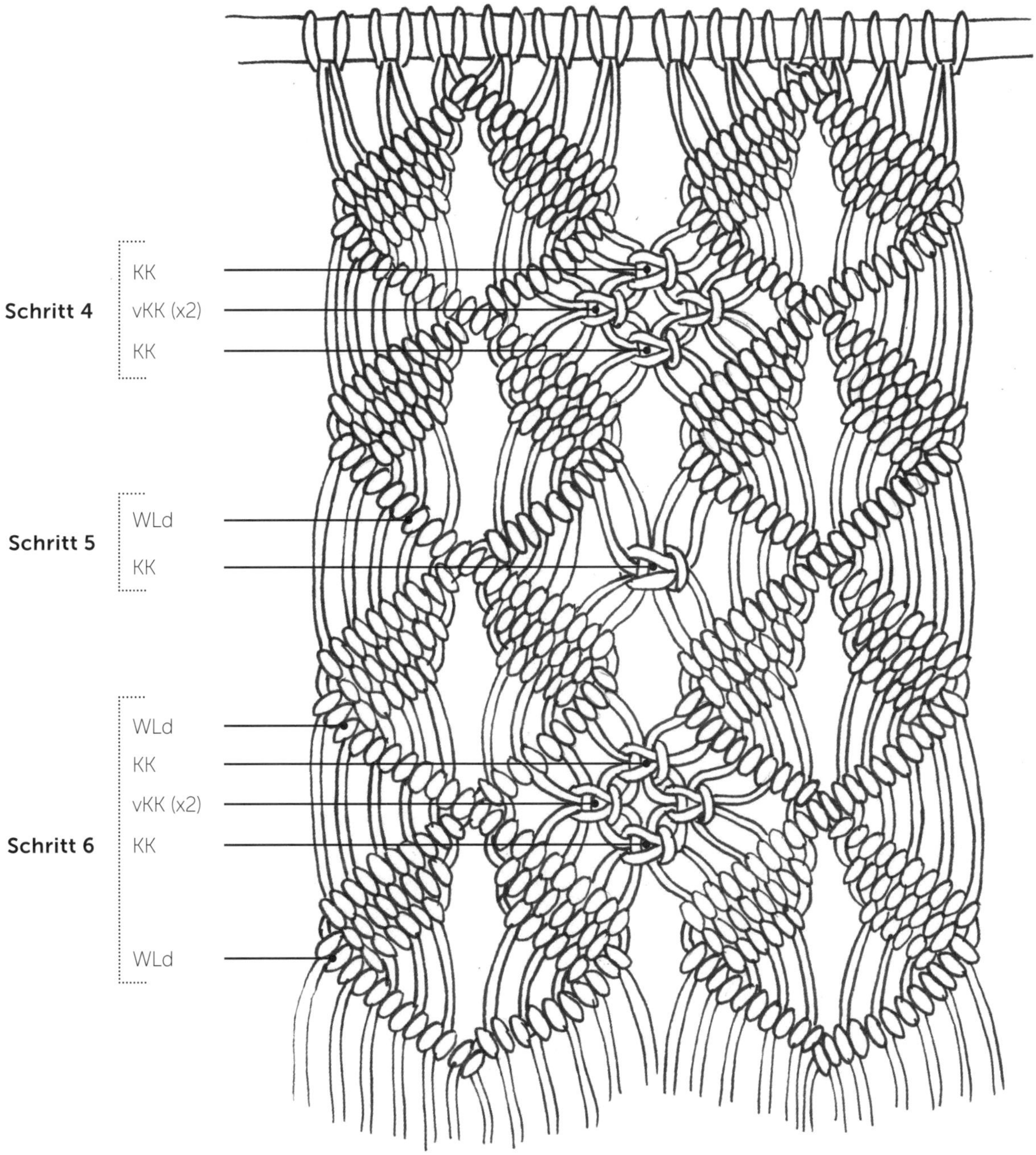
Schritt 4
KK
vKK (x2)
KK
Schritt 5
WLd
KK
Schritt 6
WLd
KK
vKK (x2)
KK
WLd

Schritt 7

Für das Netz der Blumenampel 2 Reihen Kreuzknoten mit je 8 Schnüren knüpfen (siehe Abbildung): In der ersten Reihe 4–5 cm unter den Webleinsteks frei lassen, dann 3 Kreuzknoten knüpfen.

Schritt 8

Für die zweite Reihe 6 cm frei lassen, dann 2 versetzte Kreuzknoten knüpfen.

Schritt 9

Um das Netz zu beenden, die äußeren 4 Schnüre jeder Seite nehmen und den letzten versetzten Kreuzknoten vor der Arbeit, etwa 3 cm unter den beiden Knoten der zweiten Reihe knüpfen.

Schritt 10

Zuletzt mit der längsten Schnur einen 4 cm langen Wickelknoten um alle anderen Schnüre arbeiten. 9 cm unter den beiden hinteren Kreuzknoten und 6 cm unter dem vorderen Kreuzknoten frei lassen, dort den Wickelknoten beginnen. Alle Schnüre auf gleiche Länge schneiden und nach Belieben die Enden ausfransen.

Tipp

Damit der Wickelknoten sich später exakt in der Mitte befindet, müssen eventuell die Schnurgruppen im Haltenetz zurechtgezupft werden. Dafür einen kleinen Topf provisorisch in das Netz stellen und die 3 Schnurgruppen entweder nach oben oder nach unten durch den Wickelknoten ziehen, bis sie gleichmäßig am Topf anliegen.

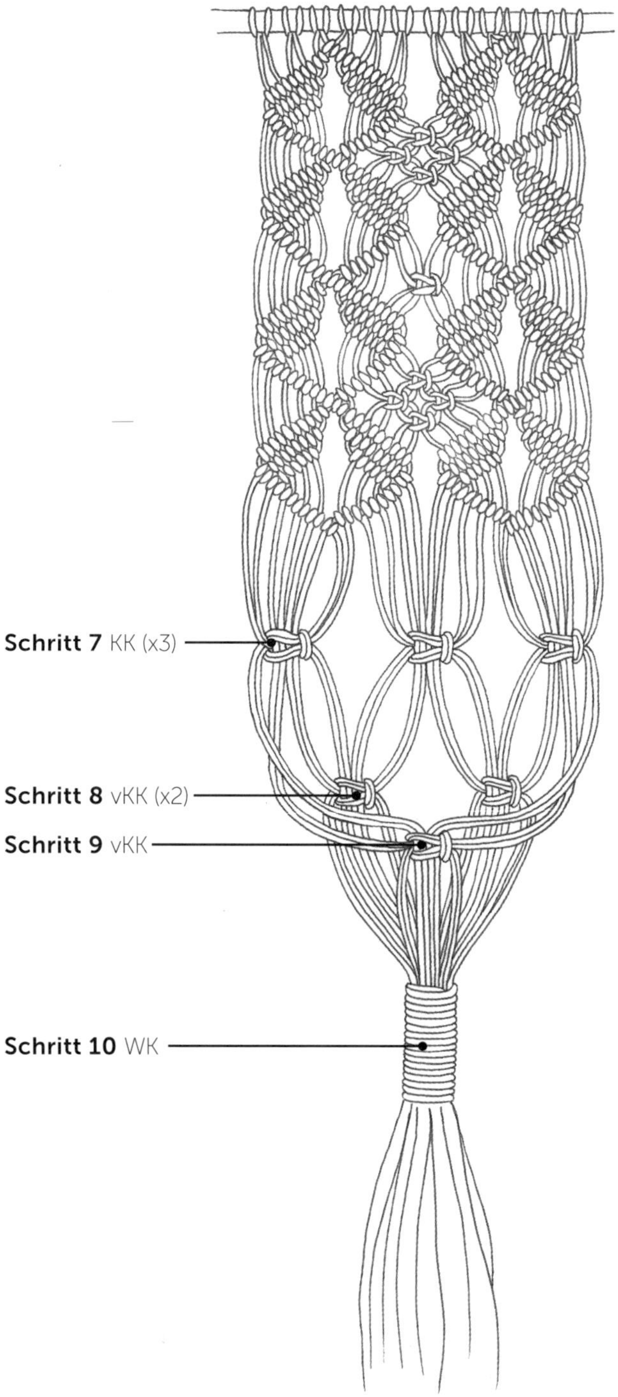

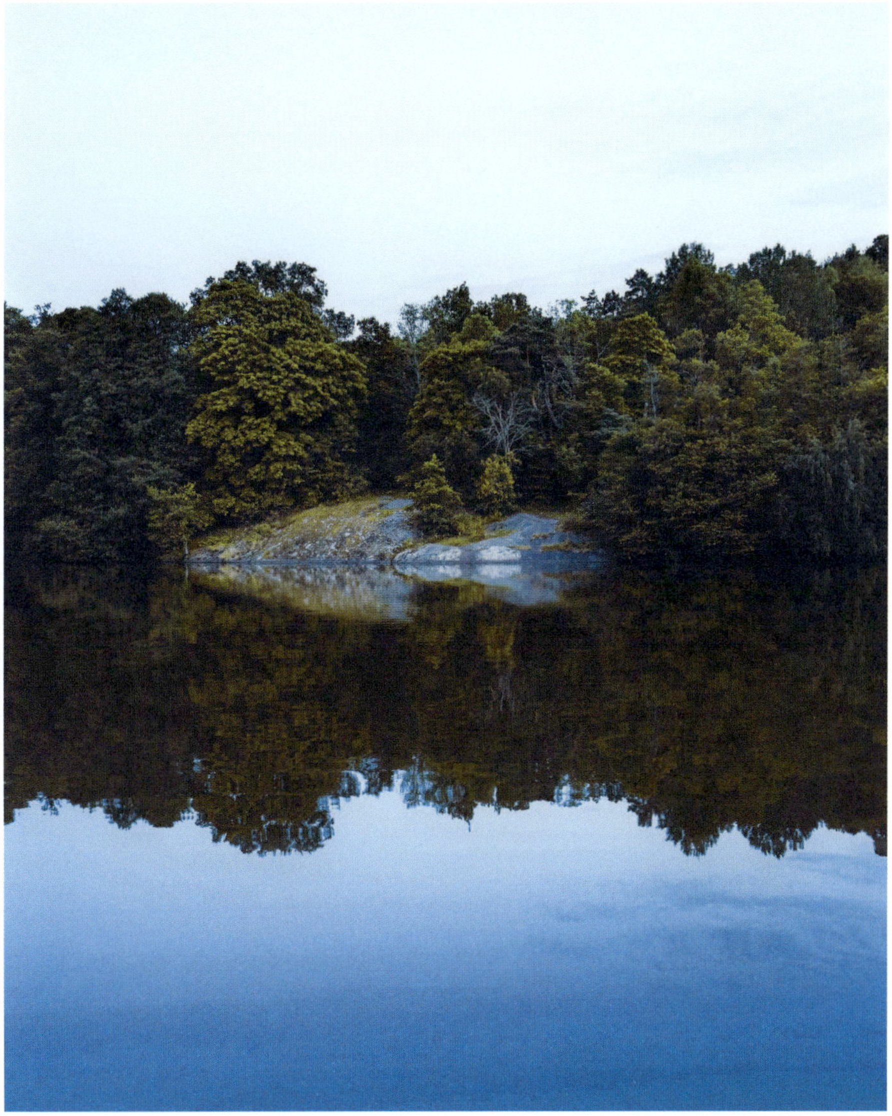

Blumenampel Josephine

Diese Blumenampel für die Wand hat ein sehr lockeres, luftiges Muster. Sie ist insgesamt 115 cm lang und sieht mit ihrem zarten Knüpfmuster vor einer farbigen Wand besonders hübsch aus. Als Haltestange habe ich hier Treibholz verwendet.

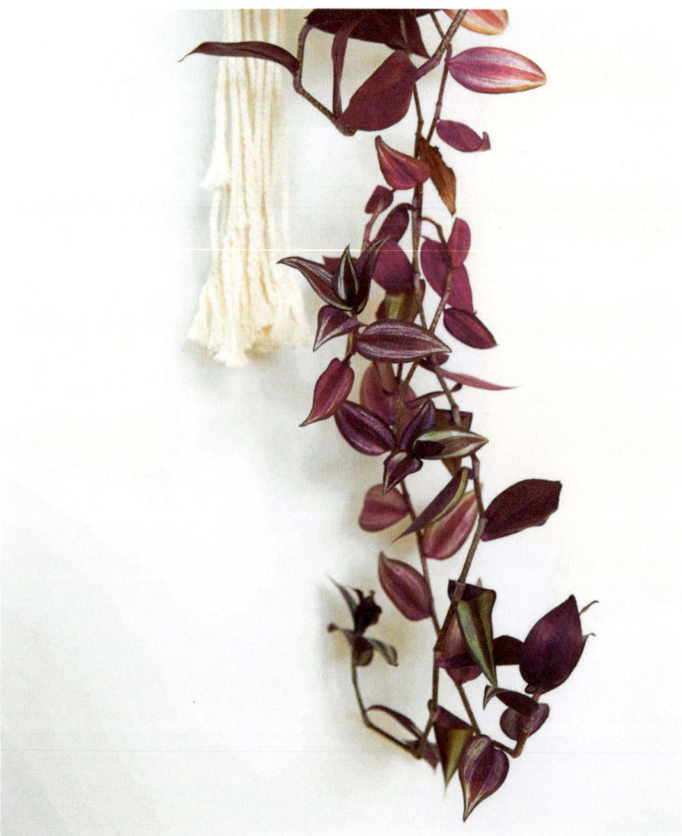

Verwendete Knoten

Lerchenkopf von hinten (LKh) Seite 20
Wechselnder halber Schlag (wHS) Seite 23
Spiralknoten nach rechts (SKr) Seite 20
Spiralknoten nach links (SKl) Seite 20
Kreuzknoten (KK) Seite 18
Kreuzknotenband (KK-B) Seite 18–19
Kreuzknoten nach rechts (KKr) Seite 18
Kreuzknoten nach links (KKl) Seite 18
Josephinenknoten (JK) Seite 26
Wickelknoten (WK) Seite 23

Material

30 m gedrehte oder geflochtene Baumwollschnur, 4 mm
40 cm Treibholz oder Holzstange

Vorbereitung

Schnüre zuschneiden:
2 Schnüre, je 4 m lang
6 Schnüre, je 3,6 m lang

Alle Schnüre zur Hälfte falten. Jede mit einem Lerchenkopf von hinten (LKh) am Holz befestigen. Die beiden 4 m langen Schnüre sind außen.

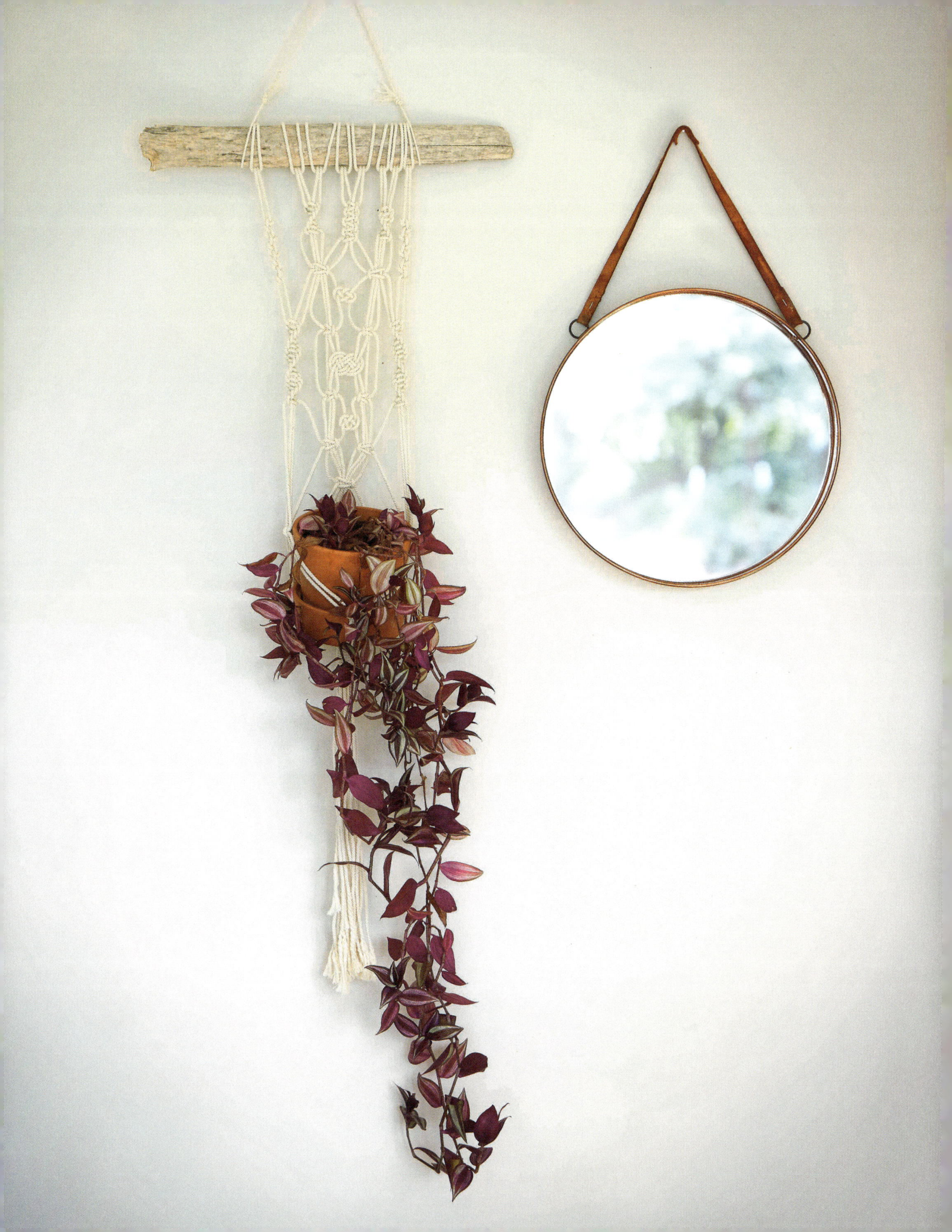

Anleitung

Schritt 1

7 cm unter den Lerchenköpfen frei lassen. 8 wechselnde halbe Schläge (wHS) mit Schnur 1 und 2 auf der linken Seite und mit Schnur 15 und 16 auf der rechten Seite arbeiten.

Schritt 2

5 cm unter den Lerchenköpfen mit Schnur 3–6 einen Spiralknoten nach rechts (SKr) aus 6 halben Kreuzknoten knüpfen. Mit Schnur 11–14 einen Spiralknoten nach links (SKl) arbeiten.

Schritt 3

Mit Schnur 7–10 ein Band aus 4 Kreuzknoten (KK-B) knüpfen.

Schritt 4

Schnüre 4–7 als Füllschnüre verwenden, Schnüre 3 und 8 als Arbeitsschnüre. 4 cm unter der letzten Reihe einen Kreuzknoten nach rechts (KKr) knüpfen. Mit Schnüren 9–14 einen Kreuzknoten nach links (KKl) knüpfen.

Schritt 5

Mit Schnur 8 und 9 (in der Mitte) 4 cm unter den Kreuzknoten einen Josephinenknoten arbeiten.

Schritt 6

5 cm unter den wechselnden halben Schlägen auf beiden Seiten einen 11 cm langen Spiralknoten knüpfen. Schnüre 1–4 für einen Spiralknoten nach rechts verwenden, Schnüre 13–16 für einen Spiralknoten nach links.

Schritt 7

5 cm unter dem Josephinenknoten mit den Schnüren 5–8 einen Kreuzknoten nach rechts arbeiten. Schnüre 9–12 für einen Kreuzknoten nach links verwenden.

Schritt 8

2 cm unter den Kreuzknoten mit den Schnüren 7–10 einen weiteren Josephinenknoten arbeiten.

Schritt 9

2 cm tiefer einen Kreuzknoten nach rechts mit Schnur 5–8 arbeiten, ebenso einen Kreuzknoten nach links mit Schnur 9–12.

Schritt 10

Weitere 2 cm tiefer mit Schnur 8 und 9 einen dritten Josephinenknoten arbeiten.

Schritt 11

Nun dienen Schnur 4 und 13 (von den Spiralknoten auf beiden Seiten) sowie die mittleren Schnüre 8 und 9 als Arbeitsschnüre. Schnur 5–7 und 10–12 bilden die Füllschnüre. 2 cm unter dem Josephinenknoten auf der linken Seite einen Kreuzknoten nach rechts und auf der rechten Seite einen Kreuzknoten nach links knüpfen.

Schritt 12

5 cm darunter einen Kreuzknoten nach rechts mit den Schnüren 5 und 12 arbeiten. Die Schnüre 6–11 dienen als Füllschnüre.

Schritt 13

5 cm darunter mit den Schnüren 1–4 einen Kreuzknoten nach rechts arbeiten, mit den Schnüren 13–16 einen Kreuzknoten nach links.

Schritt 14

8 cm darunter 3 Kreuzknoten auf gleicher Höhe arbeiten. Dafür die Schnüre 3–6, 7–10 und 11–14 verwenden.

Schritt 15

Für das Haltenetz für den Topf einen Kreuzknoten vor der Arbeit knüpfen. Schnüre 2 und 15 dienen als Arbeitsschnüre, Schnüre 1 und 16 als Füllschnüre. Der Abstand zu den darüberliegenden 3 Kreuzknoten beträgt 5 cm.

Schritt 16

Mit der längsten Schnur einen Wickelknoten (WK) um alle anderen Schnüre arbeiten. Die Schnüre dabei so halten, dass die letzten 4 Kreuzknoten auf gleicher Höhe liegen. Den vorderen Kreuzknoten dafür lockern. Die Schnüre unter dem Wickelknoten auf die gewünschte Länge schneiden.

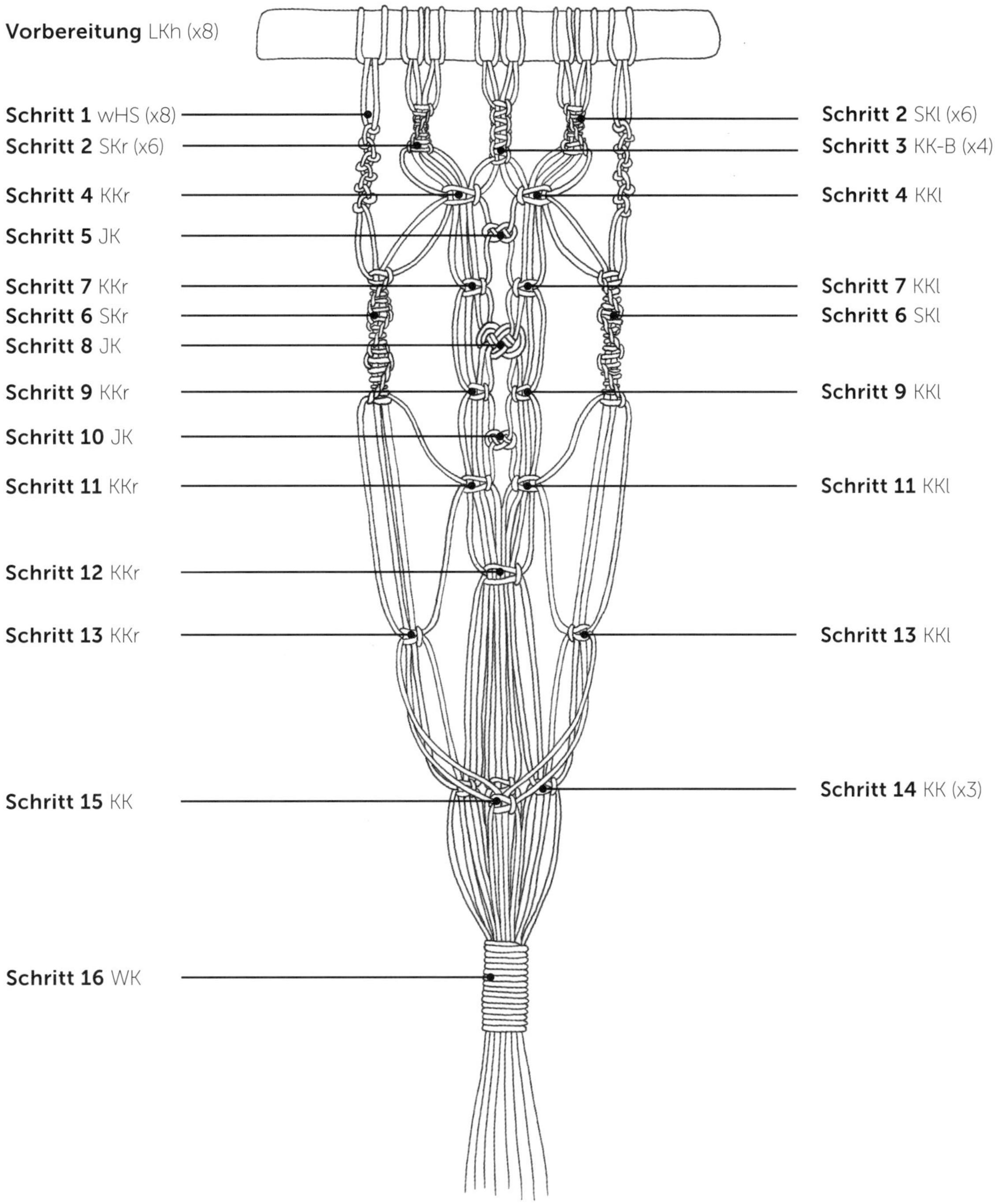
Vorbereitung LKh (x8)
Schritt 1 wHS (x8)
Schritt 2 SKr (x6)
Schritt 2 SKl (x6)
Schritt 3 KK-B (x4)
Schritt 4 KKr
Schritt 4 KKl
Schritt 5 JK
Schritt 7 KKr
Schritt 7 KKl
Schritt 6 SKr
Schritt 6 SKl
Schritt 8 JK
Schritt 9 KKr
Schritt 9 KKl
Schritt 10 JK
Schritt 11 KKr
Schritt 11 KKl
Schritt 12 KKr
Schritt 13 KKr
Schritt 13 KKl
Schritt 14 KK (x3)
Schritt 15 KK
Schritt 16 WK

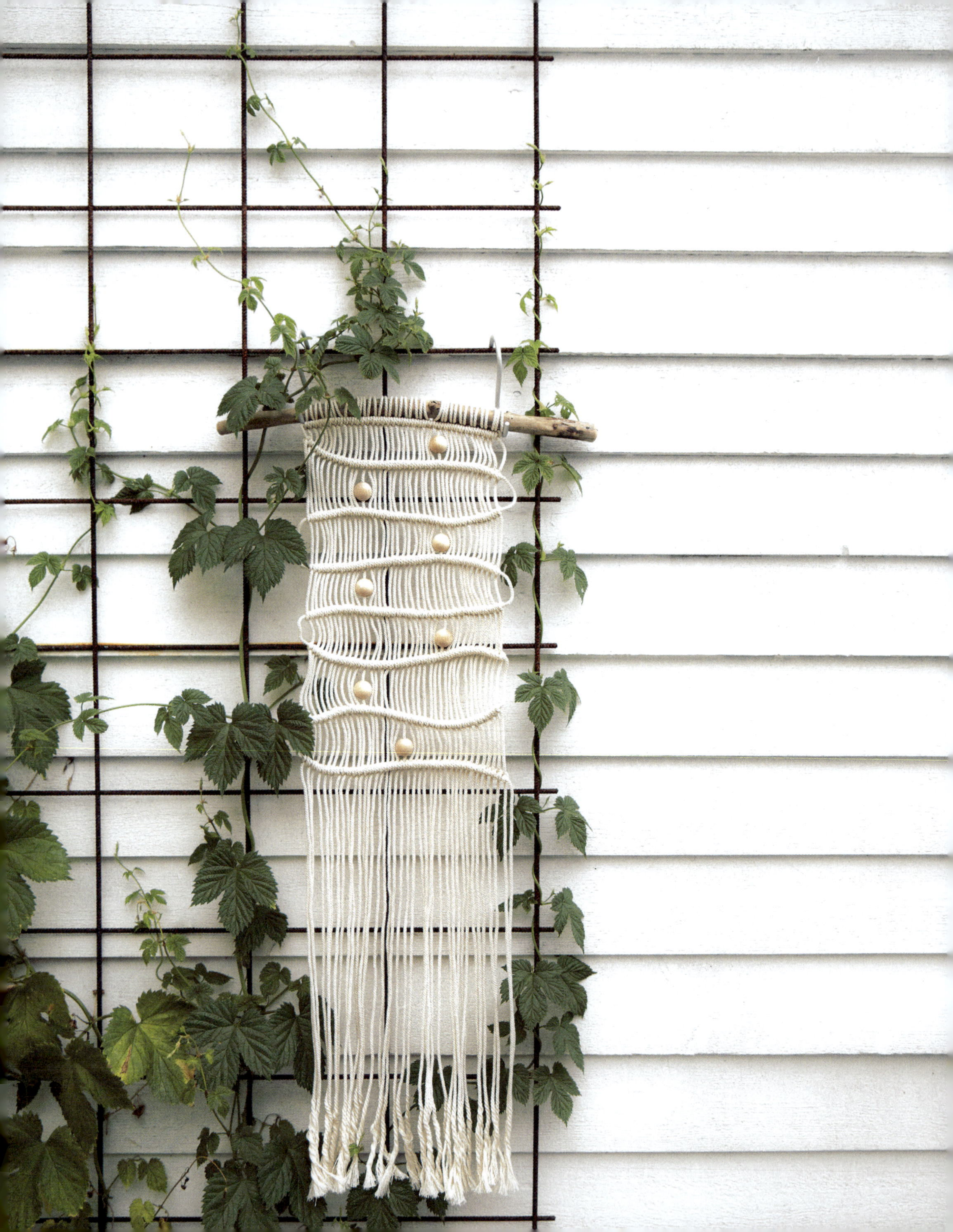

Wandbehang
Wilma

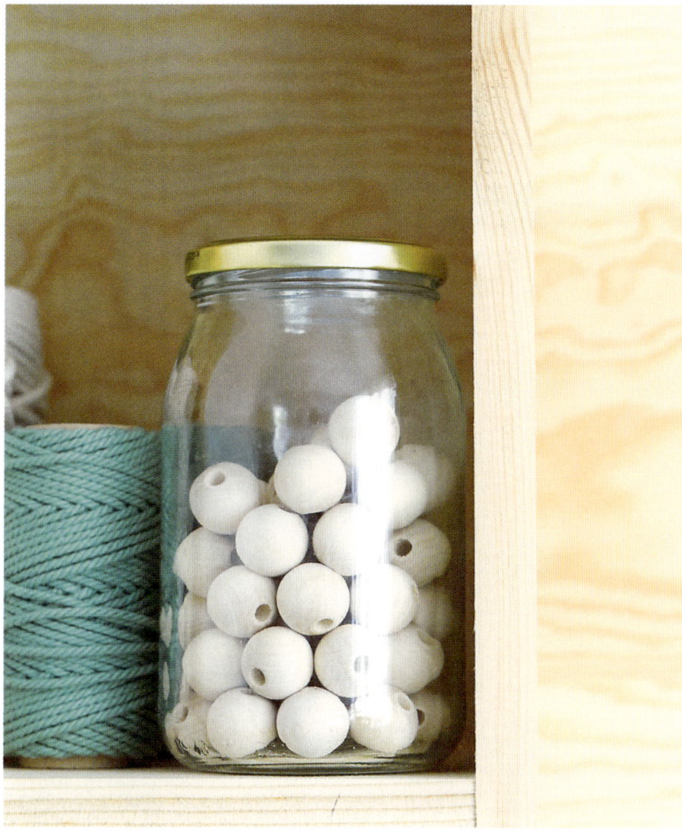

Dieser kleine Wandbehang ist 22 cm breit und 75 cm hoch. Das Muster ist leicht zu knüpfen und lässt sich leicht nach eigenen Vorstellungen verändern. Wer möchte, kann den Wandbehang mit zusätzlichen Schnüren verbreitern oder weitere Perlen einarbeiten. Dieses Projekt lädt zum Spielen ein.

Verwendete Knoten

Lerchenkopf von hinten (LKh) Seite 21
Webleinstek waagerecht (WLw) Seite 22

Material

56 m gedrehte oder geflochtene Baumwollschnur, 2,5mm
Holzstange oder Zweig, 40 cm
7 Holzperlen, 2 cm Durchmesser

Vorbereitung

Schnüre zuschneiden:
18 Schnüre, je 2,8 m lang
1 Schnur, 3,9 m lang (extralang als Füllschnur für die waagerechten Webleinsteks)

Die 18 Schnüre je zur Hälfte falten und mit einem Lerchenkopf von hinten (LKh) an der Stange befestigen. Die extralange Schnur so falten, dass ein Ende 1,4 m lang und das andere 2,5 m lang ist. Rechts neben den anderen Schnüren ebenfalls mit einem Lerchenkopf von hinten befestigen.

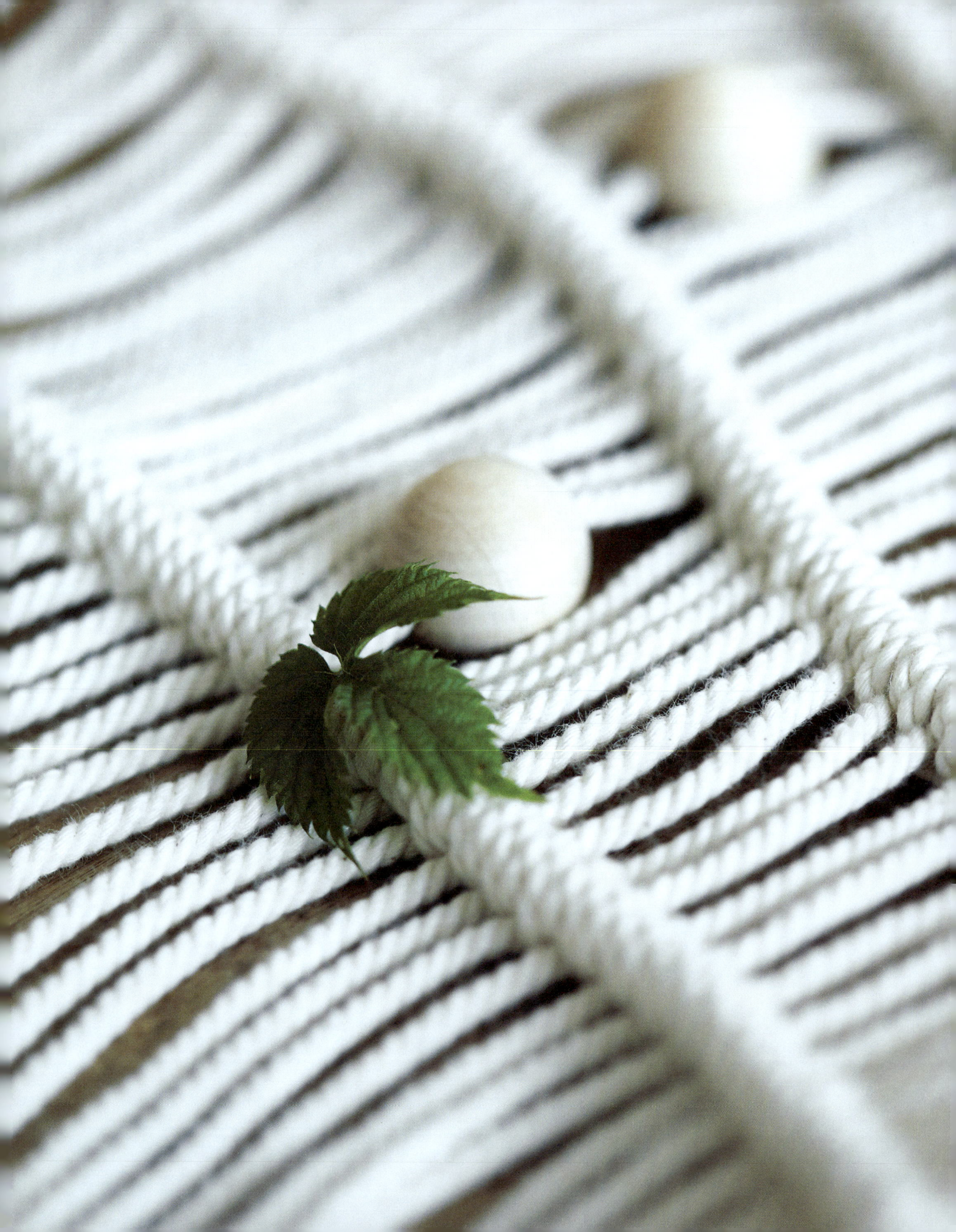

Anleitung

Schritt 1

In der ersten Reihe 37 waagerechte Webleinsteks (WLw) knüpfen. Die extralange Schnur dient dabei als Füllschnur. Die Knoten sollen ganz dicht unter der Trägerstange sitzen.

Schritt 2

Für die zweite Reihe die Füllschnur an der gewünschten Position quer über den Korpus legen und von links nach rechts eine Reihe waagerechte Webleinsteks arbeiten. Wenn Schnur 26 (die 12. von rechts) erreicht ist, eine Perle auf die Schnur fädeln und direkt darunter einen waagerechten Webleinstek arbeiten. Die zweite Reihe beenden.

Schritt 3

In der 3., 5. und 7. Reihe wird jeweils auf die 12. Schnur von links (Füllschnur nicht mitzählen) eine Perle gefädelt. In der 4. und 6. Reihe die Perle auf die 12. Schnur von rechts fädeln (Füllschnur nicht mitzählen).

Schritt 4

In der letzten Reihe die Perle auf die 19. Schnur von links fädeln (Füllschnur nicht mitzählen).

Schritt 5

Alle Enden auf gleiche Länge schneiden.

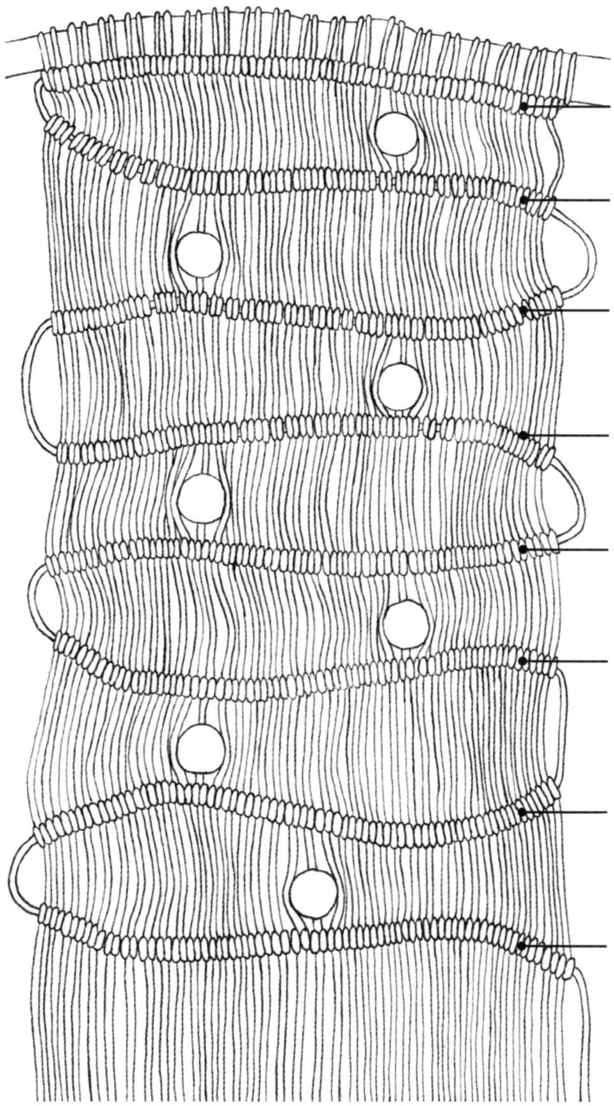

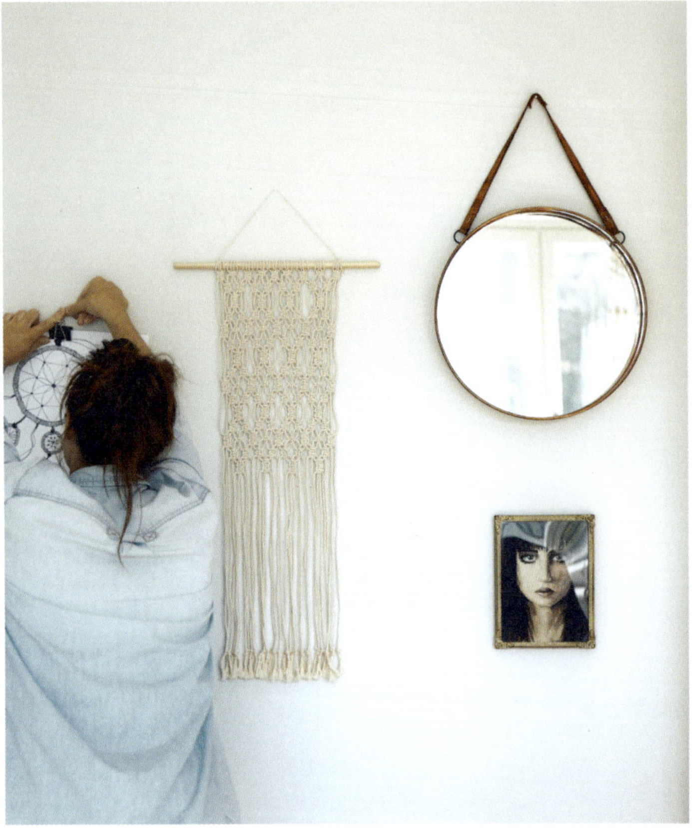

Wandbehang
Indra

Dieser Wandbehang ist 75 cm hoch und 22 cm breit. Wer ihn gern breiter oder höher hätte, kann in Höhe oder Breite mehr Mustersätze arbeiten.

Verwendete Knoten

Lerchenkopf von hinten (LKh) Seite 21
Kreuzknoten nach rechts (KKr) Seite 18
Versetzter Kreuzknoten (vKK) Seite 19
Überhandknoten (ÜK) Seite 18

Material

51 m gedrehte oder geflochtene Baumwollschnur, 2,5 mm
35 cm Holzstange
Klebeband

Vorbereitung

Schnüre zuschneiden:
18 Schnüre, je 2,8 m lang
Die Enden der Schnüre mit Klebeband umwickeln, damit sie nicht ausfransen.

Jede Schnur zur Hälfte falten und mit einem Lerchenkopf von hinten (LKh) an der Stange befestigen.
Die grafische Darstellung (siehe Seite 71) zeigt die Arbeitsschrittfolge. Nach dem ersten Mustersatz (Schritt 1– 5) werden die Schritte 2–5 wiederholt, bis die gewünschte Größe erreicht ist. Mit den Schritten 2 und 3 enden. Um die Mustersätze zu trennen, jeweils zwischen den versetzten Kreuzknoten etwas Platz lassen (5–6 mm).

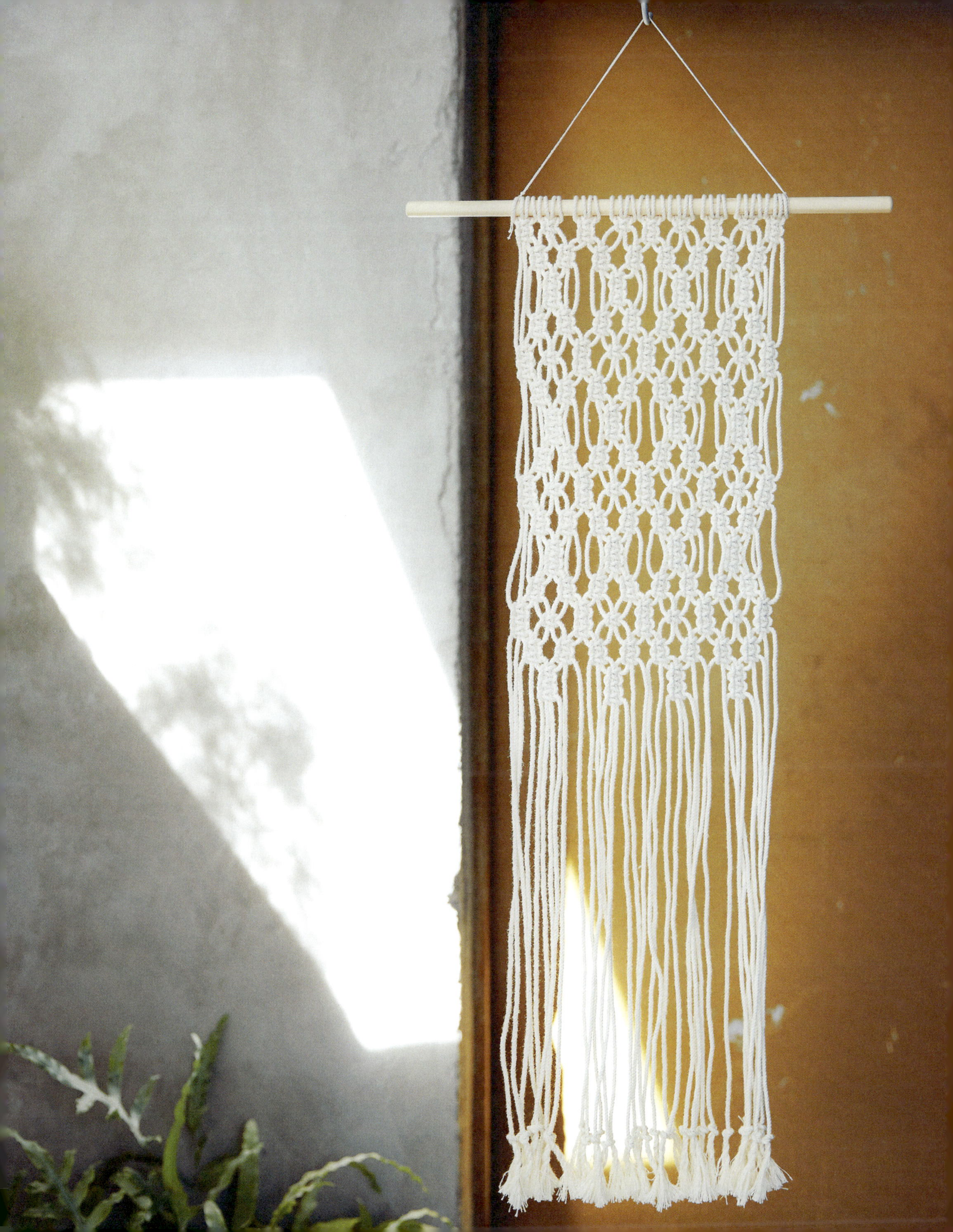

Anleitung

Schritt 1

Mit den ersten 4 Schnüren 2 Kreuzknoten nach rechts (KKr) knüpfen. 4 Schnüre übergehen, dann mit den nächsten 4 Schnüren 2 Kreuzknoten nach rechts arbeiten. Stets wiederholen, bis das Ende der Reihe erreicht ist. Danach mit jeder übergangenen Schnurgruppe je 1 Kreuzknoten nach rechts knüpfen. Du hast nun insgesamt 14 Kreuzknoten.

Schritt 2

Die ersten beiden Schnüre übergehen, dann mit je 4 Schnüren einen versetzten Kreuzknoten (vKK) knüpfen. Die letzten beiden Schnüre bleiben lose. Die Reihe umfasst 8 versetzte Kreuzknoten. Unter jedem dieser Knoten einen weiteren Kreuzknoten nach rechts arbeiten. So entsteht eine Reihe aus 8 kurzen Kreuzknotenbändern mit je 2 Kreuzknoten.

Schritt 3

Die ersten 4 Schnüre übergehen. Mit den nächsten 4 Schnüren einen versetzten Kreuzknoten (vKK) knüpfen. 4 Schnüre übergehen, dann folgt wieder ein versetzter Kreuzknoten. Bis zum Ende der Reihe wiederholen. Unter jedem dieser Knoten zwei weitere Kreuzknoten nach rechts arbeiten. So entsteht eine Reihe mit kurzen Bändern aus je 3 Kreuzknoten.

Schritt 4

Die ersten beiden Schnüre übergehen. Dann mit jeder folgenden Vierergruppe einen versetzten Kreuzknoten und direkt darunter einen Kreuzknoten nach rechts knüpfen (wie in Schritt 2). In diesem Schritt knüpfst du insgesamt 16 Kreuzknoten.

Schritt 5

Mit den ersten 4 Schnüren einen versetzten Kreuzknoten arbeiten und gleich darunter 2 Kreuzknoten nach rechts (ergibt ein Band aus 3 Kreuzknoten). Mit den nächsten 4 Schnüren auf Höhe des mittleren Knotens vom Band links hiervon 1 Kreuzknoten nach rechts knüpfen. Fortlaufend bis zum Ende der Reihe wiederholen (= 19 Kreuzknoten).

Schritt 6

Schritt 2–5 noch zweimal wiederholen, dann Schritt 2 und 3 wiederholen.

Schritt 7

Alle Schnüre auf gleiche Länge schneiden. Knapp über dem Ende jeder Schnur einen Überhandknoten (ÜK) binden und die darunterliegenden Enden der Schnüre ausfransen.

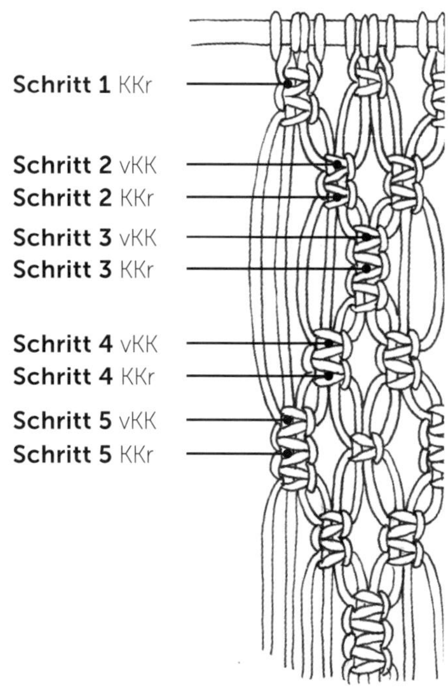

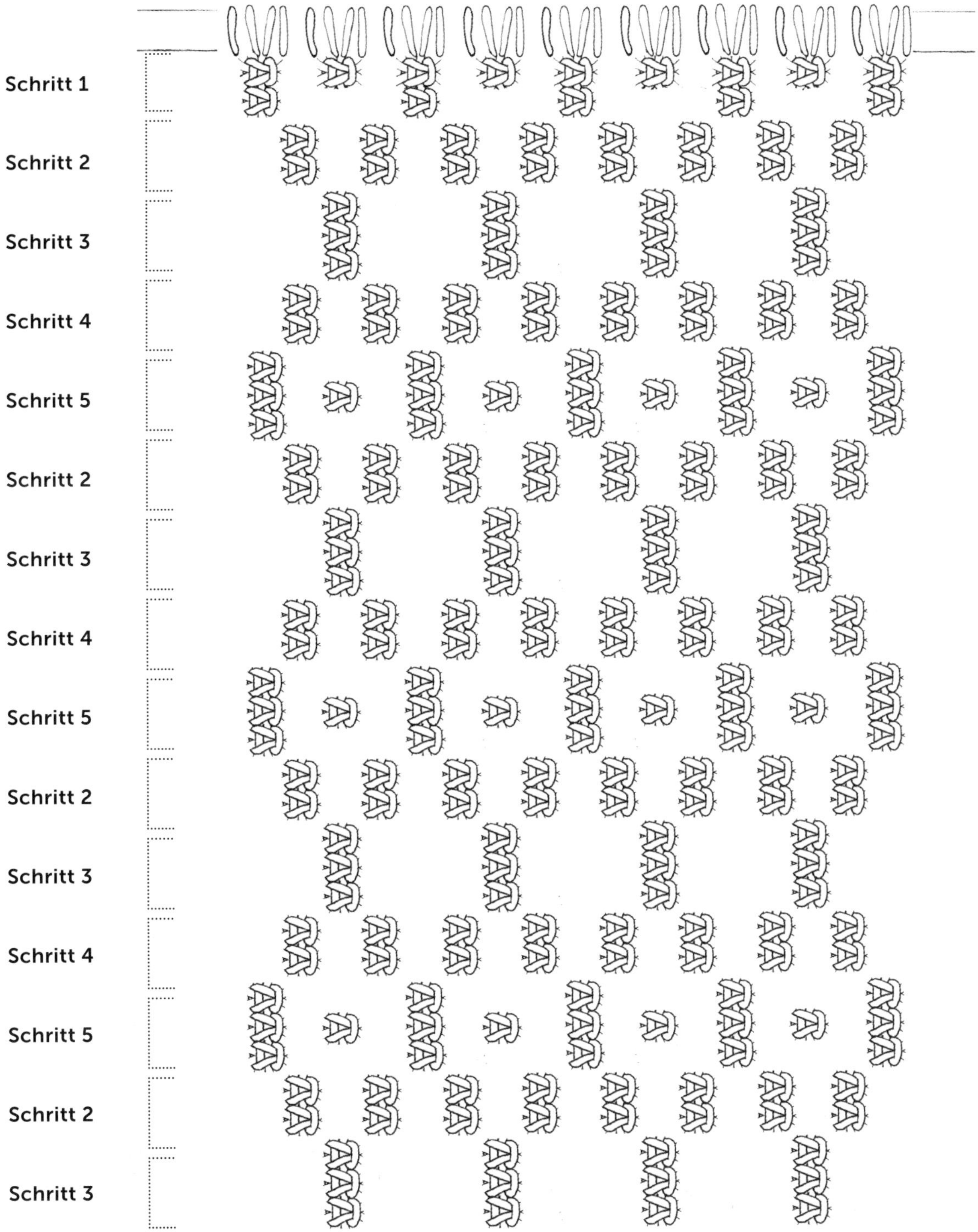
Schritt 1
Schritt 2
Schritt 3
Schritt 4
Schritt 5
Schritt 2
Schritt 3
Schritt 4
Schritt 5
Schritt 2
Schritt 3
Schritt 4
Schritt 5
Schritt 2
Schritt 3

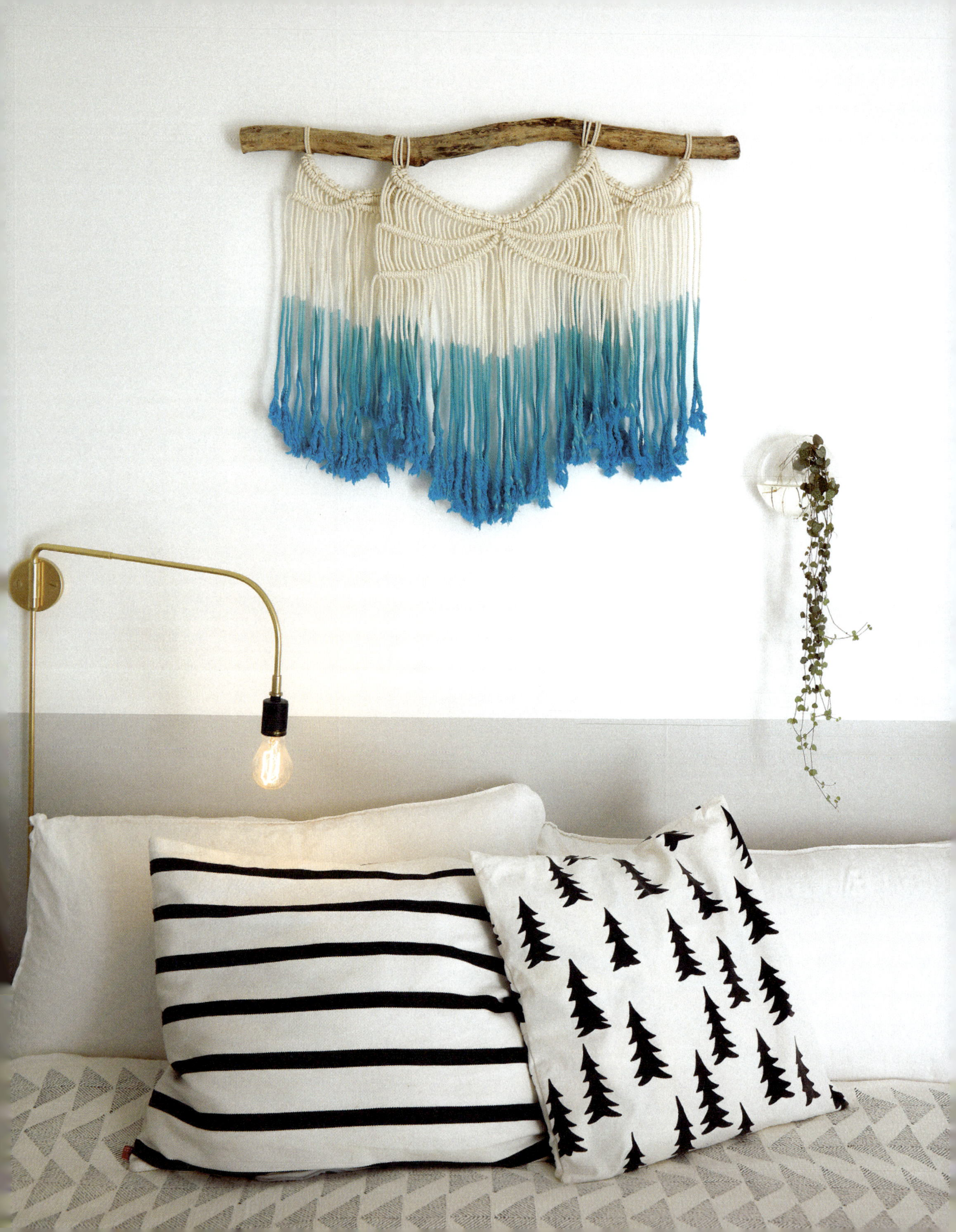

Wandbehang Atlantis

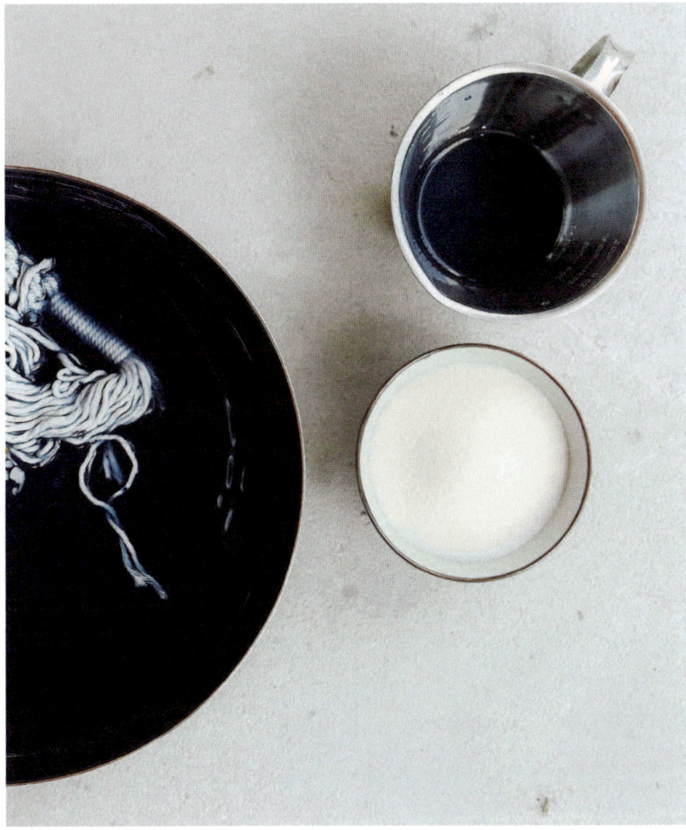

Dieser Wandbehang ist 70 cm breit und 65 cm hoch. Der Schwerpunkt liegt weniger auf den Knoten, sondern eher auf den farbigen Fransen. Wenn du den Wandbehang färbst, brauchst du nicht so viel zu knüpfen und bekommst dennoch ein auffälliges Werk. Die vergleichsweise kurzen Schnüre lassen sich gut verarbeiten. An dem Zweig werden nur sechs Schnüre befestigt, die alle anderen Schnüre tragen. Der Wandbehang bringt einen attraktiven Ast gut zur Geltung, sieht aber auch an einer Holzstange oder einem Kupferrohr toll aus.

Verwendete Knoten

Lerchenkopf (LK) Seite 20
Webleinstek waagerecht (WLw) Seite 22

Material

81 m gedrehte Baumwollschnur, 4 mm
Zweig oder Holzstange, mindestens 80 cm lang

Zubehör

Blaue Textilfarbe

Vorbereitung

Schnüre zuschneiden:
2 Schnüre, je 2,6 m lang
24 Schnüre, je 1,4 m lang
1 Schnur, 3 m lang
24 Schnüre, je 1,6 m lang

Anleitung

Schritt 1

Eine 2,6 m lange Schnur am linken Ende des Zweigs mit zwei Lerchenköpfen (LK) befestigen, dazwischen 12–15 cm Platz lassen. Die herabhängenden Enden sollen gleich lang sein.
Die andere 2,6 m lange Schnur am rechten Ende der Stange befestigen.

Schritt 2

12 der 1,4 m langen Schnüre zur Hälfte falten und mit Lerchenköpfen an einer der in Schritt 1 gebildeten Schlaufen befestigen. Falls nötig, die Anfangsschlaufen so zurechtzupfen, dass keine Lücken zwischen den Lerchenköpfen entstehen.
Die 12 verbliebenen 1,4 m langen Schnüre ebenso in der anderen Schlaufe befestigen.

Schritt 3

Zuerst auf der linken Seite des Zweigs arbeiten. Die losen Enden an beiden Seiten als Füllschnüre verwenden und unter den Lerchenköpfen jeweils 12 waagerechte Webleinsteks (WLw) von den Seiten zur Mitte knüpfen.
Auf der rechten Seite des Zweigs wiederholen.

Schritt 4

Auf der linken Seite des Zweigs mit der rechten Füllschnur fortfahren. Sie dient nun als Füllschnur für 13 waagerechte Webleinsteks, die im leichten Bogen nach links verlaufen. Der erste dieser Knoten verbindet die beiden Hälften miteinander. Nun die Arbeitsschnur vom Mittelknoten als Füllschnur für 12 Webleinsteks verwenden, die von der Mitte nach rechts verlaufen.
Auf der rechten Seite des Zweigs wiederholen, hier jedoch die linke Füllschnur nach rechts legen.

Schritt 5

Für den Mittelteil des Wandbehangs die 3 m lange Schnur mit 2 Lerchenköpfen am Zweig befestigen, und zwar knapp innerhalb der beiden vorhandenen Schlaufen (siehe Abbildung rechts unten). Die losen Enden an beiden Seiten sollten gleich lang sein.

Schritt 6

Alle 1,6 m langen Schnüre zur Hälfte falten und mit Lerchenköpfen an der breiten Schlaufe für den Mittelteil befestigen. Falls nötig, die Schlaufe so zurechtzupfen, dass die Lerchenköpfe dicht an dicht sitzen. Jetzt können die beiden fertigen Seitenteile etwas auseinandergeschoben werden.

Schritt 7

Schritt 3 und 4 am Mittelteil des Wandbehangs wiederholen.

Schritt 8

2 weitere Reihen waagerechter Webleinsteks knüpfen, die jeweils von der Mitte nach außen verlaufen. Das ergibt 24 Webleinsteks auf beiden Seiten.

Schritt 9

Die Schnüre auf die gewünschte Länge schneiden – gerade oder mit Wellenrand.

Schritt 10

Das Färbebad gemäß Packungsanleitung vorbereiten, den unteren Teil des Wandbehangs eintauchen. Entscheide selbst, wie weit er sich vollsaugen soll. Tipps zum Färben findest du auf Seite 13.

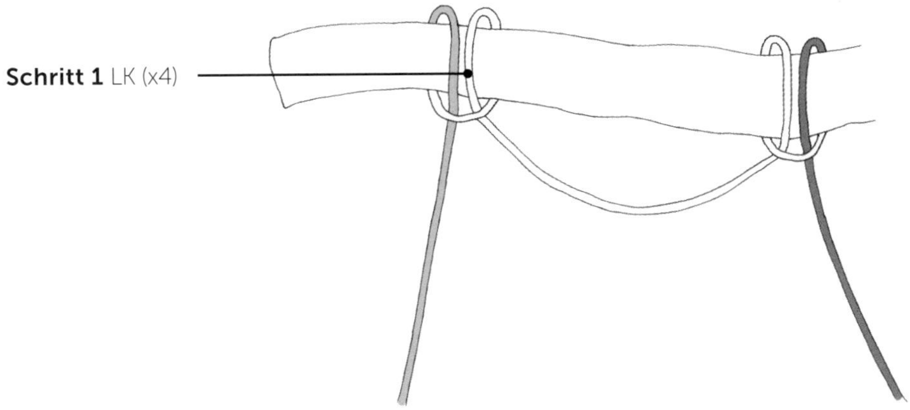
Schritt 1 LK (x4)

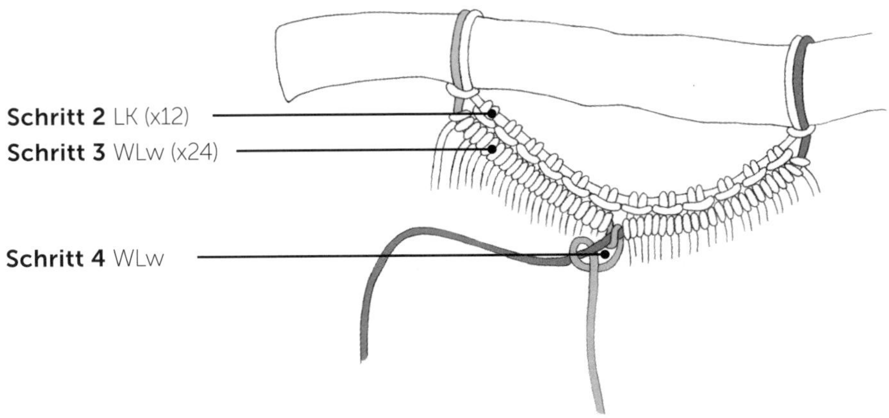
Schritt 2 LK (x12)
Schritt 3 WLw (x24)
Schritt 4 WLw

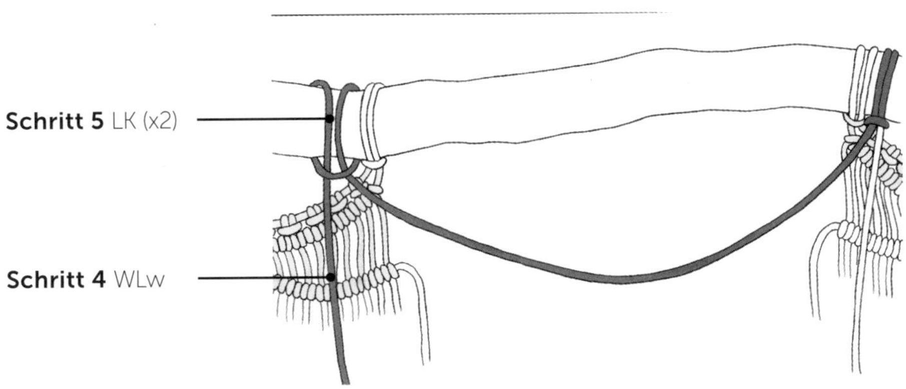
Schritt 5 LK (x2)
Schritt 4 WLw

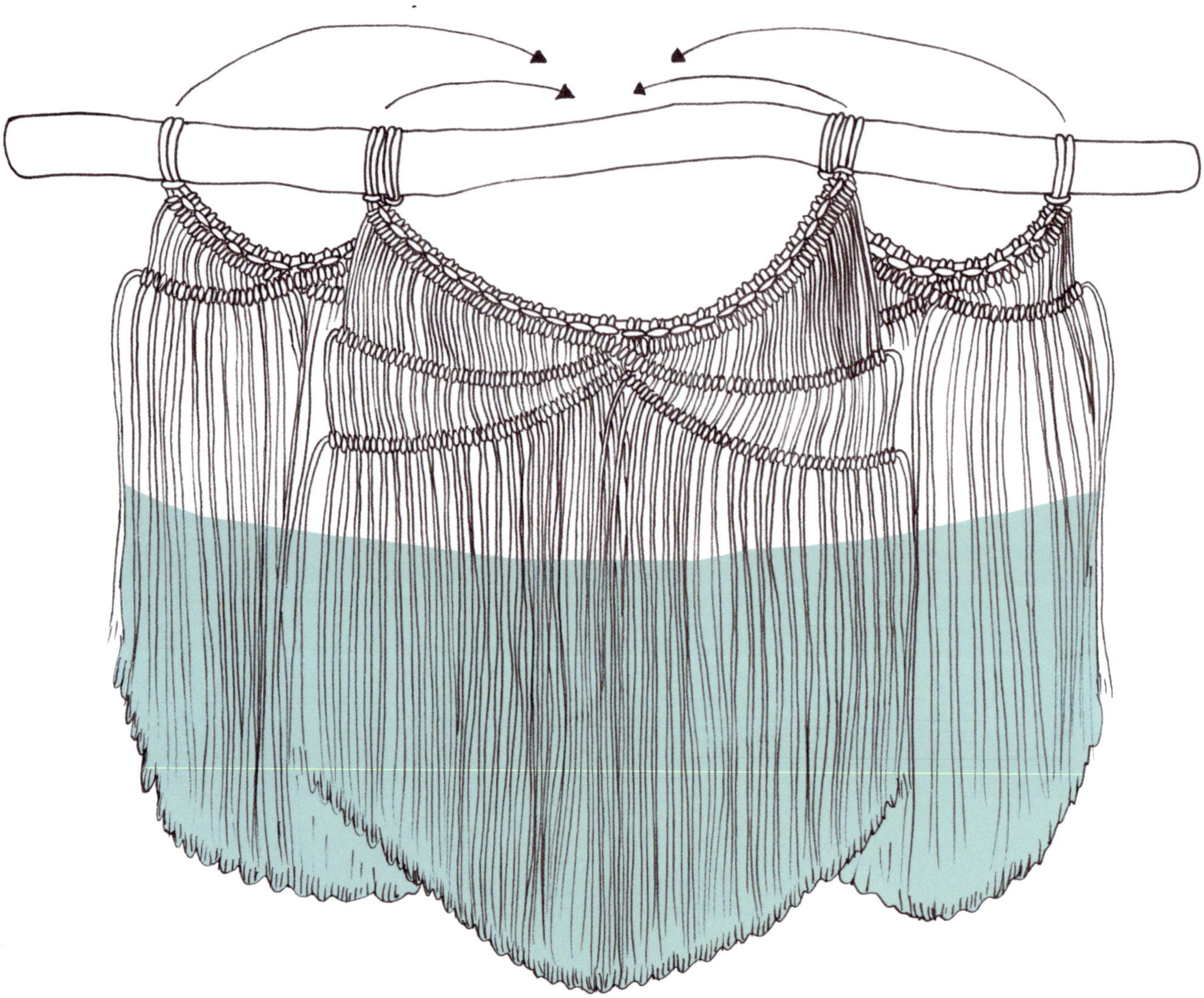

Tipp

Um beim Färben eine gerade Linie zu erhalten, müsste man das komplette Werkstück in eine große, beziehungsweise lange Wanne tauchen. Für eine gewellte Färbekontur alle Schnüre auf dem Zweig zur Mitte schieben, zusammenbinden und gebündelt ins Färbebad tauchen. Nach dem Trocknen wieder an ihre ursprünglichen Positionen auf dem Zweig schieben.

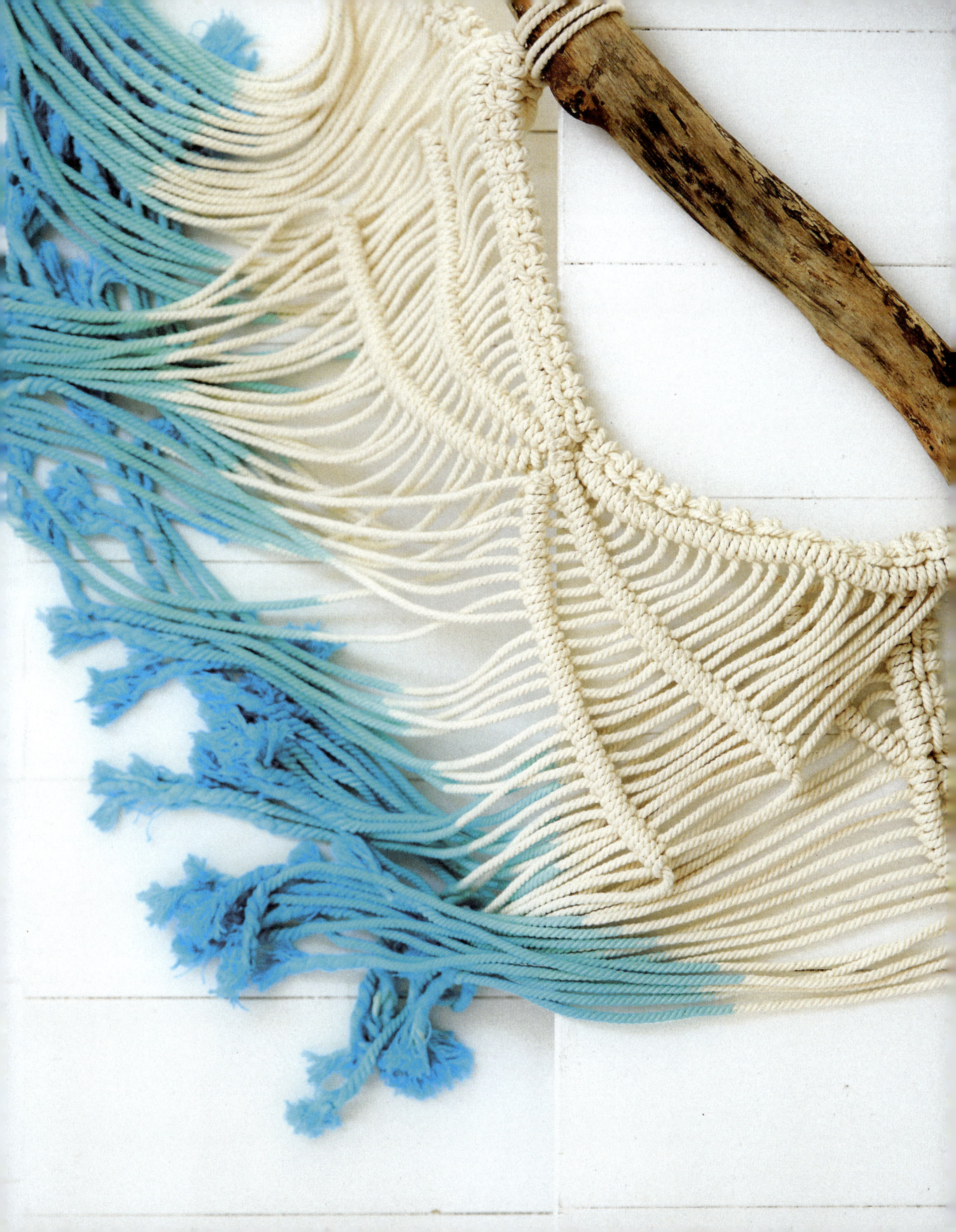

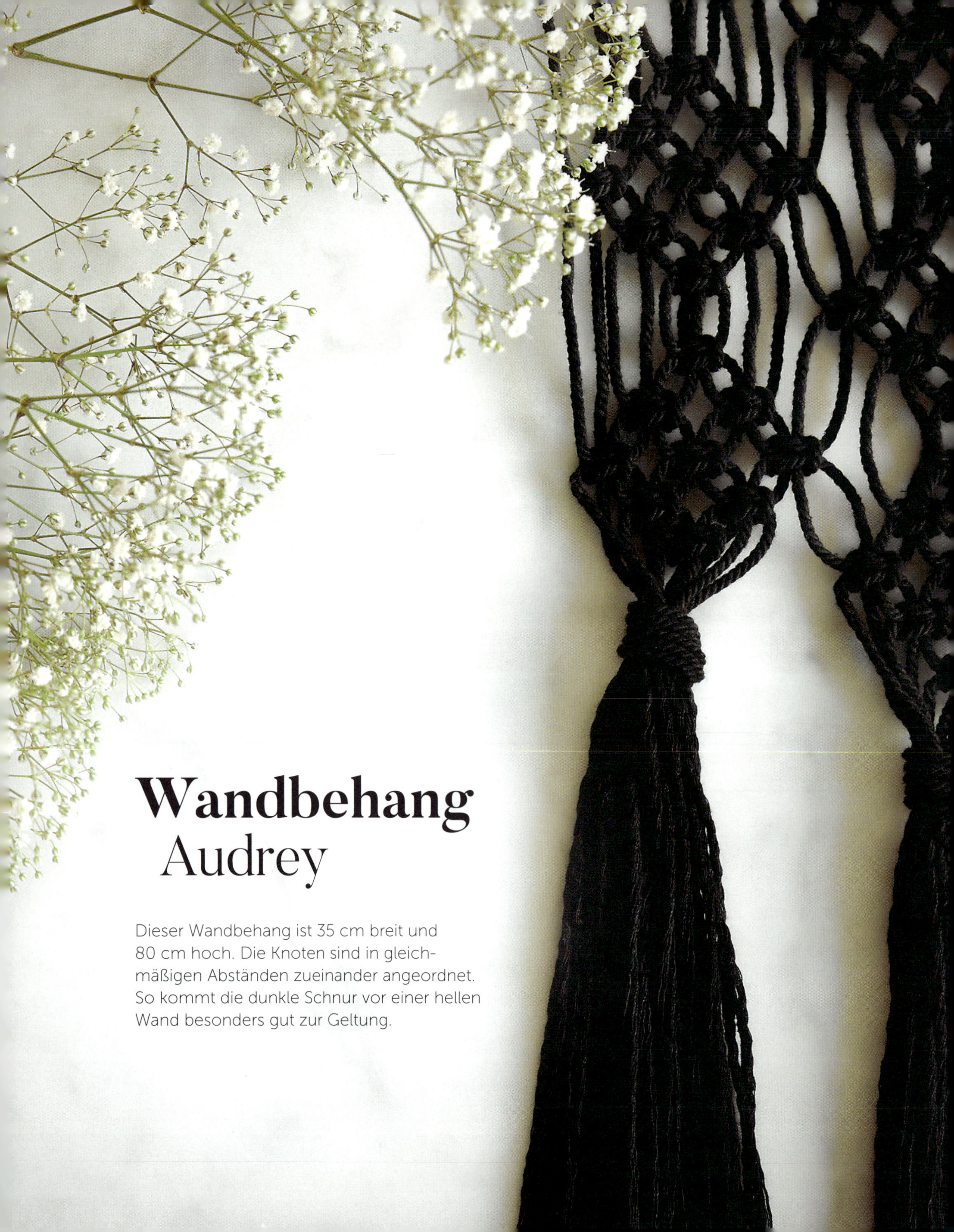

Wandbehang Audrey

Dieser Wandbehang ist 35 cm breit und 80 cm hoch. Die Knoten sind in gleichmäßigen Abständen zueinander angeordnet. So kommt die dunkle Schnur vor einer hellen Wand besonders gut zur Geltung.

Verwendete Knoten

Lerchenkopf von hinten (LKh) Seite 21
Kreuzknoten nach rechts (KKr) Seite 18
Versetzter Kreuzknoten (vKK) Seite 19
Webleinstek diagonal (WLd) Seite 22
Laufknoten (LAK) Seite 18

Material

84 m gedrehte Baumwollschnur, 2,5 mm
Holzstange, 60 cm

Zubehör

Bürste

Vorbereitung

Schnüre zuschneiden:
26 Schnüre, je 3,2 m lang

Jede Schnur zur Hälfte falten und mit einem Lerchenkopf von hinten (LKh) an der Stange befestigen.

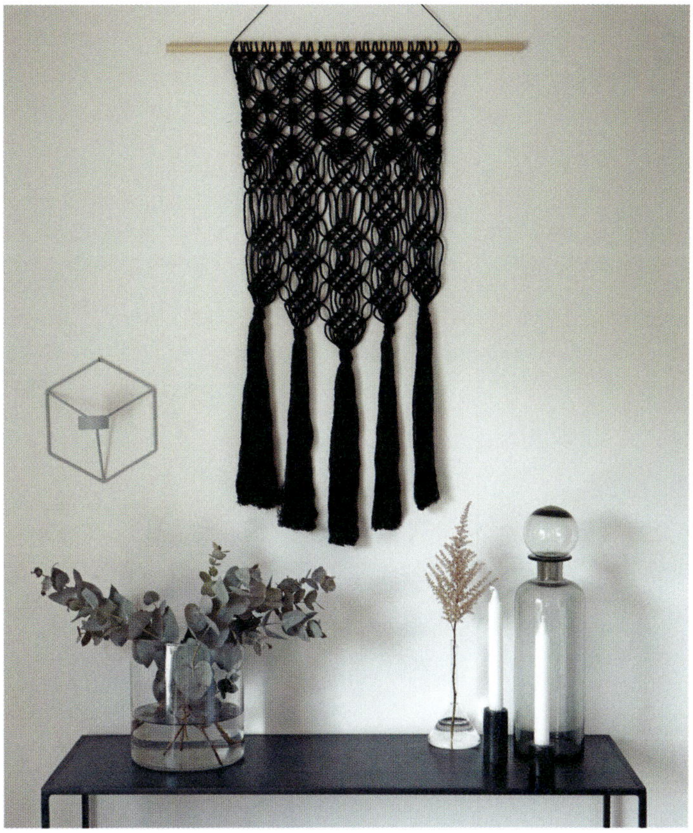

Anleitung

Schritt 1

Unter der Stange aus je 4 Schnüren eine Reihe aus 13 Kreuzknoten nach rechts knüpfen. Darauf folgt eine Reihe aus 12 versetzten Kreuzknoten. Dafür die beiden ersten und die beiden letzten Schnüre übergehen.

In der dritten Reihe 7 versetzte Kreuzknoten arbeiten, dazwischen jeweils 4 Schnüre übergehen.

Schritt 2

5 Reihen im Fischgratmuster (siehe Anleitung auf Seite 31) knüpfen. Jedes Band besteht aus 4 Kreuzknoten nach rechts.

Im ersten, mittleren und letzten Mustersatz beginnt das Band direkt unter dem Kreuzknoten aus dem vorigen Schritt.

Schritt 3

Nun mit den Füllschnüren aus den Kreuzknotenbändern der vierten Reihe 8 Linien aus diagonalen Webleinsteks (WLd) im Zickzack knüpfen. Jede Linie besteht aus 5 Webleinsteks.

Schritt 4

Eine Reihe aus 7 versetzten Kreuzknoten knüpfen, dazwischen jeweils 4 Schnüre übergehen. 1 cm tiefer eine weitere Reihe aus 12 versetzten Kreuzknoten knüpfen, die beiden ersten und die beiden letzten Schnüre bleiben lose. Dann folgt eine dritte Reihe mit 13 versetzten Kreuzknoten.

Schritt 5

Den unteren Teil des Wandbehangs mit 6 Reihen überlappender Rauten beginnen.
Die beiden ersten versetzten Kreuzknoten in die Schnüre 15–18 und 35–38 knüpfen. Um die beiden ersten Rauten zu beenden, je 9 versetzte Kreuzknoten mit 1 cm Abstand knüpfen.

Schritt 6

Für die zweite Motivreihe mit 3 Rauten die oberen Kreuzknoten knapp unterhalb der Mittelhöhe der vorherigen Rauten platzieren. Die 3 Rauten fertigstellen, dann die dritte Reihe (2 Rauten), die vierte (3 Rauten) und die fünfte (2 Rauten) anschließen. Die sechste Reihe besteht aus nur einer Raute in der Mitte.

Schritt 7

Mit den längsten Schnüren einen Laufknoten für die Quasten knüpfen: Für jede Quaste 5 Schnüre als Arbeitsschnüre verwenden. Die erste Quaste umfasst die Schnüre 1–10, die zweite Schnüre 11–20, die dritte Schnüre 21–32, die vierte Schnüre 33–42 und die fünfte Schnüre 43–52.

Schritt 8

Die Enden sauber abschneiden, ausfransen und locker aufbürsten.

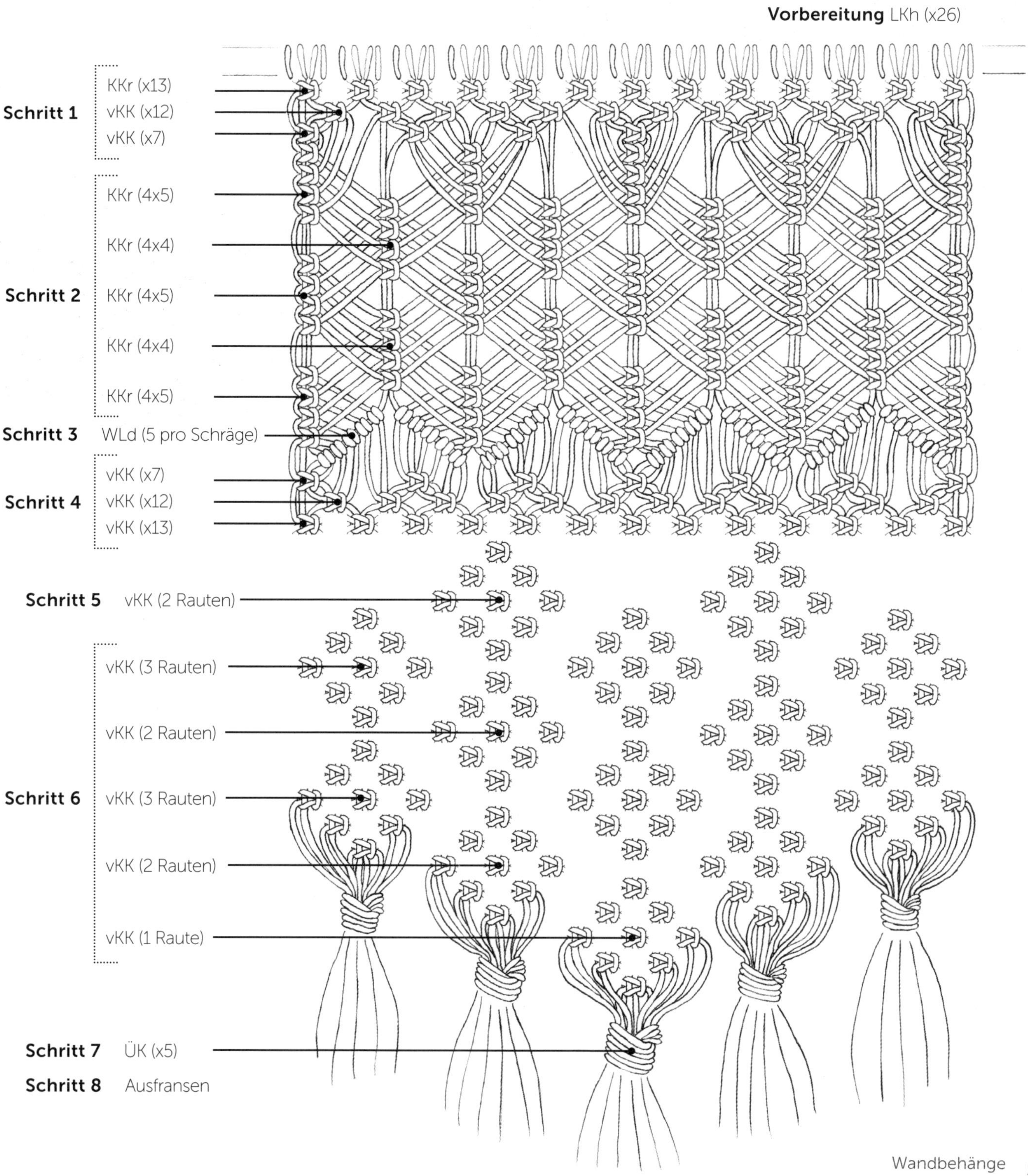

Vorbereitung LKh (x26)
Schritt 1
KKr (x13)
vKK (x12)
vKK (x7)
Schritt 2
KKr (4x5)
KKr (4x4)
KKr (4x5)
KKr (4x4)
KKr (4x5)
Schritt 3
WLd (5 pro Schräge)
Schritt 4
vKK (x7)
vKK (x12)
vKK (x13)
Schritt 5
vKK (2 Rauten)
Schritt 6
vKK (3 Rauten)
vKK (2 Rauten)
vKK (3 Rauten)
vKK (2 Rauten)
vKK (1 Raute)
Schritt 7
ÜK (x5)
Schritt 8
Ausfransen

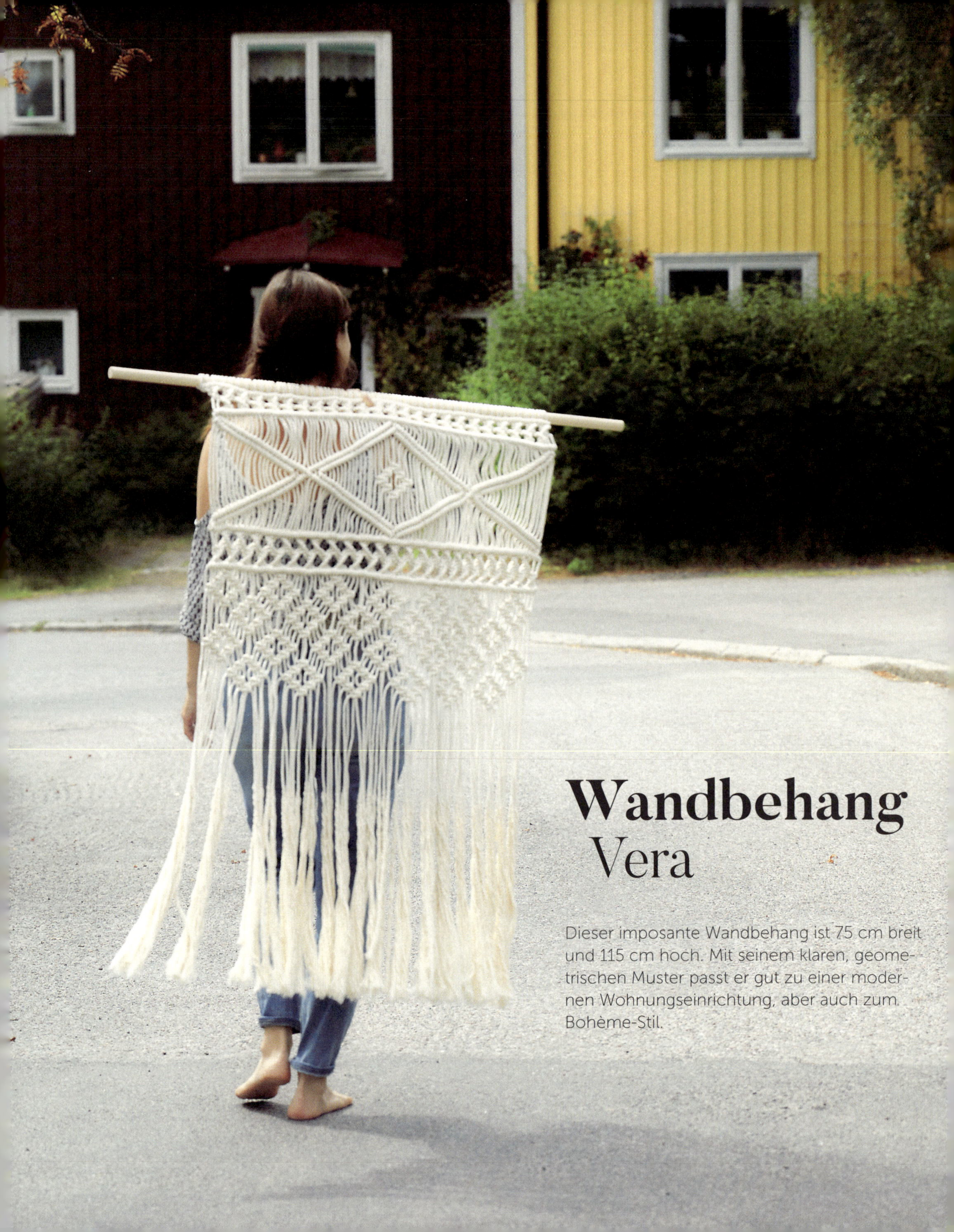

Wandbehang
Vera

Dieser imposante Wandbehang ist 75 cm breit und 115 cm hoch. Mit seinem klaren, geometrischen Muster passt er gut zu einer modernen Wohnungseinrichtung, aber auch zum Bohème-Stil.

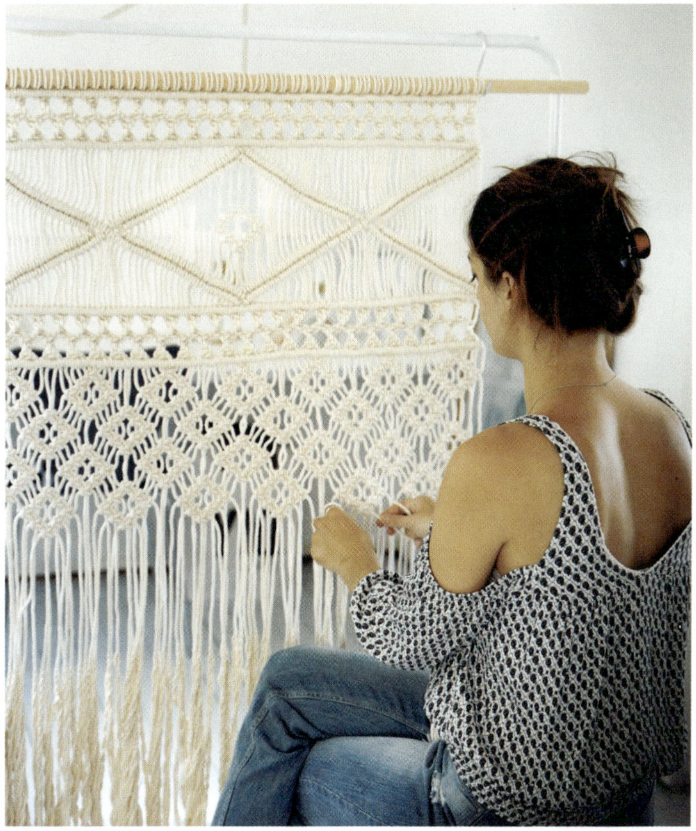

Verwendete Knoten

Lerchenkopf von hinten (LKh) Seite 21
Webleinstek waagerecht (WLw) Seite 22
Spiralknoten nach rechts (SKr) Seite 20
Spiralknoten nach links (SKl) Seite 20
Webleinstek diagonal (WLd) Seite 22
Versetzter Kreuzknoten (vKK) Seite 19

Material

243 m gedrehte Baumwollschnur, 4 mm
Holzstange, 1 m

Vorbereitung

Schnüre zuschneiden:
1 Schnur, 7,2 m lang (extralang als Füllschnur für die waagerechten Webleinsteks)
47 Schnüre, je 5 m lang

Die Schnüre werden immer von 1 (links) bis 96 (rechts) nummeriert. Die Nummerierung bezieht sich auf die Position zu Beginn des jeweiligen Arbeitsschritts.

Anleitung

Schritt 1

Die extralange Schnur so falten, dass das linke Ende 4,7 m lang und das rechte Ende 2,5 m lang ist. Mit einem Lerchenkopf von hinten nahe am linken Ende der Holzstange befestigen. Die übrigen Schnüre zur Hälfte falten und rechts von der langen Schnur ebenfalls mit Lerchenköpfen von hinten (LKh) an der Stange befestigen.

Schritt 2

Die extralange Schnur als Füllschnur verwenden und eine Reihe waagerechter Webleinsteks (WLw) von links nach rechts knüpfen.

Schritt 3

Eine Reihe aus 24 Spiralknoten nach rechts (SKr) knüpfen, jede Spirale besteht aus 5 halben Kreuzknoten. Danach muss die extralange Schnur ganz rechts liegen.

Schritt 4

Füllschnüre und Arbeitsschnüre tauschen. Eine Reihe aus 23 Spiralknoten nach links (SKl) aus je 5 halben Kreuzknoten arbeiten.

Schritt 5

Die extralange Schnur wieder als Füllschnur verwenden und von rechts nach links eine Reihe waagerechter Webleinsteks knüpfen. Sie liegt direkt unter den Spiralknoten nach links.

Schritt 6

Für das erste X Schnur 2 als Füllschnur verwenden. Eine Reihe aus 22 diagonalen Webleinsteks (WLd) von links nach rechts abwärts knüpfen, dann Schnur 48 als Füllschnur verwenden und 23 diagonale Webleinsteks von rechts nach links knüpfen. Die schrägen Linien treffen sich. Um sie zu verbinden, einen diagonalen Webleinstek mit Schnur 2 als Füllschnur und Schnur 48 als Arbeitsschnur knüpfen.

Für das zweite X diese Abfolge wiederholen, aber Schnur 49 von links nach rechts und Schnur 95 von rechts nach links verwenden.

Schritt 7

Unter jeder schrägen Linie des vorhergehenden Schritts eine weitere Diagonale arbeiten. Für das erste X Schnur 1 als Füllschnur verwenden und 20 diagonale Webleinsteks von links nach rechts arbeiten, dicht unter die erste Schräge. Dann Schnur 49 (vorher in der Diagonalen des zweiten X) als Füllschnur verwenden und 21 diagonale Webleinsteks von rechts nach links knüpfen.

Für das zweite X die Schnur, die für den ersten Webleinstek der vorhergehenden Reihe verwendet wurde, als Füllschnur verwenden und eine Reihe aus 20 diagonalen Webleinsteks von links nach rechts knüpfen. Dann Schnur 96 (rechts außen) als Füllschnur verwenden und eine Reihe aus 20 diagonalen Webleinsteks von rechts nach links arbeiten.

Schritt 8

Mit den Schnüren 43–54 nun 8 versetzte Kreuzknoten (vKK) knüpfen. So entsteht eine kleine Raute. Ihr oberer Kreuzknoten liegt 5–6 cm unter den diagonalen Webleinsteks.

Schritt 9

Die Diagonalen mit denselben Füllschnüren wie in Schritt 6 beenden. Achtung: In der zweiten Reihe von Webleinsteks ändert sich die Richtung.

Schritt 10

Die extralange Schnur nun nach links legen und als Füllschnur verwenden. Eine Reihe waagerechter Webleinsteks von links nach rechts knüpfen.

Schritt 11

Die ersten beiden Schnüre übergehen. Eine Reihe aus 23 Spiralknoten nach links arbeiten, jeder besteht aus 4 halben Kreuzknoten.

Schritt 12

Füll- und Arbeitsschnüre tauschen. Eine Reihe aus 24 Spiralknoten nach rechts arbeiten, jeder besteht aus 4 halben Kreuzknoten.

Schritt 13

Die extralange Schnur als Füllschnur verwenden. Eine Reihe waagerechter Webleinsteks von rechts nach links arbeiten.

Schritt 14

Wie in Schritt 8 eine Reihe aus 7 kleinen Rauten knüpfen, dazwischen jeweils 2 Schnüre übergehen. Darunter 3 weitere Reihen aus Rauten knüpfen. Die Rauten sind jeweils versetzt.

Schritt 15

Alle Schnüre auf gleiche Länge schneiden. Die unteren 35 cm aller Enden ausfransen.

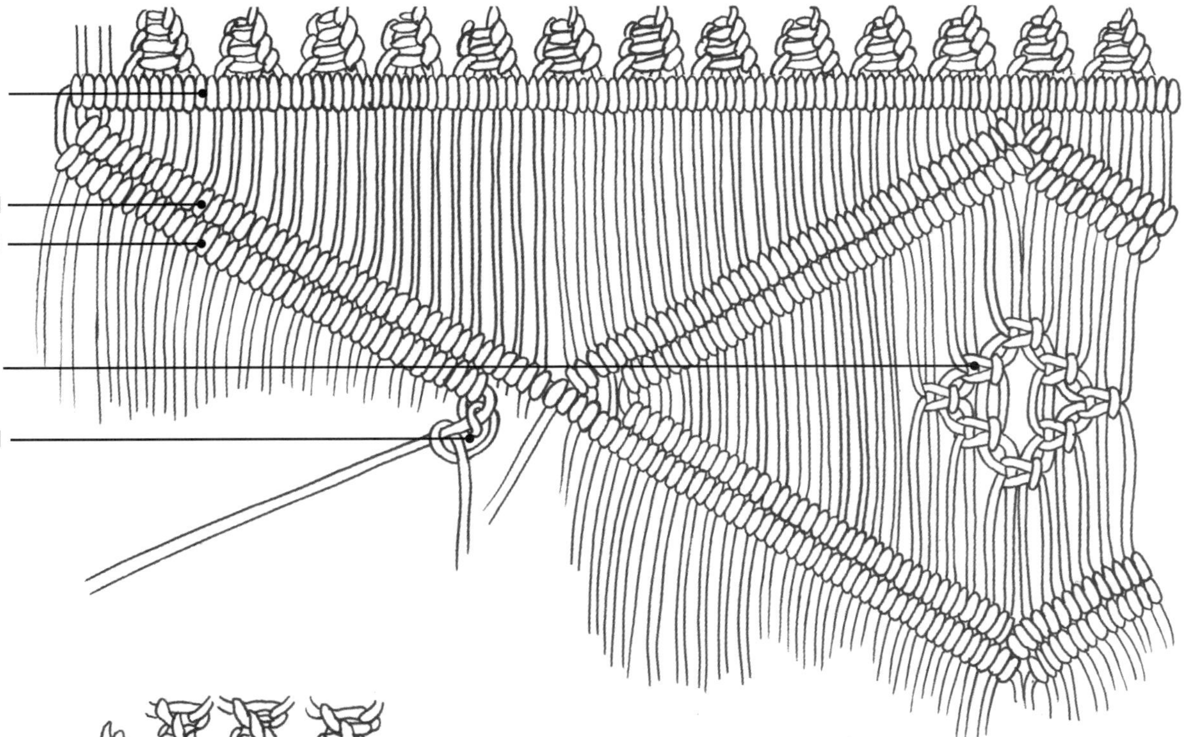

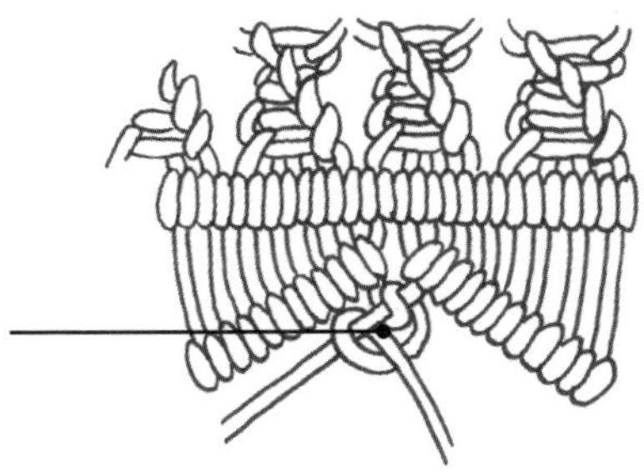

Tipp

In dem Bereich mit den beiden großen X aus diagonalen Webleinsteks genau auf die Neigung der Linien achten. Wenn sie zu steil sind, enden die Linien nicht an dem Punkt, an dem sie sich kreuzen sollen. Wenn du diesen Teil schwierig findest, wähle die Neigung etwas flacher als in der Abbildung. Du kannst die Neigungen auch ausprobieren, indem du sie zuerst mit den Füllschnüren nur auslegst. Falls nach der Fertigstellung noch etwas korrigiert werden muss, versuche die Knoten auf den Füllschnüren an die richtigen Positionen zu schieben.

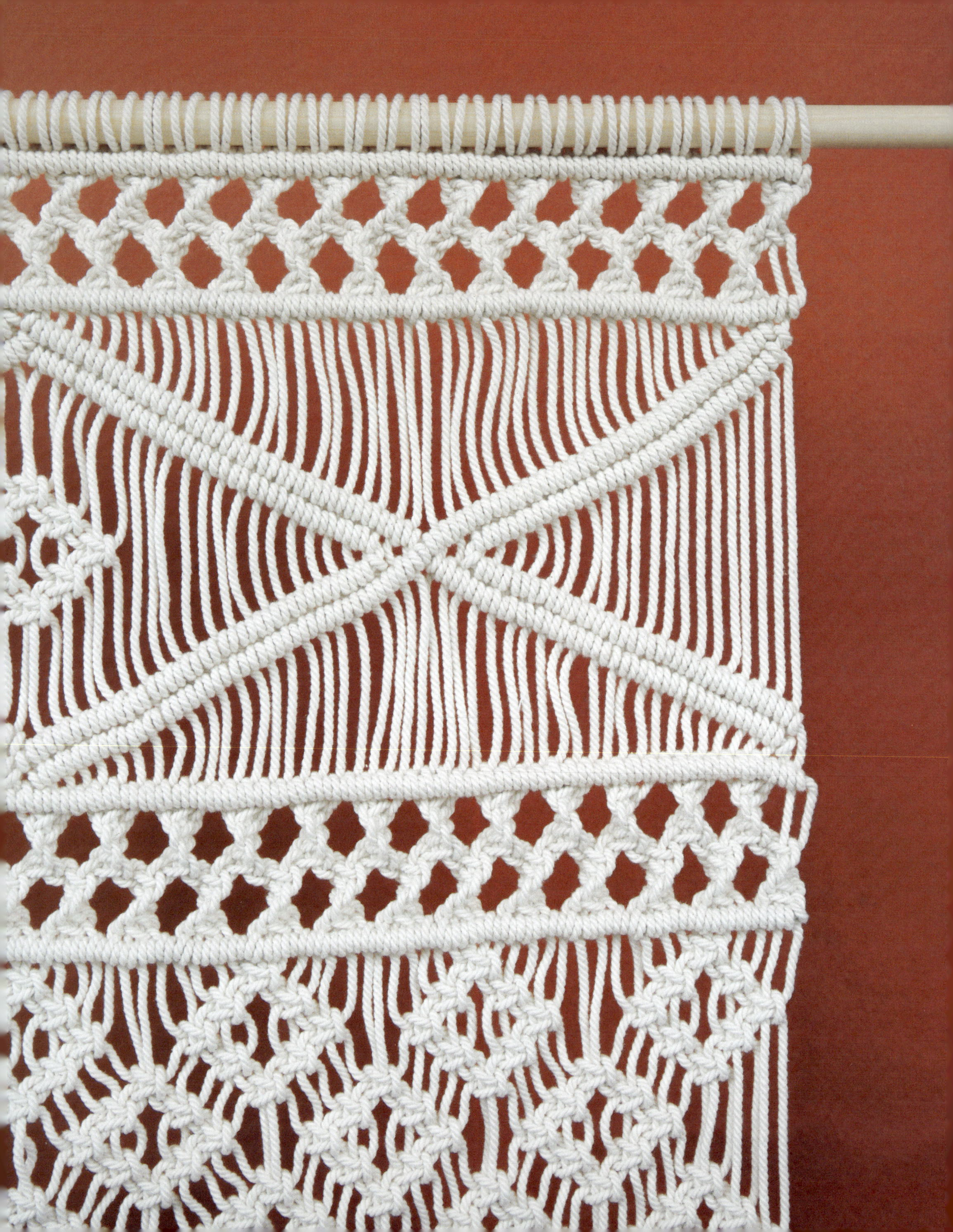

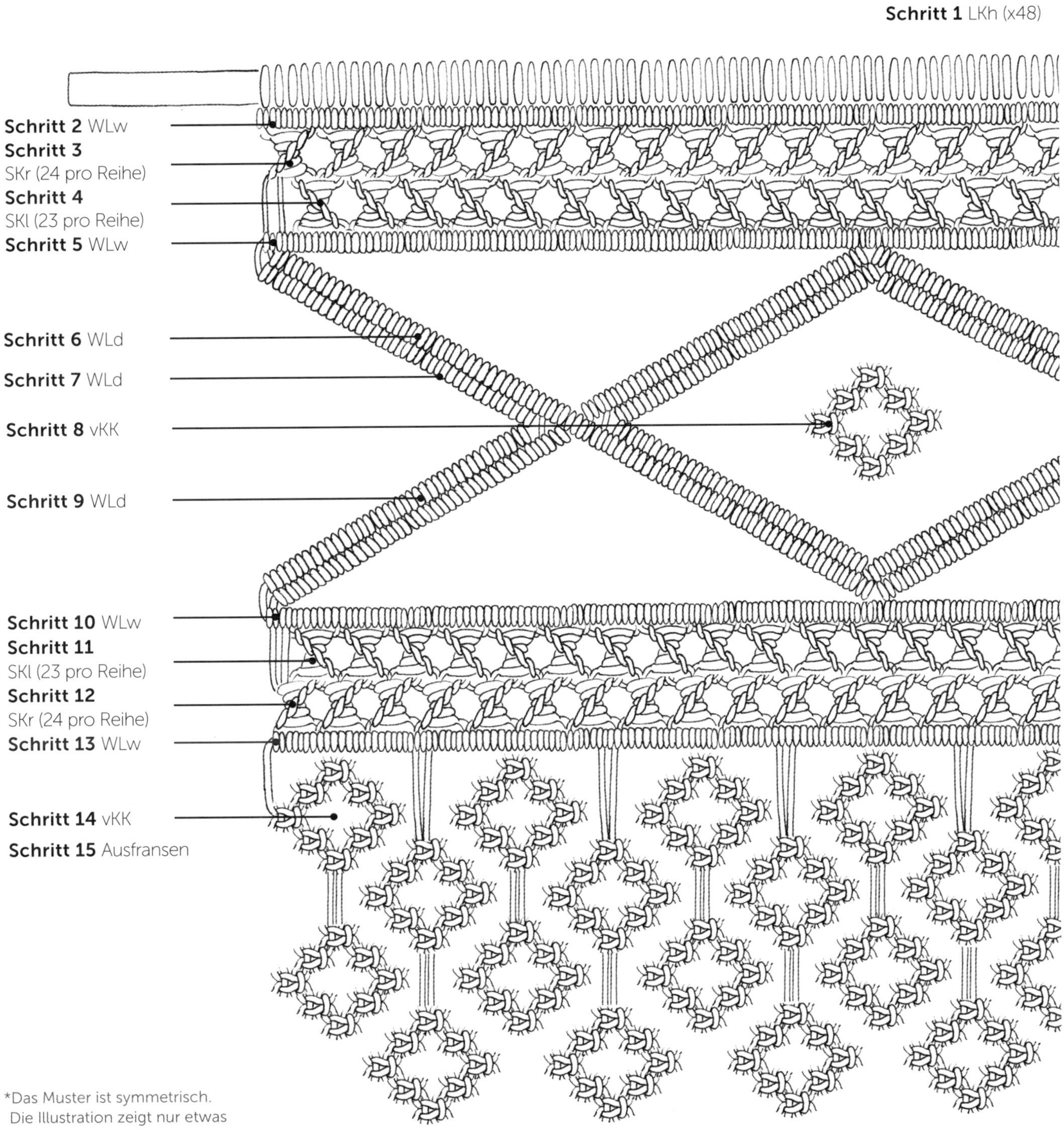

*Das Muster ist symmetrisch. Die Illustration zeigt nur etwas mehr als die linke Hälfte.

Wandbehang
Medusa

Dieser stattliche Wandbehang ist 105 cm breit und 120 cm hoch. Weil er aus über tausend Knoten besteht, musst du dafür etwas mehr Zeit einplanen. Technisch ist er aber nicht schwierig. Du musst nicht viel mehr als Kreuzknoten und Webleinsteks beherrschen.

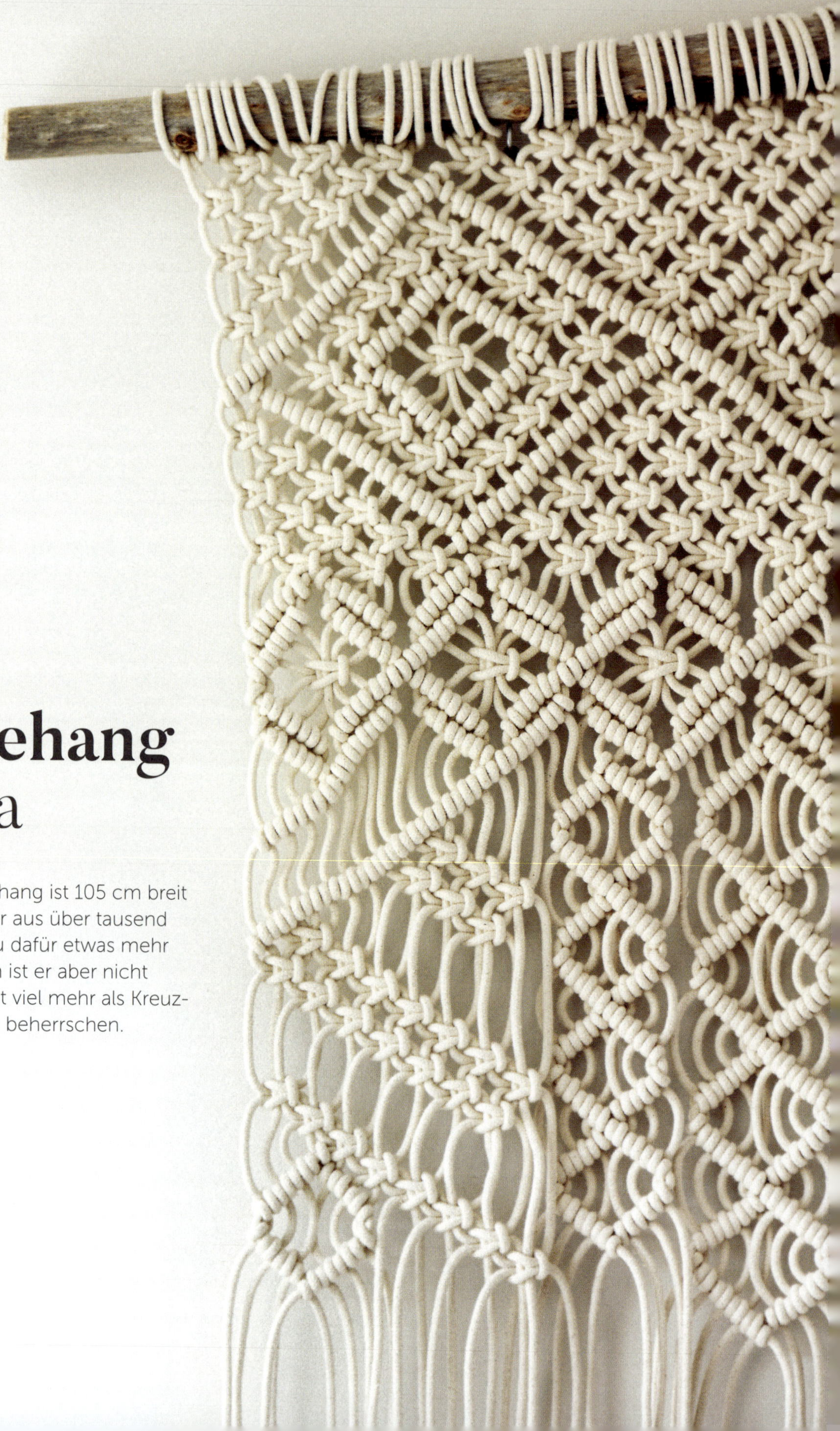

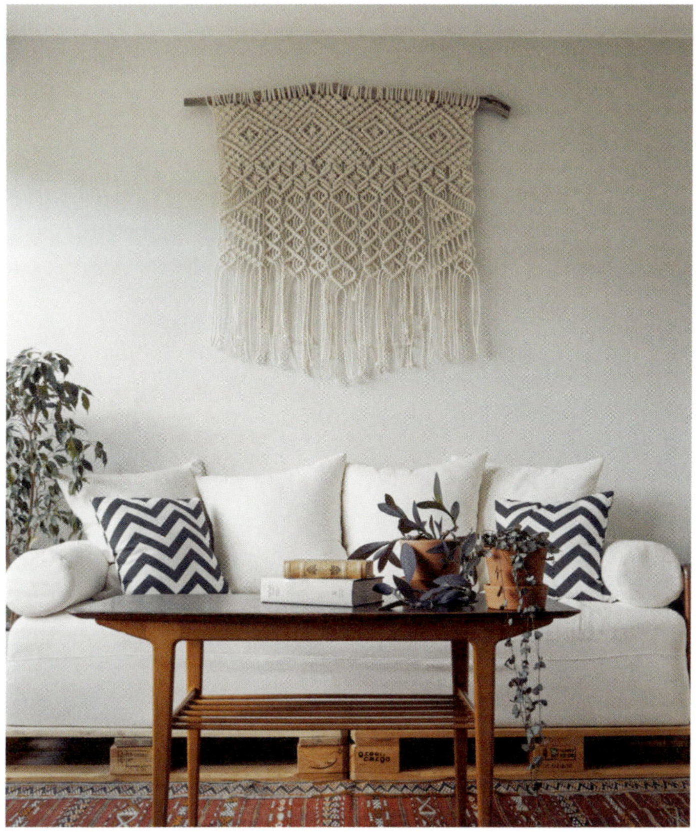

Verwendete Knoten

Lerchenkopf von hinten (LKh) Seite 21
Kreuzknoten nach rechts (KKr) Seite 18
Versetzter Kreuzknoten (vKK) Seite 19
Webleinstek diagonal (WLd) Seite 22

Material

290 m geflochtene Baumwollschnur, 5 mm
Zweig oder Holzstange, 130 cm

Vorbereitung

Schnüre zuschneiden:
12 Schnüre, je 6 m lang
24 Schnüre, je 5,8 m lang
14 Schnüre, je 5,6 m lang

Die Schnüre werden immer von 1 (links) bis 100 (rechts) nummeriert. Die Nummerierung bezieht sich auf die Position zu Beginn des Arbeitsschritts.

Anleitung

Schritt 1

Alle 6 m langen Schnüre zur Hälfte falten und jede Schnur mit einem Lerchenkopf von hinten (LKh) in der Mitte des Zweigs befestigen. Die 5,8 m langen Schnüre ebenfalls zur Hälfte falten und mit Lerchenköpfen von hinten am Zweig befestigen: je 12 beiderseits der Mittelschnüre. Zuletzt die 5,6 m langen Schnüre zur Hälfte falten und je 7 mit Lerchenköpfen von hinten an den äußeren Enden des Zweigs befestigen.

Schritt 2

2 Schnüre übergehen, dann eine Reihe von 24 Kreuzknoten nach rechts (KKr) knüpfen. Die letzten beiden Schnüre bleiben lose.

2. Reihe: 3 versetzte Kreuzknoten (vKK), 4 Schnüre übergehen und 5 versetzte Kreuzknoten. 4 Schnüre übergehen, 5 versetzte Kreuzknoten. Diese Abfolge stets wiederholen, mit 3 versetzten Kreuzknoten enden.

3. Reihe: 2 Schnüre übergehen, 2 versetzte Kreuzknoten, 8 Schnüre übergehen, 4 versetzte Kreuzknoten, 8 Schnüre übergehen, 4 versetzte Kreuzknoten. Diese Abfolge stets wiederholen, enden mit 2 versetzten Kreuzknoten und 2 losen Schnüren.

4. Reihe: 2 versetzte Kreuzknoten, 12 Schnüre übergehen, 3 versetzte Kreuzknoten, 12 Schnüre übergehen, 3 versetzte Kreuzknoten. Stets wiederholen, enden mit 2 versetzten Kreuzknoten.

5. Reihe: 2 Schnüre übergehen, 1 versetzter Kreuzknoten, 16 Schnüre übergehen, 2 versetzte Kreuzknoten, 16 Schnüre übergehen, 2 versetzte Kreuzknoten. Stets wiederholen, enden mit 1 versetztem Kreuzknoten und 2 losen Schnüren.

6. Reihe: 1 versetzter Kreuzknoten, 20 Schnüre übergehen, 1 versetzter Kreuzknoten, 20 Schnüre übergehen. Stets wiederholen, enden mit 1 versetztem Kreuzknoten.

Schritt 3

Für den Anfang der 4 großen Rauten Schnur 15 als Füllschnur verwenden und mit etwas Abstand zu den Kreuzknoten 14 diagonale Webleinsteks (WLd) von rechts nach links knüpfen. Für die anderen 3 Rauten dienen Schnüre 39, 63 und 87 als Füllschnüre. Für jede Diagonale 12 Webleinsteks von rechts nach links arbeiten. Die diagonalen Webleinsteks von links nach rechts fortführen, dabei jeweils die erste Arbeitsschnur der vorherigen Diagonale als Füllschnur verwenden. Anhalten, wenn die entgegengesetzt geneigte Diagonale erreicht ist: Die beiden Diagonalen miteinander verbinden.

Die letzte Diagonale (ganz rechts) wird bis zum Ende geknüpft und besteht aus 13 Webleinsteks.

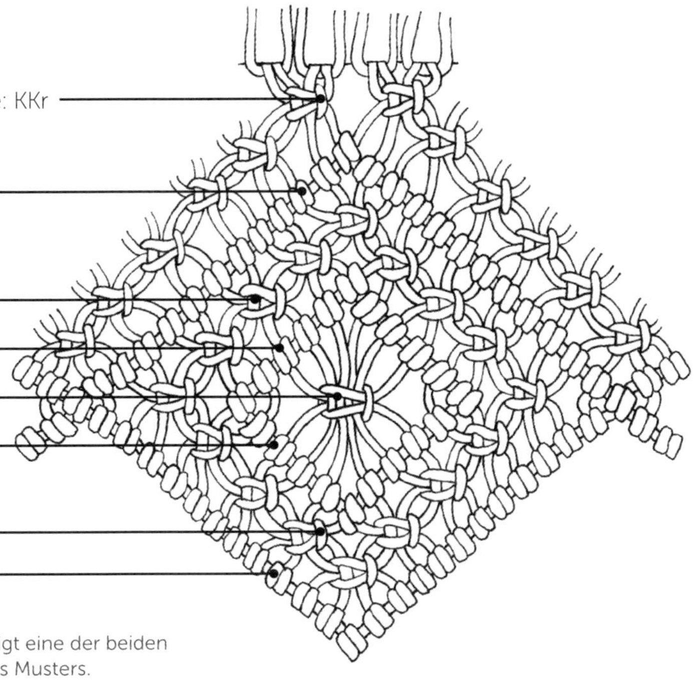

*Diese Abbildung zeigt eine der beiden mittleren Rauten des Musters.

Schritt 4

In jeder Raute die 7 oberen versetzten Kreuzknoten arbeiten. Dabei der Diagonale aus Webleinsteks folgen, aber etwas Abstand halten.

Schritt 5

Für den oberen Teil der inneren Raute 6 diagonale Webleinsteks von rechts nach links arbeiten, Schnur 15 dient als Füllschnur. Dann 5 diagonale Webleinsteks von links nach rechts knüpfen, dabei die Arbeitsschnur vom ersten Webleinstek der vorherigen Diagonale als Füllschnur verwenden.

Schritt 6

In der Mitte jeder Raute einen Kreuzknoten nach rechts über 4 Füllschnüre knüpfen.

Schritt 7

Die letzten Arbeitsschnüre als Füllschnüre verwenden und die inneren Rauten schließen: 4 diagonale Webleinsteks von links nach rechts und 5 diagonale Webleinsteks von rechts nach links.

Schritt 8

Nun die versetzten Kreuzknoten für die untere Hälfte jeder Raute arbeiten.

Schritt 9

Die großen Rauten mit diagonalen Webleinsteks unter den Kreuzknoten komplettieren. Bei den beiden äußeren Rauten werden vor Beginn der Diagonalen 2 Schnüre übergangen.

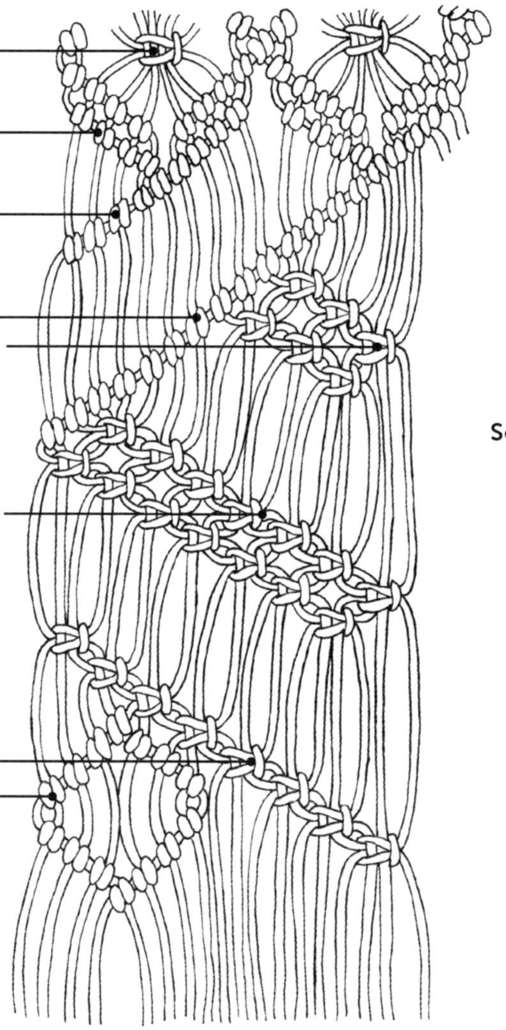
Schritt 12 KKr
Schritt 13 WLd
Schritt 14 WLd
Schritt 15 WLd
Schritt 16 vKK (x3 pro Reihe)
Schritt 17 vKK (x7 pro Reihe)
Schritt 18 vKK (x8)
Schritt 19 WLd

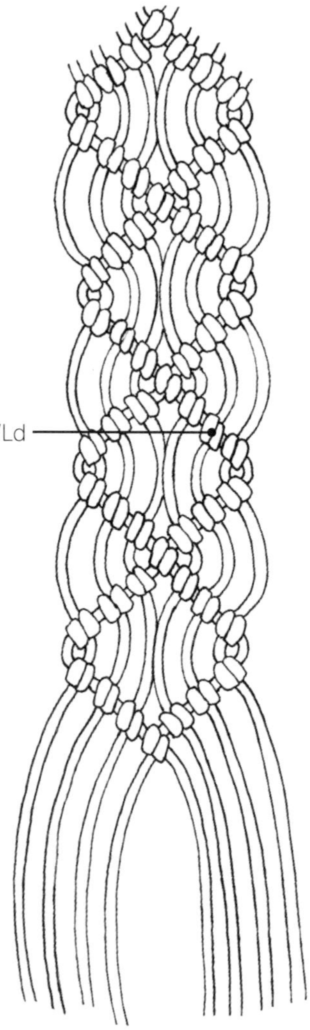
Schritt 20 WLd

Schritt 10 (Abb. Seite 95)

Für die unteren 6 Reihen aus versetzten Kreuzknoten wie in Schritt 2 vorgehen, jedoch in umgekehrter Reihenfolge. Das ist das Ende des Mustersatzes.

Schritt 11 (Abb. Seite 95)

Für den Anfang der Reihe aus 10 kleineren Rauten die erste Reihe von diagonalen Webleinsteks arbeiten. Mit Schnur 5 als Füllschnur beginnen und 4 diagonale Webleinsteks von rechts nach links knüpfen. Dann Schnur 6 als Füllschnur verwenden und 4 diagonale Webleinsteks von links nach rechts arbeiten. Die anderen Rauten ebenso knüpfen, dabei die Schnüre 15/16, 25/26, 35/36, 45/46, 55/56, 65/66, 75/76, 85/86 und 95/96 verwenden.
Die zweite Reihe aus schräg angeordneten Knoten mit 4 diagonalen Webleinsteks von links nach rechts beginnen, dann mit 4 diagonalen Webleinsteks von rechts nach links fortfahren. Die Diagonalen mit einem fünften Knoten verbinden.

Schritt 12

In der Mitte jeder Raute einen Kreuzknoten nach rechts über 4 Füllschnüre arbeiten.

Schritt 13

Zum Fertigstellen der Rauten 2 Reihen aus diagonalen Webleinsteks (4 in jeder Richtung) knüpfen.

Schritt 14

Auf der linken Seite die von rechts nach links verlaufende Diagonale der ersten Raute fortführen. 1 diagonalen Webleinstek dicht an der Raute knüpfen, dann 4 weitere bis zum Rand anschließen.

Diesen Schritt spiegelverkehrt am rechten Rand wiederholen: Die von links nach rechts verlaufende Diagonale der letzten (10.) Raute bis zum Rand fortführen.

Schritt 15

Schritt 14 an der zweiten und vorletzten Raute wiederholen: Die Rauten jeweils mit 1 diagonalen Webleinstek schließen, dann 14 diagonale Webleinsteks bis zum Rand anschließen.

Schritt 16

Auf jeder Seite 3 versetzte Kreuzknoten arbeiten, links mit den Schnüren 11–18 und rechts mit den Schnüren 90–83. Darunter auf jeder Seite 3 weitere versetzte Kreuzknoten knüpfen, links mit den Schnüren 9–16, rechts mit den Schnüren 92–85, siehe Abbildung Seite 92 oder 95.

Schritt 17

Auf jeder Seite weitere 14 versetzte Kreuzknoten (2 Reihen à 7 vKK) knüpfen, links mit den Schnüren 1–18 und rechts mit den Schnüren 100–83.

Schritt 18

5 cm frei lassen und auf jeder Seite eine einzelne Reihe aus 8 versetzten Kreuzknoten knüpfen, links wieder mit den Schnüren 1–18 und rechts mit den Schnüren 100–83.

Schritt 19

Unter der letzten Kreuzknotenreihe eine Raute mit 8 Schnüren knüpfen. Für die Diagonale nach links Schnur 5 als Füllschnur verwenden und 4 diagonale Webleinsteks von rechts nach links arbeiten. Dann die Arbeitsschnur vom ersten Webleinstek in der vorherigen Diagonale als Füllschnur für 3 diagonale Webleinsteks von links nach rechts verwenden.

Für die untere Hälfte der Raute 3 diagonale Webleinsteks von links nach rechts und 4 diagonale Webleinsteks von rechts nach links knüpfen. Mit dem letzten Knoten die Diagonalen verbinden.

Auf der rechten Seite des Wandbehangs spiegelbildlich wiederholen. Schnur 96 dient als Füllschnur für die ersten diagonalen Webleinsteks, die von links nach rechts verlaufen.

Schritt 20

Ein senkrechtes Band aus 4 Rauten arbeiten, links mit den Schnüren 19–26 und rechts mit den Schnüren 75–82. Die diagonalen Webleinsteks wie in Schritt 19 arbeiten.

Schritt 21

Eine senkrechte Kette aus 4 etwas größeren Rauten arbeiten (siehe Abbildung Seite 95), links mit den Schnüren 27–36 und rechts mit den Schnüren 65–74. Die Webleinsteks wie in Schritt 19 knüpfen.

Schritt 22

Eine senkrechte Kette aus 5 kleineren Rauten knüpfen, links mit den Schnüren 37–44 und rechts mit den Schnüren 57–64. Die diagonalen Webleinsteks wie in Schritt 19 knüpfen.

Schritt 23

Mit den restlichen 12 Schnüren in der Mitte (Schnüre 45–56) eine senkrechte Kette aus 4 großen Rauten knüpfen. Die diagonalen Webleinsteks wie in Schritt 19 arbeiten.

Schritt 24

Zuletzt die Enden der Schnüre sauber abschneiden, eventuell zur Mitte hin etwas länger werdend.

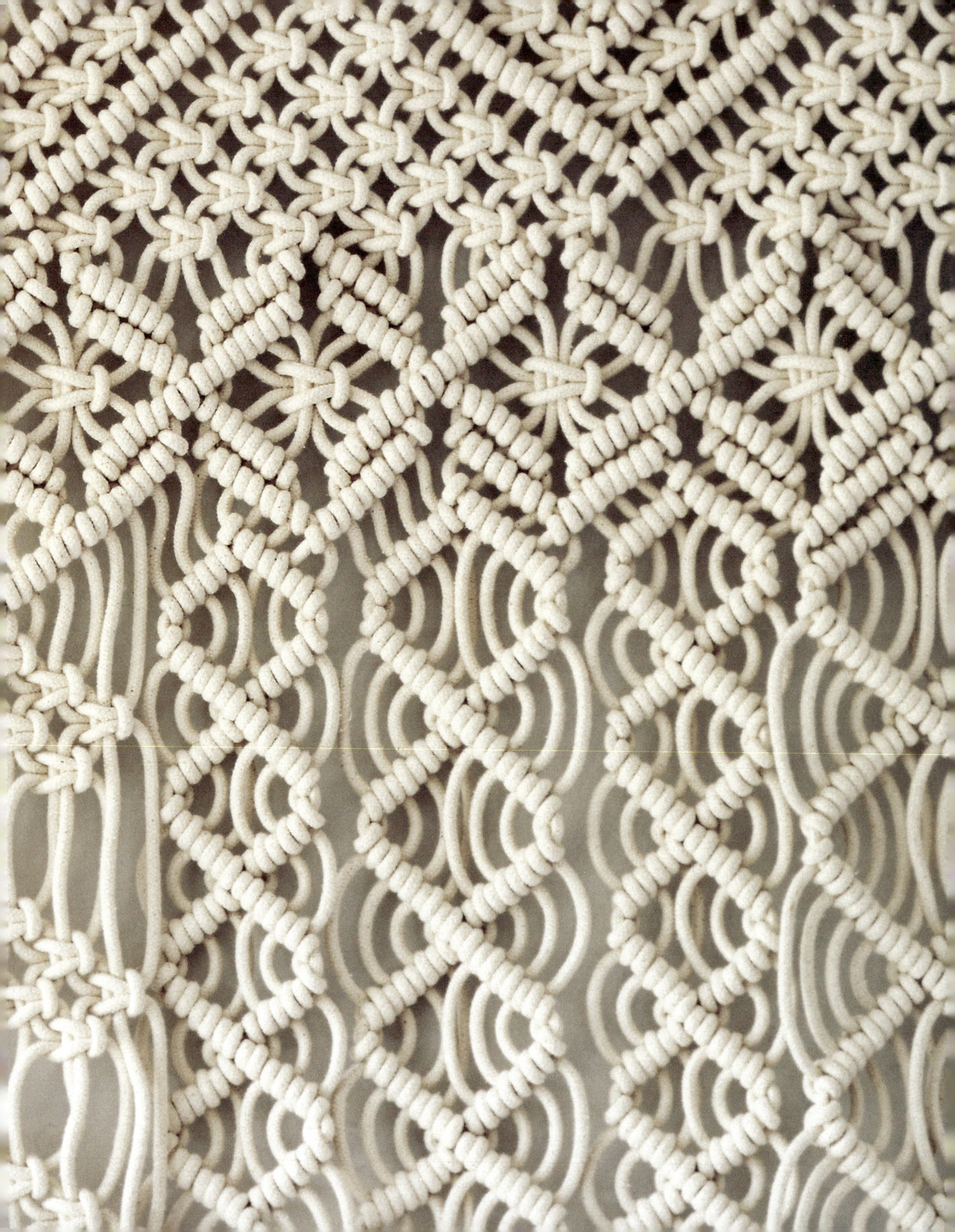

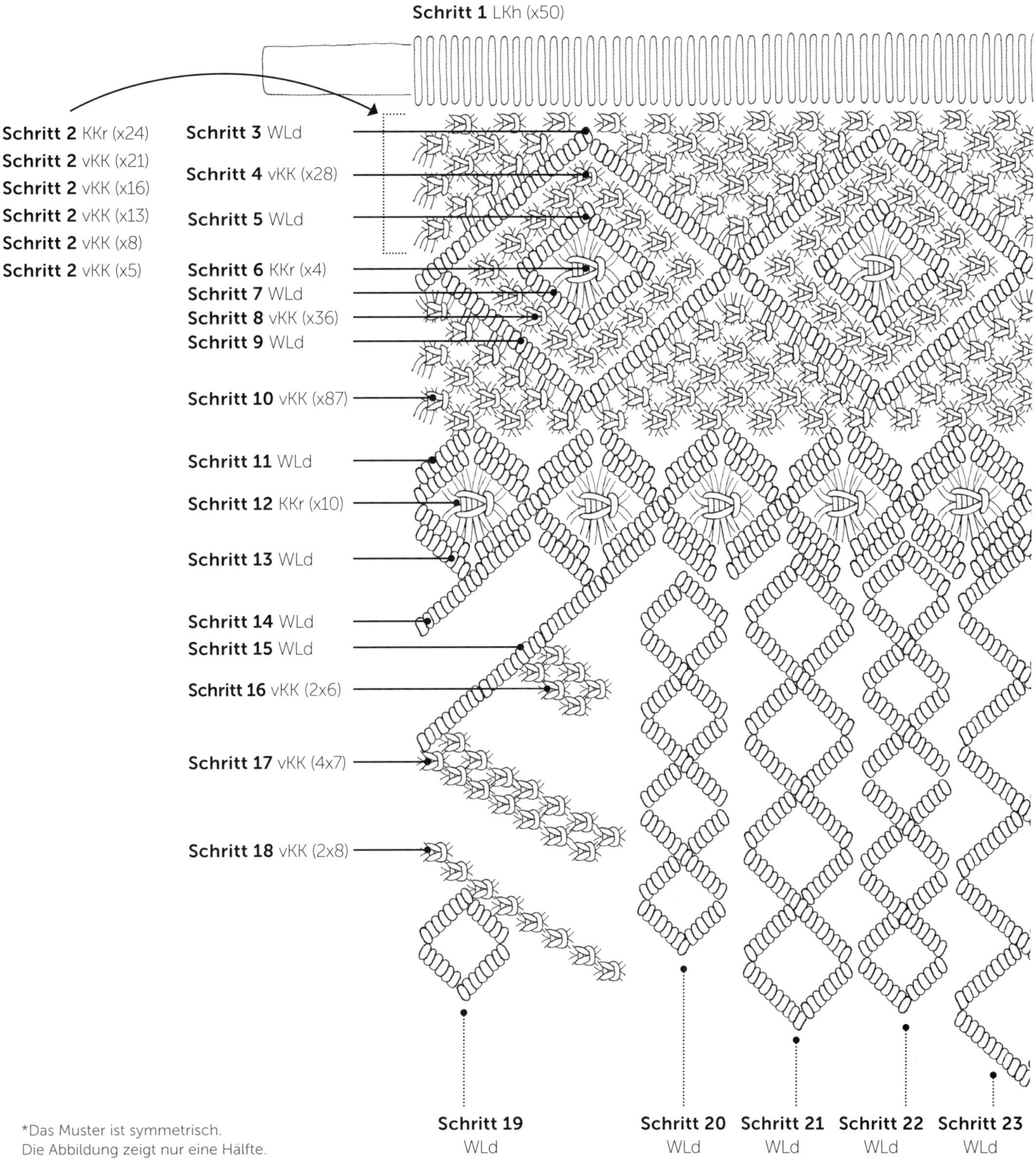

*Das Muster ist symmetrisch.
Die Abbildung zeigt nur eine Hälfte.

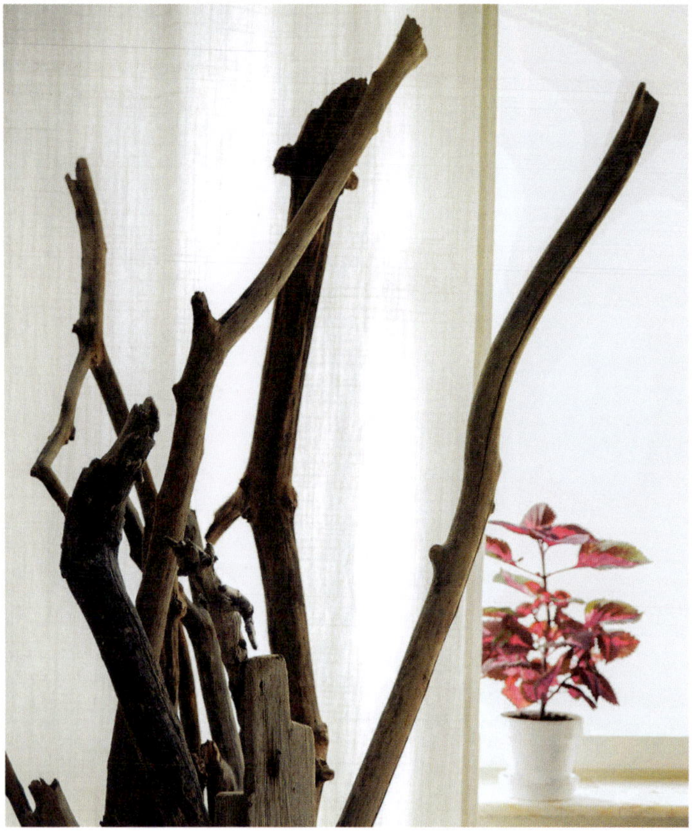

Traumfänger
Eden

Die Baumstruktur im Traumfänger sieht recht raffiniert aus, ist aber gar nicht so schwierig zu knüpfen. Folge einfach Schritt für Schritt der Anleitung. Das Modell ist 30 cm breit und 90 cm hoch.

Verwendete Knoten

Senkrechter Lerchenkopf nach rechts (sLKr) Seite 21
Lerchenkopf von hinten (LKh) Seite 21
Kreuzknoten (KK) Seite 18
Spiralknoten nach rechts (SKr) Seite 20
Versetzter Kreuzknoten (vKK) Seite 19
Webleinstek waagerecht (WLw) Seite 22
Fassknoten (FK) Seite 25

Material

43,7 m gedrehte Baumwollschnur, 2,5 mm
Ring aus Metall oder Holz, 30 cm Durchmesser

Vorbereitung

Schnüre zuschneiden:
1 Schnur, 7,7 m lang
10 Schnüre, je 3,6 m lang

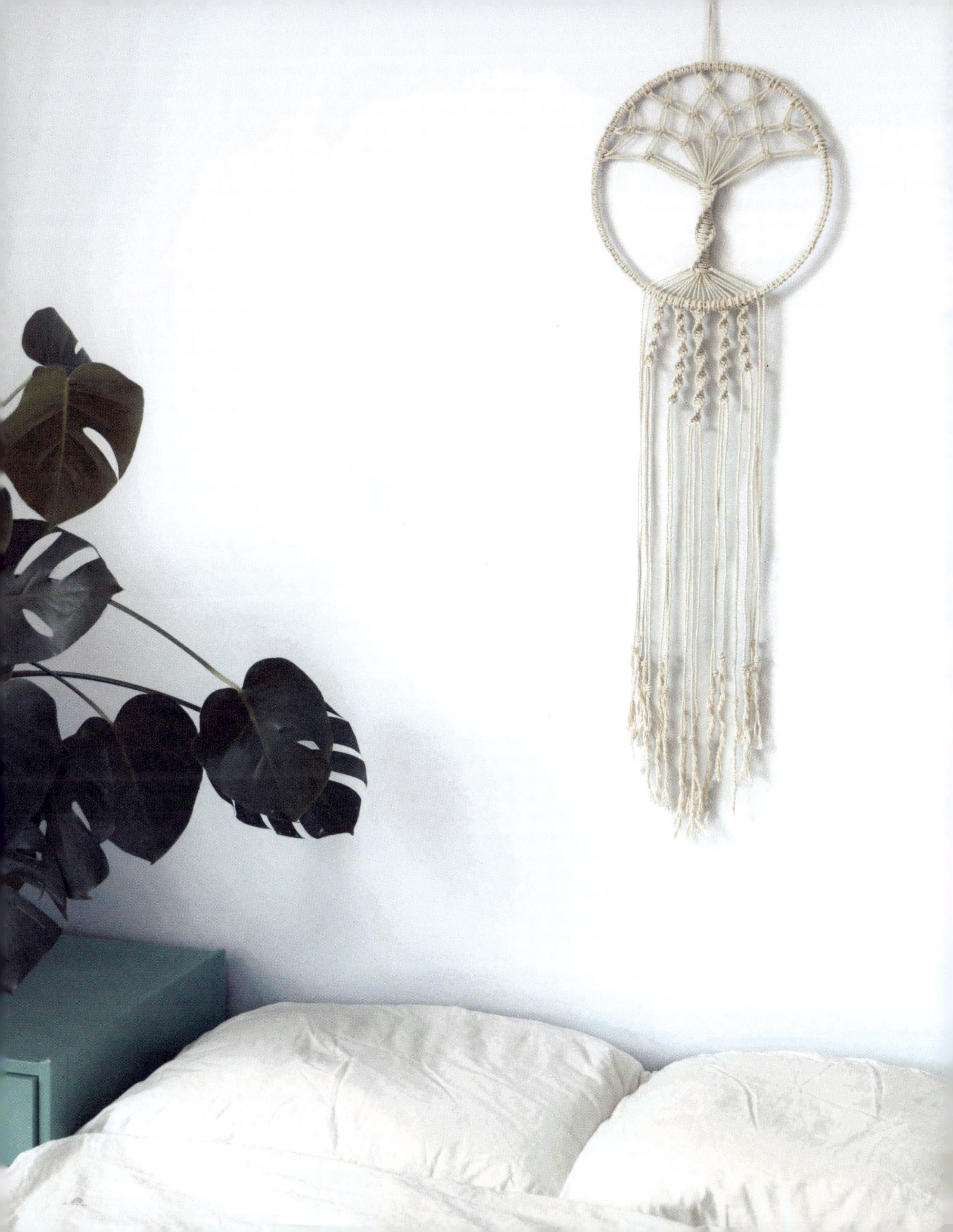

Anleitung

Schritt 1

Mit der 7,7 m langen Schnur senkrechte Lerchenköpfe nach rechts (sLKr) um den Ring knüpfen. Vor dem ersten Knoten etwa 25 cm Schnur hängen lassen. Du kannst die Knoten zusammenschieben, damit sie den Ring gut abdecken. Wenn der Ring umknüpft ist, die losen Enden zusammenknoten. Sie bilden die Aufhängeschlaufe.

Schritt 2

Die restlichen 10 Schnüre zur Hälfte falten und im oberen Bereich des Rings in Abständen von 3–4 cm mit Lerchenköpfen von hinten am Ring befestigen: 5 links vom Aufhänger, 5 rechts vom Aufhänger.

Schritt 3

In etwa 2 cm Abstand zum Ring 5 Kreuzknoten nach rechts (KKr) nebeneinander knüpfen. Darunter 4 versetzte Kreuzknoten (vKK) anordnen, in der folgenden Reihe darunter 3 versetzte Kreuzknoten arbeiten.

Schritt 4

Mit den beiden äußeren Schnüren je einen Lerchenkopf von hinten um den Ring knoten: 1 ganz links, 1 ganz rechts.

Schritt 5

Dieselben Schnüre mit den beiden benachbarten zusammenfassen und je einen letzten versetzten Kreuzknoten knüpfen.

Mit den beiden äußeren Schnüren einen 10–12 cm langen Spiralknoten nach rechts (SKr) arbeiten. Alle anderen Schnüre dienen als Füllschnüre.

Schritt 6

Die Schnüre am unteren Teil des Rings mit waagerechten Webleinsteks (WLw) befestigen, dabei in der Mitte beginnen. Die Webleinsteks dicht an dicht arbeiten. Die Schnüre straff spannen und die Webleinsteks gut festziehen.

Schritt 7

Unter dem Ring 5 Spiralknoten nach rechts (SKr) arbeiten. Zuerst mit den 4 Schnüren in der Mitte eine Spirale mit 5 Wendungen knüpfen. Dann mit den 3 benachbarten Schnüren auf jeder Seite Spiralen mit je 6 Wendungen knüpfen. Diese Spiralen haben nur eine Füllschnur. Mit den nächsten 3 Schnüren auf jeder Seite Spiralen mit 4 Wendungen und einer Füllschnur arbeiten. Die letzten beiden Schnüre auf jeder Seite lose hängen lassen.

Schritt 8

Die Schnüre gleichmäßig zuschneiden. In jede Schnur etwa 10 cm über dem Ende einen Fassknoten (FK) knüpfen.

Tipp

Damit die Enden der Fransen einen schönen Bogen bekommen, den Ring kopfüber halten und die Enden hängen lassen. Dann alle in einer geraden Linie abschneiden. Wenn der Traumfänger wieder aufrecht gedreht wird, bilden die Enden eine Bogenkontur.

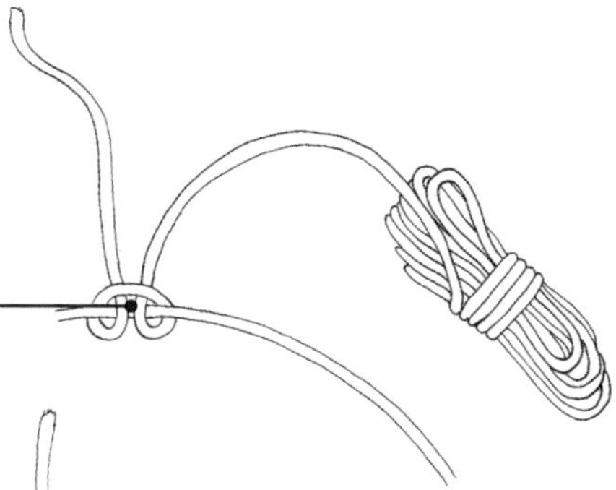
Schritt 1 sLKr

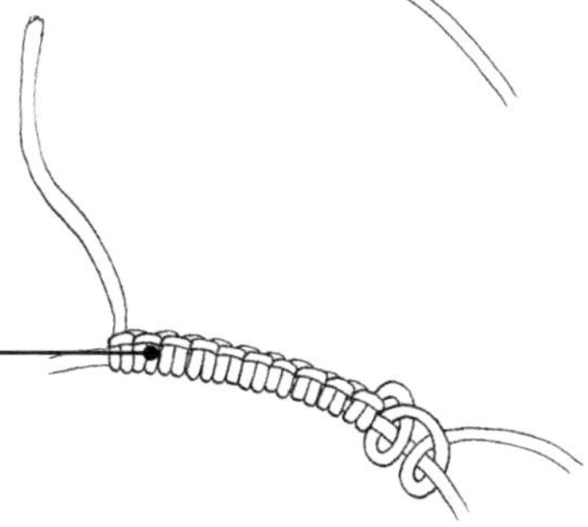
Schritt 1 sLKr

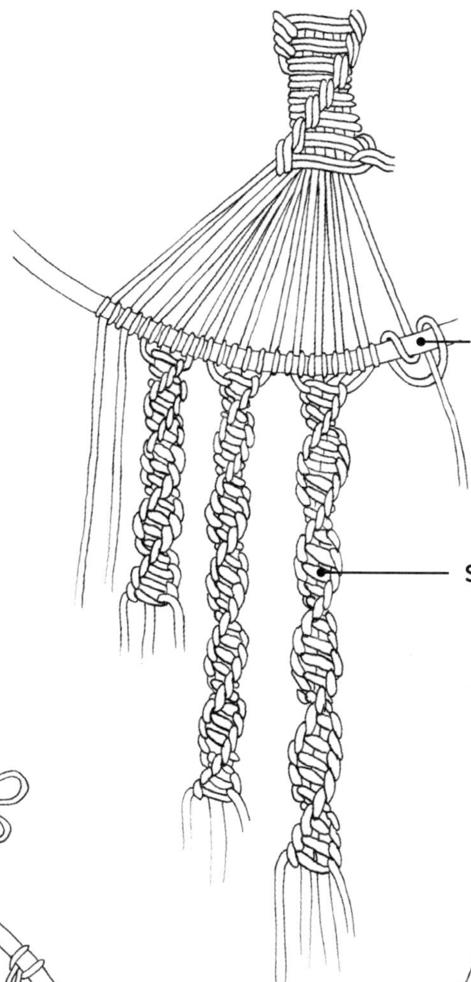
Schritt 6 WLw
Schritt 7 SKr

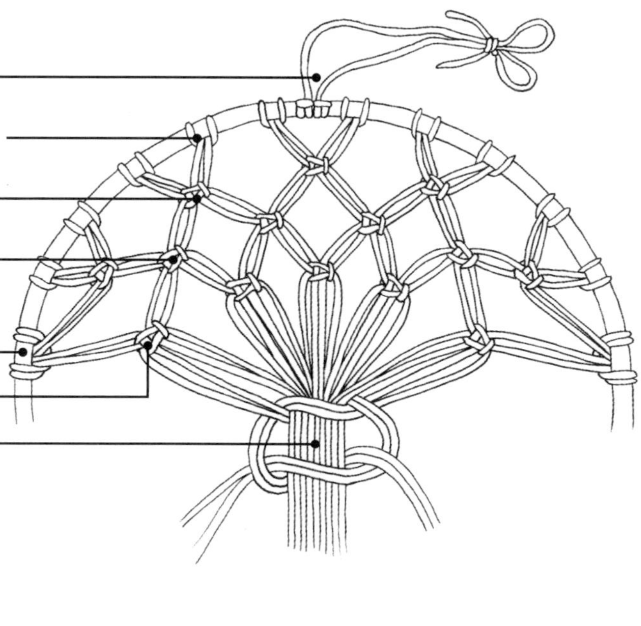
Schritt 1 Loop
Schritt 2 LKh (x10)
Schritt 3 KK
Schritt 3 vKK
Schritt 4 LKh
Schritt 5 vKK
Schritt 5 SKr

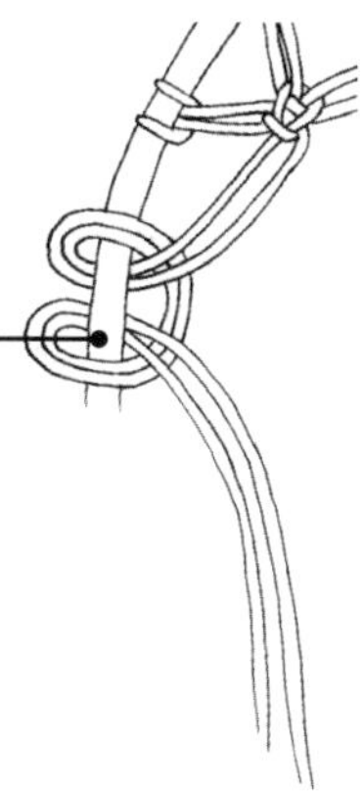
Schritt 4 LKh

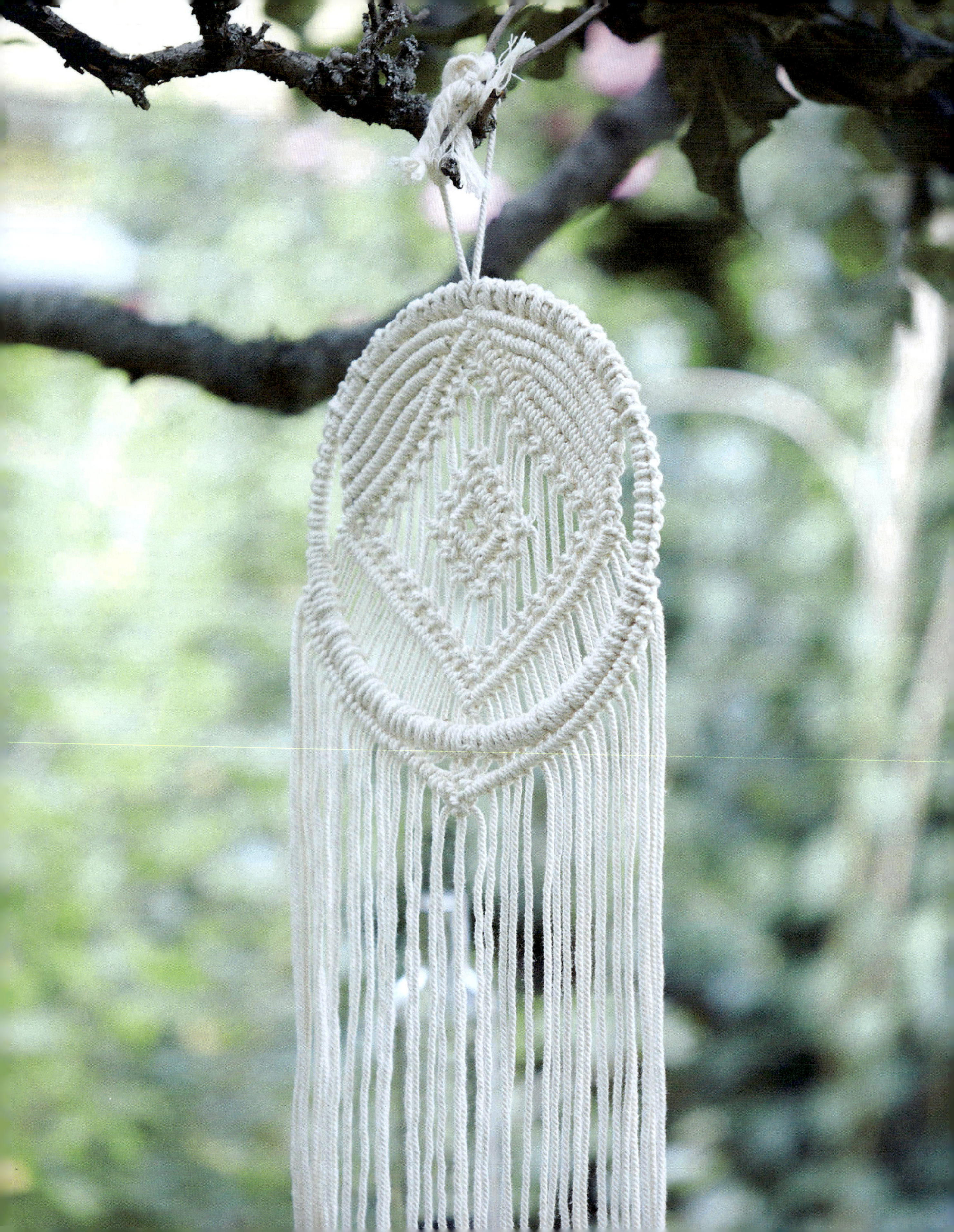

Traumfänger
Aurora

Dieser kleine Traumfänger ist schnell geknüpft und sieht sehr hübsch aus. Er ist etwa 22 cm breit und 85 cm lang.

Verwendete Knoten

Senkrechter Lerchenkopf nach rechts (sLKr) Seite 21
Lerchenkopf von hinten (LKh) Seite 21
Webleinstek waagerecht (WLw) Seite 22
Webleinstek diagonal (WLd) Seite 22
Versetzter Kreuzknoten (vKK) Seite 19
Kreuzknoten (KK) Seite 18

Material

70 m gedrehte Baumwollschnur, 2,5 mm
Ring aus Holz oder Metall, 20 cm Durchmesser

Vorbereitung

Schnüre zuschneiden:
1 Schnur, 5,4 m lang (bzw. 8-facher Umfang des Rings)
20 Schnüre, je 3,2 m lang

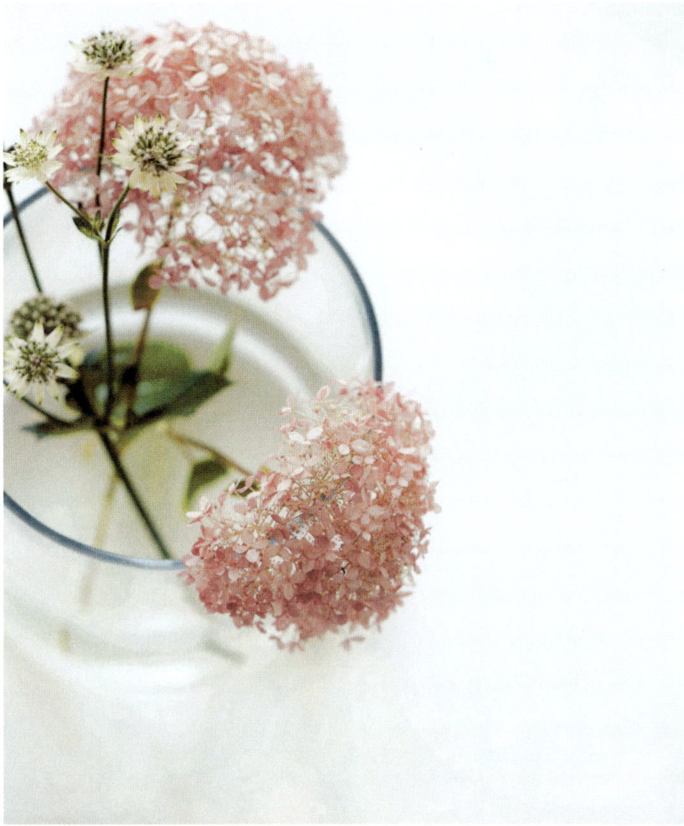

Anleitung

Schritt 1

Mit der 5,4 m langen Schnur senkrechte Lerchenköpfe nach rechts (sLKr) um den kompletten Ring knüpfen. Vor dem ersten Knoten etwa 25 cm Schnur hängen lassen. Du kannst die Knoten zusammenschieben, damit sie den Ring gut abdecken. Wenn der Ring umknüpft ist, die losen Enden zusammenknoten. Sie bilden die Aufhängeschlaufe. Siehe Abbildung zu Schritt 1 auf Seite 99.

Schritt 2

Die restlichen 20 Schnüre zur Hälfte falten und dicht an dicht im oberen Bereich des Rings mit Lerchenköpfen von hinten (LKh) befestigen. 10 rechts, 10 links vom Aufhänger.

Schritt 3

Die beiden mittleren Schnüre als Füllschnüre verwenden. Waagerechte Webleinsteks von der Mitte zu den Rändern knüpfen – insgesamt 19 Webleinsteks pro Seite, eng am Ring.

Schritt 4

Jeweils die dritte Schnur von der Mitte aus als Füllschnur verwenden und eine weitere Reihe aus waagerechten Webleinsteks nach außen knüpfen – insgesamt 16 pro Seite. Diese Knoten liegen dicht unter denen der vorherigen Reihe.

Schritt 5

Weitere 2 Reihen auf beiden Seiten arbeiten. Dabei dient jeweils die dritte Schnur ab Beginn der vorherigen Reihe als Füllschnur.

Schritt 6

Nun den oberen Teil der großen Webleinstekraute arbeiten. Die rechte Mittelschnur als Füllschnur verwenden und unter den vorherigen Reihen 20 diagonale Webleinsteks (WLd) in einer Linie knüpfen. Die linke Mittelschnur (Arbeitsschnur des ersten Webleinsteks der vorherigen Reihe) als Füllschnur verwenden und 19 diagonale Webleinsteks von der Mitte nach rechts arbeiten.

Schritt 7

Unter den Webleinsteks eine Reihe versetzte Kreuzknoten (vKK) knüpfen: 1 oben in der Mitte und 8 an jeder Seite = 17.

Schritt 8

Für den oberen Teil der kleinen Raute 2–3 cm tiefer weitere 7 (1+3+3) versetzte Kreuzknoten knüpfen.

Schritt 9

Die beiden mittleren Schnüre als Füllschnure verwenden und unter den Kreuzknoten ein umgedrehtes V aus diagonalen Webleinsteks (4+3) knüpfen.

Schritt 10

Mit den 4 Schnüren in der Mitte einen Kreuzknoten (KK) arbeiten.

Schritt 11

Um die innere Raute zu beenden, unter dem Mittelknoten 2 Reihen diagonale Webleinsteks knüpfen (4+3), dann 5 (2+2+1) versetzte Kreuzknoten.

Schritt 12

Um die große Raute zu beenden, in 2–3 cm Abstand zur kleinen Raute 7 versetzte Kreuzknoten an jeder Seite und einen in der Mitte arbeiten (= 15). Die äußerste rechte Schnur als Füllschnur für 19 diagonale Webleinsteks von rechts nach links verwenden, die dicht unter den versetzten Kreuzknoten sitzen. Die äußerste linke Schnur als Füllschnur verwenden und 20 diagonale Webleinsteks von links nach rechts ebenfalls unter den Kreuzknoten knüpfen.

Schritt 13

Die Mittelschnüre am unteren Teil des Rings mit waagerechten Webleinsteks festknoten, dabei dient der Ring als »Füllschnur«. Die übrigen Schnüre ebenso befestigen, die Webleinsteks sollen dicht an dicht sitzen, die Schnüre straff gespannt sein. Die Webleinsteks gut festziehen.

Schritt 14

Unterhalb des Rings mit den mittleren 4 Schnüren einen Kreuznoten arbeiten. Dann die äußerste linke Schnur als Füllschnur verwenden und eine Reihe diagonaler Webleinsteks von der Seite bis zur Mitte knüpfen. Auf der rechten Seite wiederholen. Mit den mittleren 4 Schnüren einen weiteren, letzten Kreuzknoten arbeiten.

Schritt 15

Zuletzt die Enden der Schnüre sauber abschneiden.

Tipp

Damit die Enden der Fransen einen schönen Bogen bekommen, den Ring kopfüber halten und die Enden hängen lassen. Dann alle in einer geraden Linie abschneiden. Wenn der Traumfänger wieder aufrecht gedreht wird, bilden die Enden eine Bogenkontur.

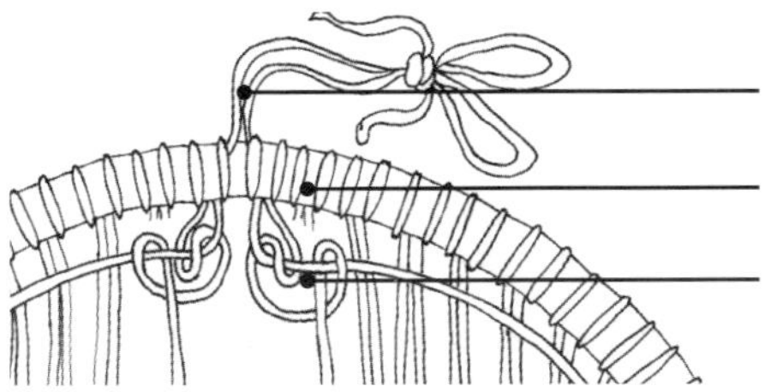
Schritt 1 Schlaufe
Schritt 2 LKh (x20)
Schritt 3 WLw

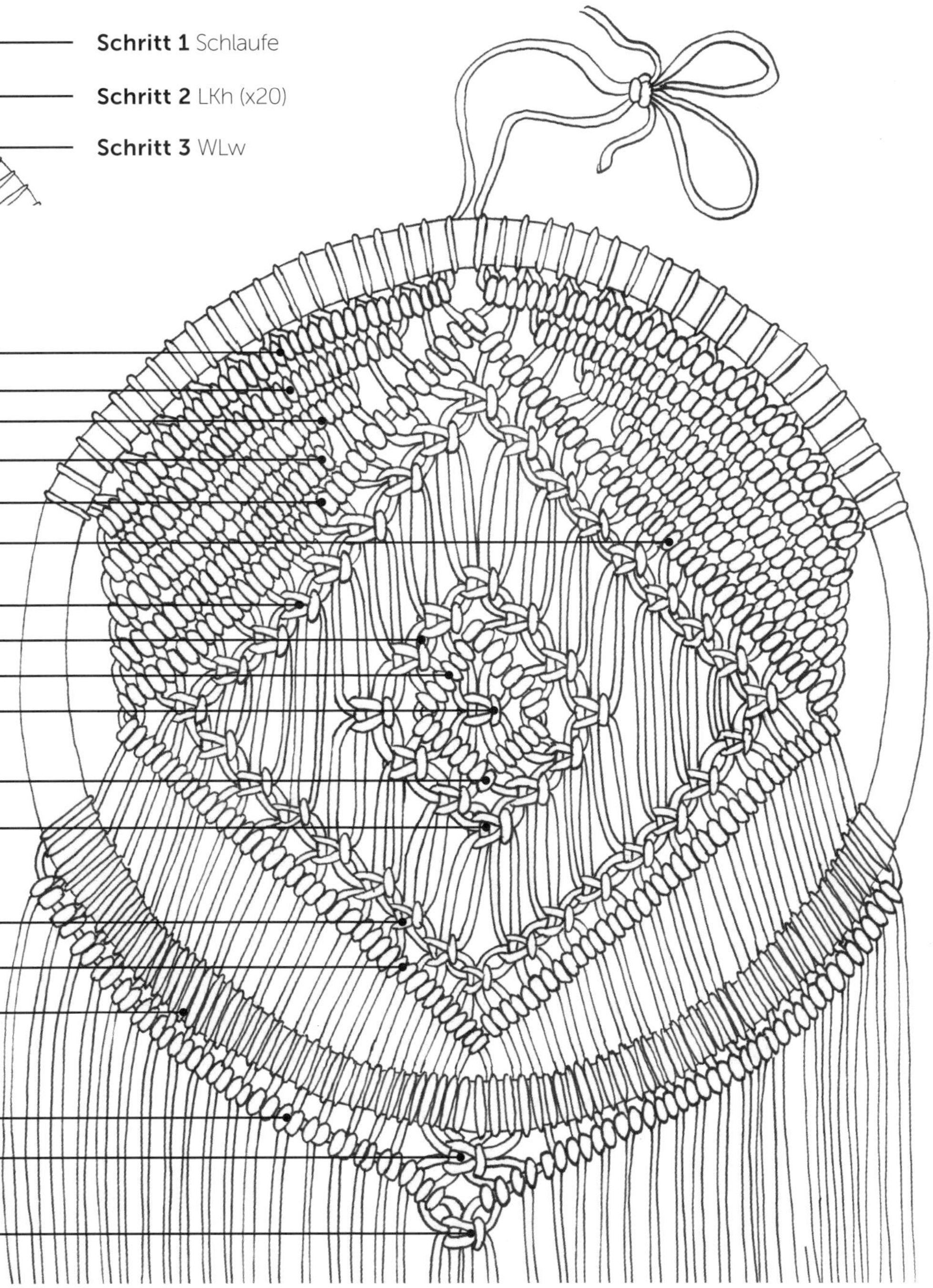
Schritt 3 WLw (x19)
Schritt 4 WLw (x16)
Schritt 5 WLw (2 Reihen)
Schritt 6 WLd (x20) WLd (x19)
Schritt 7 vKK (x17)
Schritt 8 vKK
Schritt 9 WLd
Schritt 10 KK
Schritt 11 WLd vKK
Schritt 12 vKK
Schritt 12 WLd
Schritt 13 WLw
Schritt 14 WLd KK (x1) KK (x1)

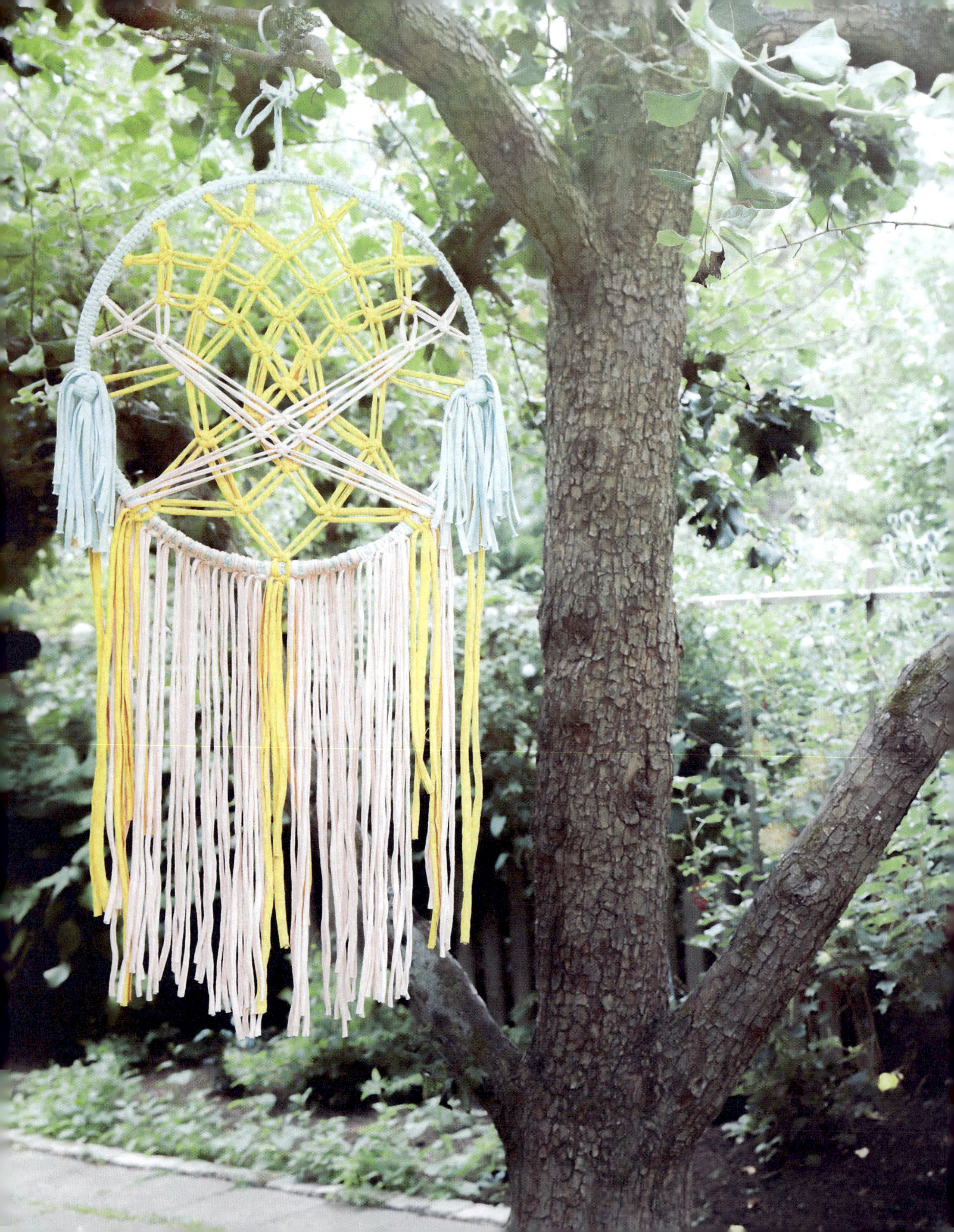

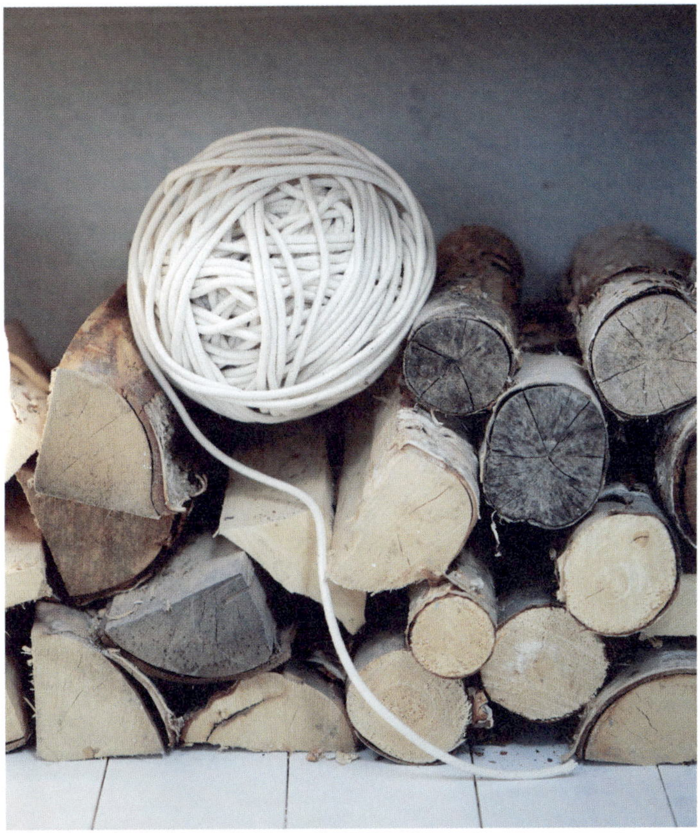

Traumfänger
Leia

T-Shirt-Garn eignet sich gut für Traumfänger, weil es schön elastisch ist, sodass ein straff gespanntes Netz entsteht. Außerdem ist es in vielen attraktiven Farben erhältlich. Dieser Traumfänger ist 40 cm breit und 85 cm lang.

Verwendete Knoten

Kreuzknoten (KK) Seite 18
Kreuzknotenband (KK-B) Seite 18
Lerchenkopf (LK) Seite 20
Versetzter Kreuzknoten (vKK) Seite 19
Kronenknoten mit 4 Schnüren (KRK4) Seite 25

Material

Ring aus Holz oder Metall, 40 cm Durchmesser
25 m hellblaues T-Shirt-Garn
20 m gelbes T-Shirt-Garn
36 m rosa T-Shirt-Garn

Vorbereitung

Schnüre zuschneiden:
1 blaue Schnur, 15 m lang
8 gelbe Schnüre, je 2,4 m lang
4 rosa Schnüre, je 1,8 m lang
28 rosa Schnüre, je 1 m lang
24 blaue Schnüre, je 40 cm lang, für die Quasten

Anleitung

Schritt 1

Die 15 m lange hellblaue Schnur zur Hälfte falten und ein Kreuzknotenband um den ganzen Ring knoten. Dabei dient der Ring als »Füllschnur«. Du kannst die Knoten zusammenschieben, damit sie den Ring gut abdecken. Wenn der Ring komplett umknüpft ist, die losen Enden zusammenknoten. Sie bilden die Aufhängeschlaufe.

Schritt 2

Die 8 gelben Schnüre zur Hälfte falten und jede mit einem Lerchenkopf (LK) am inneren Strang eines Kreuzknotens befestigen: 4 rechts, 4 links von der Aufhängeschlaufe, mit je 4 cm Abstand. Wenn die Kreuzknoten zu fest sind, eine Häkelnadel zum Durchziehen verwenden.

Schritt 3

Die 4 langen rosa Schnüre wie in Schritt 2 mit Lerchenköpfen beiderseits der gelben Schnüre anbringen, 2 rechts, 2 links. Der Abstand beträgt ebenfalls 4 cm.

Schritt 4

In 3 cm Abstand zum Ring nun 6 »farbreine« Kreuzknoten knüpfen: 4 in Gelb und 2 in Rosa. Darunter 5 versetzte Kreuzknoten (vKK) arbeiten: die 3 mittleren in Gelb und auf jeder Seite einen rosagelben. Dann folgen 4 weitere Reihen versetzter Kreuzknoten nur mit gelben Schnüren: 4 in der folgenden Reihe, in der darauf 3, in der darauf 2 und in der letzten noch einer.

Schritt 5

Zum Fortführen des Netzes mit Gelb weitere versetzte Kreuzknoten gemäß Abbildung (Seite 107 unten links) knüpfen und die richtigen Schnüre verwenden.

Dann die beiden gelben Schnüre rechts außen und links außen spannen und mithilfe einer Häkelnadel am Ring befestigen, 4 cm entfernt von den äußeren rosa Schnüren. Die Knoten müssen nicht perfekt ausfallen, denn sie werden später von den blauen Quasten verdeckt. Wichtig ist, dass die Schnüre straff sind.

Schritt 6

Für die 3 Paare aus gelben Kreuzknoten im unteren Bereich die Arbeitsschnüre vor den Ring legen, die Füllschnüre dahinter. Jedes Paar mit einem Kreuzknoten unterhalb des Rings befestigen.

Schritt 7

Nun die rosa Schnüre vor den gelben mit 4 versetzten Kreuzknoten zusammenknüpfen. Diese Knoten liegen im unteren Drittel des Rings. Die 8 Schnüre auf jeder Seite (4 links, 4 rechts) bis an den Ring spannen und unterhalb des Rings mit Kreuzknoten fixieren. Dabei dienen die äußeren Schnüre jeweils als Arbeitsschnüre.

Schritt 8

Die 28 rosa Schnüre (1 m lang) zwischen den gelben Kreuzknoten über den unteren Teil des Rings legen, 14 links, 14 rechts vom gelben Mittelknoten. Mit jeweils 4 Strängen einen Kreuzknoten knüpfen, dabei dienen die hinter dem Ring liegenden Stränge als Arbeitsschnüre. Du hast nun 7 Kreuzknoten auf jeder Seite.

Schritt 9

Für die blauen Quasten die 24 Schnüre halbieren. Die 12 Schnüre nochmals halbieren und aus 2x6 Schnüren 2 Runden Kronenknoten mit 4 Strängen (KRK4) arbeiten. Den Knoten gut festziehen. Dann die Quaste mit 2 Schnüren vom Traumfänger über dem Knoten aus Schritt 5 festbinden. Die zweite Quaste ebenso arbeiten und befestigen.

Schritt 10

Zuletzt alle Schnüre auf die gewünschte Länge schneiden.

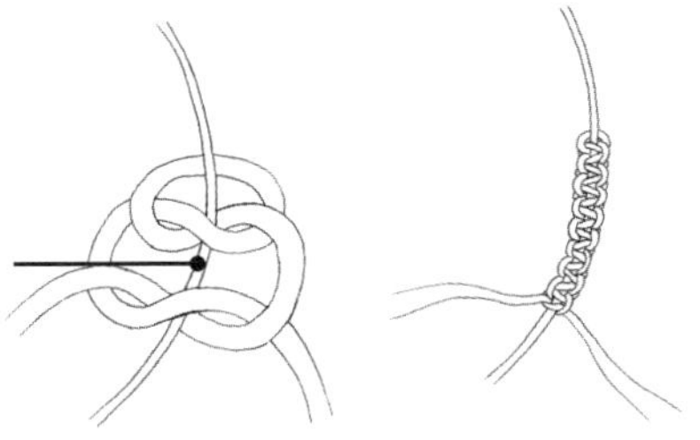

Schritt 1 KK-B

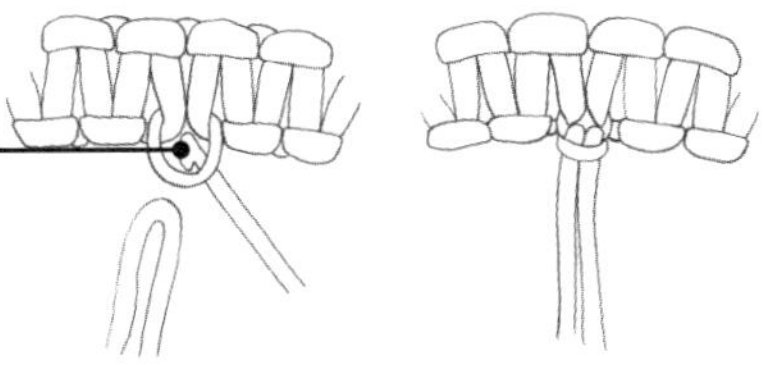

Schritt 2 LK

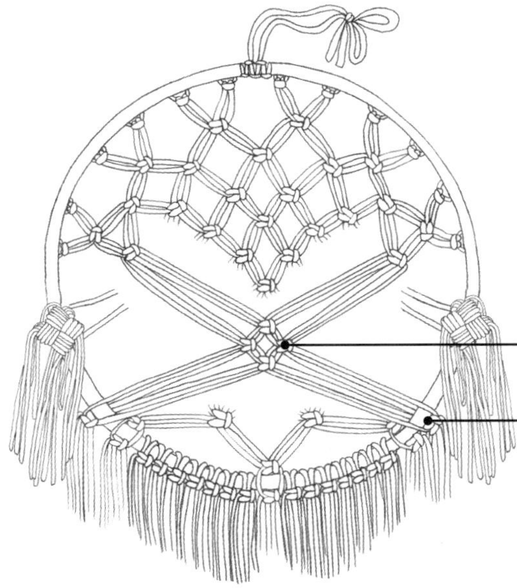

Schritt 7 vKK (x4)

Schritt 7 KK

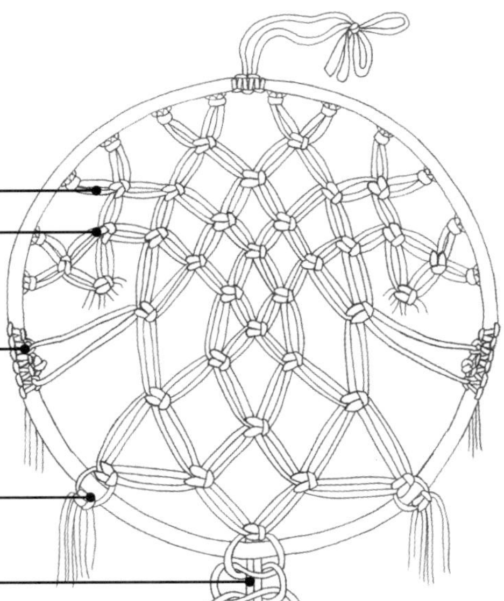

Schritt 4 KK (x6)

Schritt 4 vKK (x15)

Schritt 5 KK

Schritt 6 KK

Schritt 6 KK

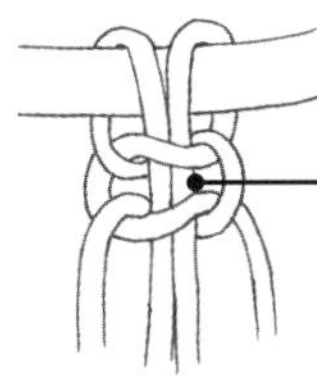

Schritt 8 KK

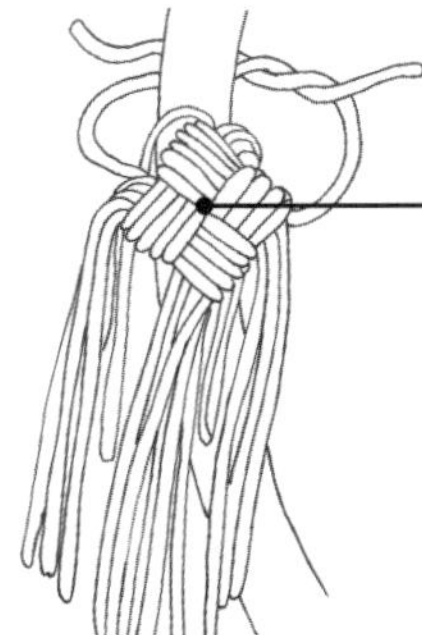

Schritt 9 KRK4

Tischset

Diese Sets werten jeden gedeckten Tisch auf. Ihr Muster passt zum Tischläufer auf Seite 124, aber sie machen auch für sich allein Eindruck. Jedes Set ist etwa 45 x 33 cm groß.

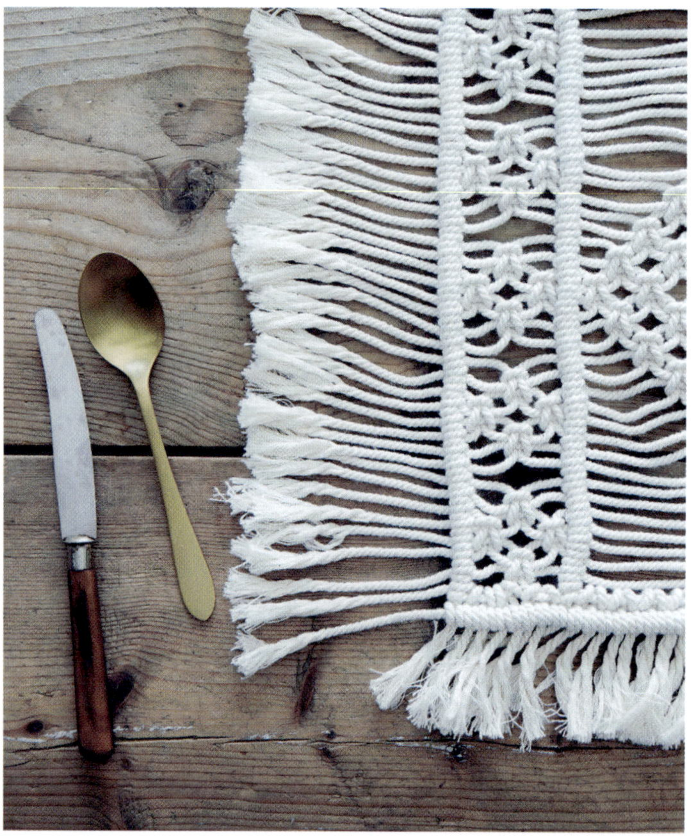

Verwendete Knoten

Webleinstek waagerecht (WLw) Seite 22
Kreuzknoten nach links (KKl) Seite 18
Versetzter Kreuzknoten (vKK) Seite 19
Lerchenkopf von hinten (LKh) Seite 21

Material

60 m gedrehte Baumwollschnur, 2,5 mm
Holzstange, 55–60 cm lang,
mindestens 2 cm Durchmesser (nur zum Knüpfen)

Vorbereitung

Schnüre zuschneiden:
20 Schnüre, je 2 m lang
4 Schnüre, je 80 cm lang
52 Schnüre, je 30 cm lang
2 Schnüre, je 50 cm lang

Die 20 2 m langen Schnüre zur Hälfte falten und mit Lerchenköpfen von hinten (LKh) an der Holzstange befestigen.

Hinweis

Die Holzstange wird nur zum Knüpfen benötigt und anschließend entfernt.

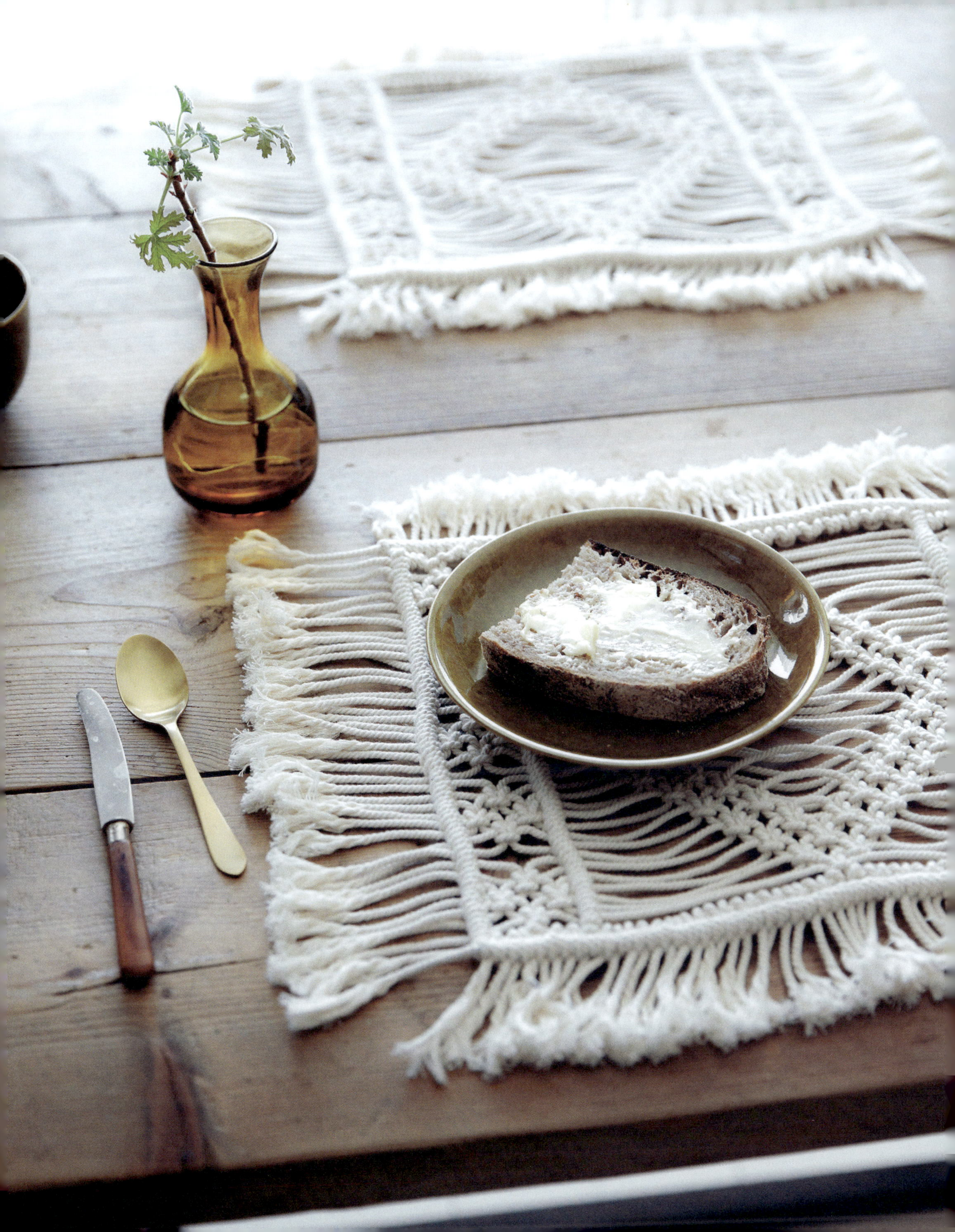

Anleitung

Schritt 1

Eine 80 cm lange Schnur mittig direkt unter die Holzstange legen. Sie dient als Füllschnur. Eine Reihe waagerechter Webleinsteks (WLw) knüpfen (insgesamt 40 Knoten).

Schritt 2

1. Reihe: 2 Schnüre übergehen, [1 Kreuzknoten nach links (KKl), 4 Schnüre übergehen] stets wiederholen, die letzten beiden Schüre frei lassen. In der Reihe sind 5 Kreuzknoten.

2. Reihe: 10 versetzte Kreuzknoten (vKK) unter die 5 KK der Vorreihe knüpfen.

3. Reihe: Wie die 1. Reihe arbeiten.

Schritt 3

Eine zweite 80 cm lange Schnur mittig unter die gerade gearbeiteten Knoten legen. Sie dient als Füllschnur für eine weitere Reihe aus 40 waagerechten Webleinsteks.

Schritt 4

Mit den 4 mittleren Schnüren einen Kreuzknoten nach links knüpfen. Darunter 2 versetzte Kreuzknoten arbeiten, dann folgt eine Reihe mit 3 versetzten Kreuzknoten. Weiter für die Raute in der Mitte des Sets Paare von versetzten Kreuzknoten knüpfen, die schräg nach außen verlaufen. Die horizontalen Abstände zwischen den Knotenpaaren sind eng. Mit einem einzelnen Kreuzknoten nach links mit den 4 mittleren Schnüren enden (= 64 Kreuzknoten).

Schritt 5

Für die Bordüre an der Unterkante Schritt 1–3 wiederholen. Dann das Set um 90 Grad drehen.

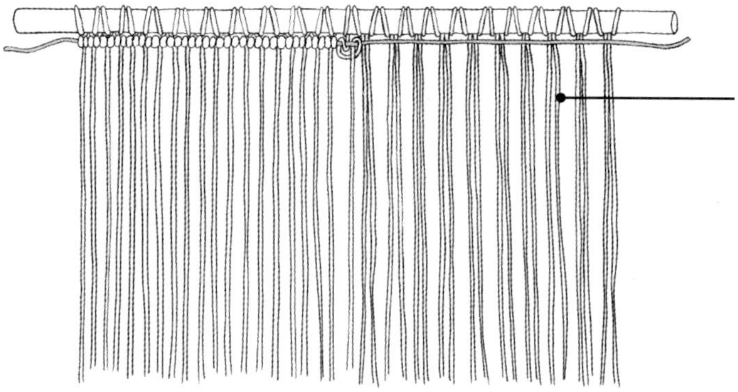

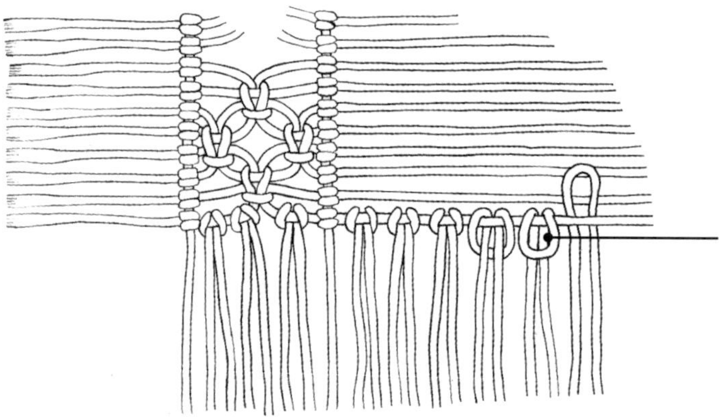

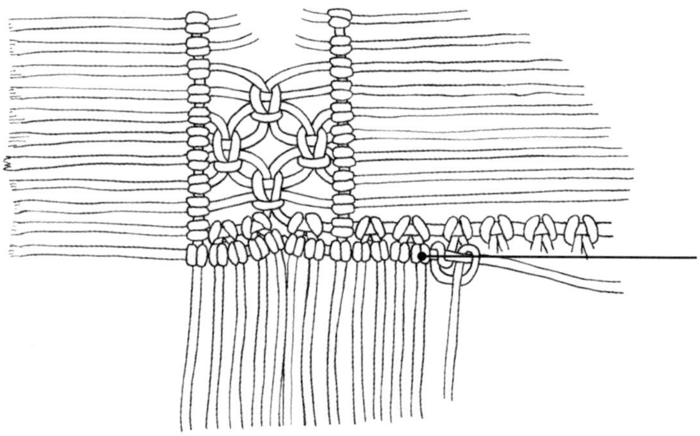

Schritt 6

26 der 30 cm langen Schnüre mit Lerchenköpfen von hinten (LKh) an der jetzt unten liegenden Schnur befestigen. Die ersten 3 Lerchenköpfe liegen zwischen den beiden Füllschnurenden der Bordüre, dann folgen 10 Lerchenköpfe vor dem mittleren Kreuzknoten der Raute. Spiegelsymmetrisch mit den restlichen Schnüren auf der anderen Seite dieser Kante wiederholen.

Schritt 7

Eine 50 cm lange Schnur mittig direkt unter die Lerchenköpfe legen. Sie dient als Füllschnur für 56 waagerechte Webleinsteks von links nach rechts.

Schritt 8

Das Set um 180 Grad drehen. Schritt 6 und 7 an der anderen Seite wiederholen.

Schritt 9

Die Holzstange herausziehen und die Enden entwirren. Die Schlaufen aufschneiden, sodass auch an der Stangenkante Fransen entstehen.
Zuerst alle Enden an den Schmalseiten auf gleiche Länge schneiden. Die Fransen an den langen Seiten auf dieselbe Länge schneiden.

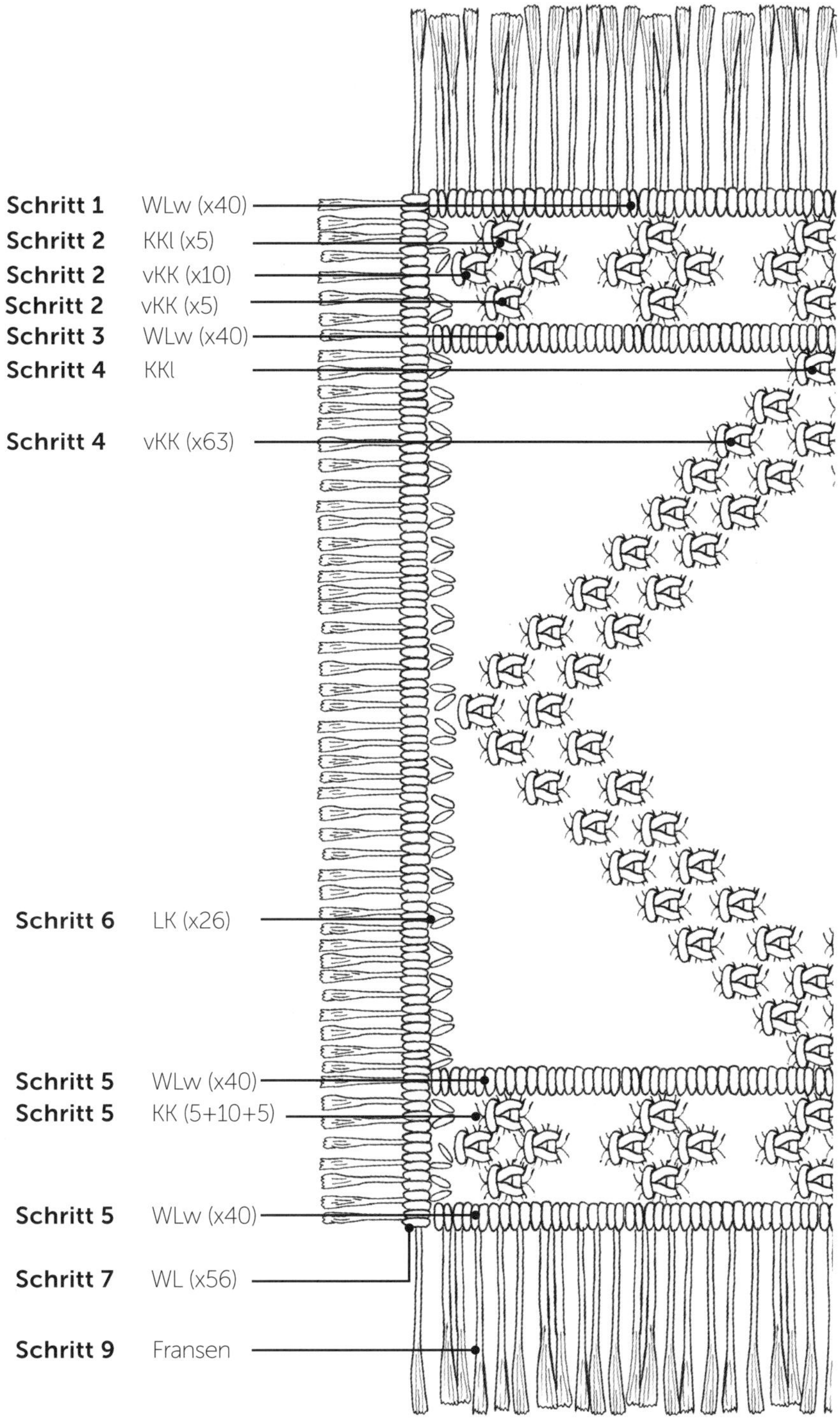

*Das Modell ist symmetrisch. Die Zeichnung zeigt nur die Hälfte des Musters.

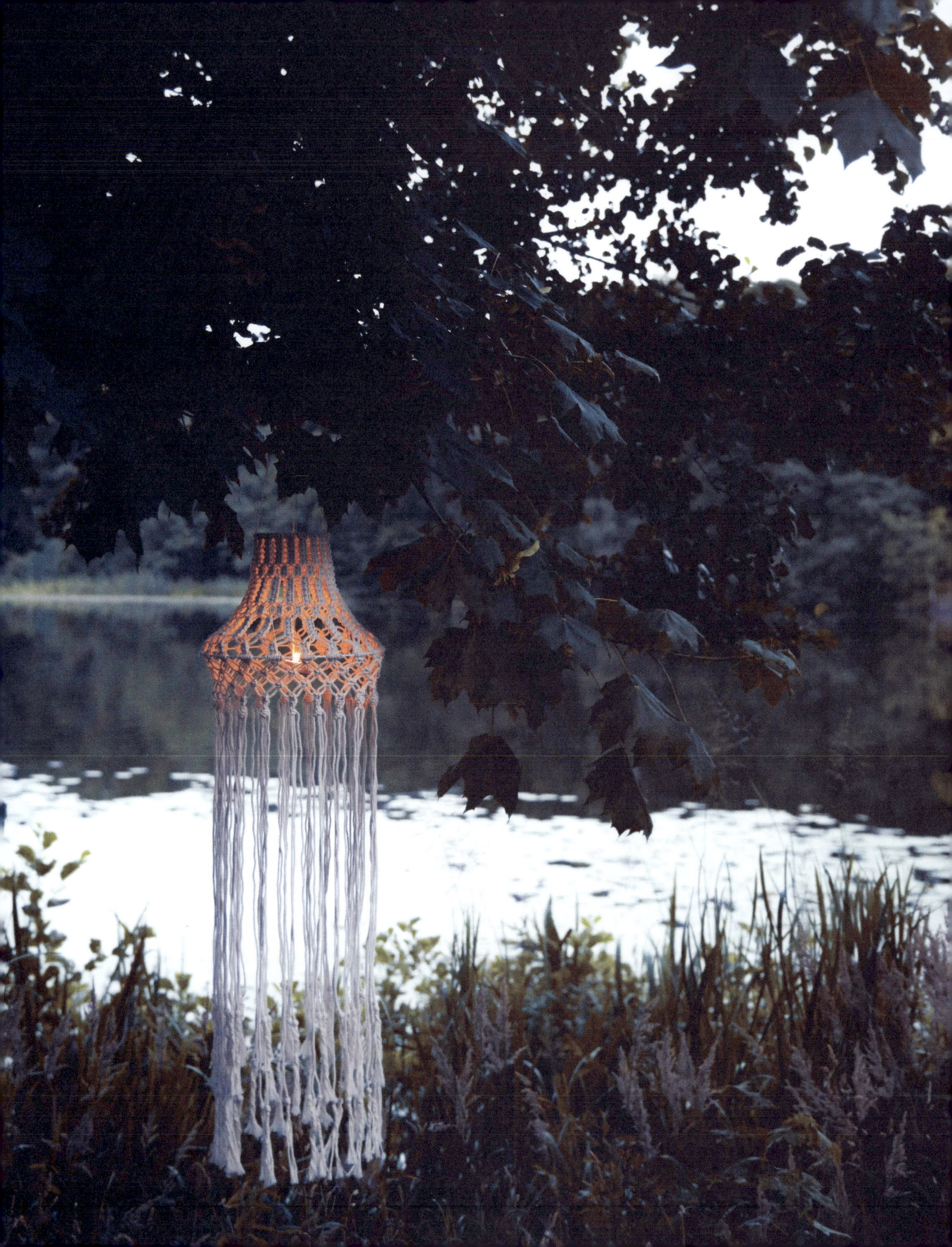

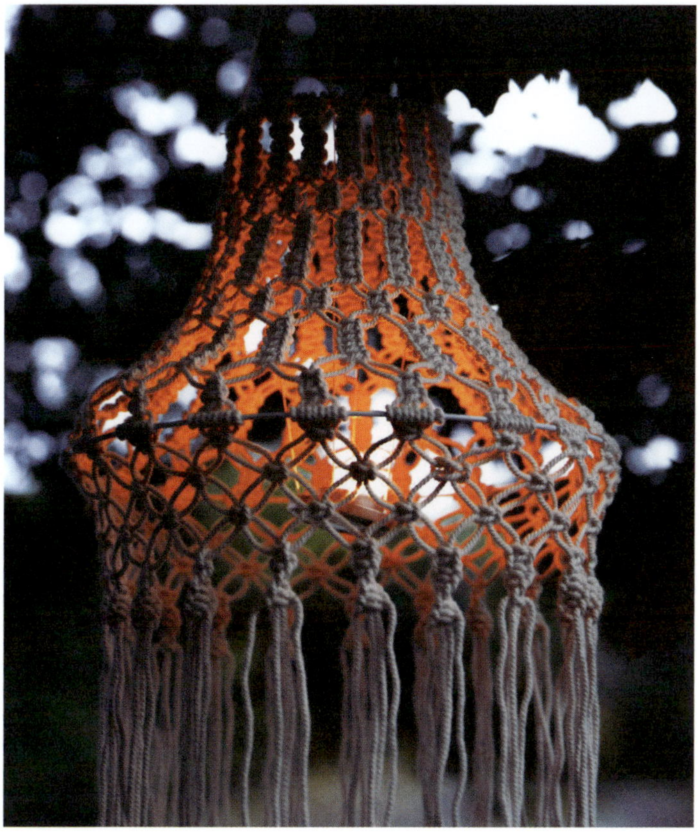

Laterne

So eine Laterne sieht im Haus oder auf der Veranda toll aus. Es gibt zahlreiche attraktive Gestaltungsmöglichkeiten. Diese ist 100 cm hoch und hat einen Durchmesser von 30 cm. Man kann sie wie ein Mobile nur zur Zierde aufhängen, aber mit einem Leuchtmittel kommt ihr Muster noch besser zur Geltung. Eine Kerze ist wegen des brennbaren Garns ungeeignet!

Verwendete Knoten

Lerchenkopf von hinten (LKh) Seite 21
Kreuzknoten (KK) Seite 18
Kreuzknotenband (KK-B) Seite 18–19
Versetzter Kreuzknoten (vKK) Seite 19
Webleinstek waagerecht (WLw) Seite 22
Spiralknoten nach rechts (SKr) Seite 20
Fassknoten (FK) Seite 25

Material

130 m gedrehte Baumwollschnur, 2,5 mm
1 Metallring, 30 cm Durchmesser
1 Metallring, 12 cm Durchmesser

Vorbereitung

Schnüre zuschneiden:
19 Schnüre, je 4 m lang
19 Schnüre, je 2,8 m lang

Anleitung

Schritt 1

Abwechselnd eine lange und eine kurze Schnur mit einem Lerchenkopf von hinten (LKh) am kleineren Ring befestigen (= 76 Schnurenden) und gleichmäßig verteilen.

Eine Runde Kreuzknoten nach rechts (KKr) knüpfen. Dabei jeweils 2 kurze Schnüre als Füllschnüre und je eine benachbarte lange Schnur als Arbeitsschnüre verwenden (= 19 Kreuzknoten).

Schritt 2

Unter jedem Kreuzknoten der vorherigen Runde 4 weitere Kreuzknoten arbeiten. Das ergibt insgesamt 19 Kreuzknotenbänder à 5 Kreuzknoten.

Schritt 3

Eine Runde versetzte Kreuzknoten (vKK) arbeiten. Direkt unter jedem versetzten Knoten einen weiteren Kreuzknoten knüpfen.

Schritt 4

Eine Runde versetzte Kreuzknoten knüpfen. Direkt darunter 4 weitere Kreuzknoten arbeiten. Das ergibt wieder eine Runde aus Kreuzknotenbändern à 5 Kreuzknoten.

Schritt 5

In der nächsten Runde versetzte Kreuzknoten knüpfen, aber die Abstände zu den vorherigen Kreuzknotenbändern etwas vergrößern. Direkt unter jedem Knoten einen weiteren Kreuzknoten knüpfen.

Schritt 6

Schritt 4 wiederholen, aber den Abstand zur vorigen Runde (Schritt 5) etwas vergrößern.

Schritt 7

Schritt 5 wiederholen und den Abstand zur Vorrunde noch etwas mehr vergrößern.

Schritt 8

Nun alle Schnüre an dem größeren Ring befestigen. Dafür mit jeder Schnur einen waagerechten Webleinstek (WLw) knüpfen. Der Ring dient dabei als »Füllschnur«. Die 19 Gruppen aus 4 Schnüren gleichmäßig auf dem Ring verteilen.

Schritt 9

Jeweils unter 4 Webleinsteks einen Kreuzknoten arbeiten, um die Schnüre sicher am Ring zu befestigen.

Schritt 10

3 Runden aus versetzten Kreuzknoten knüpfen. Die Abstände horizontal und vertikal an den Umfang des größeren Rings anpassen.

Schritt 11

Unter den Kreuzknoten kleine Spiralknoten nach rechts (SKr) aus 5 halben Kreuzknoten arbeiten.

Schritt 12

Du hast zwei verschiedene Schnurlängen. In jede kürzere Schnur 15 cm über dem Ende einen Fassknoten (FK) binden.

In die längeren Schnüre ebenfalls Fassknoten knüpfen. Sie sollen auf Höhe der Enden der kürzeren Schnüre liegen. Die langen Schnüre etwa 15 cm unter den Fassknoten auf gleiche Länge schneiden. Die Schnüre unter den Fassknoten ausfransen.

Tipp

Am einfachsten ist es, ein Kabel mit Halterung für einen Lampenschirm und ein Leuchtmittel zu verwenden. Ideal sind LED-Leuchtmittel, weil sie nicht heiß werden. Wer auf Kerzenlicht schwört, sollte aus Sicherheitsgründen eine geschlossene Laterne verwenden. Brennende Kerzen nie unbeaufsichtigt lassen!

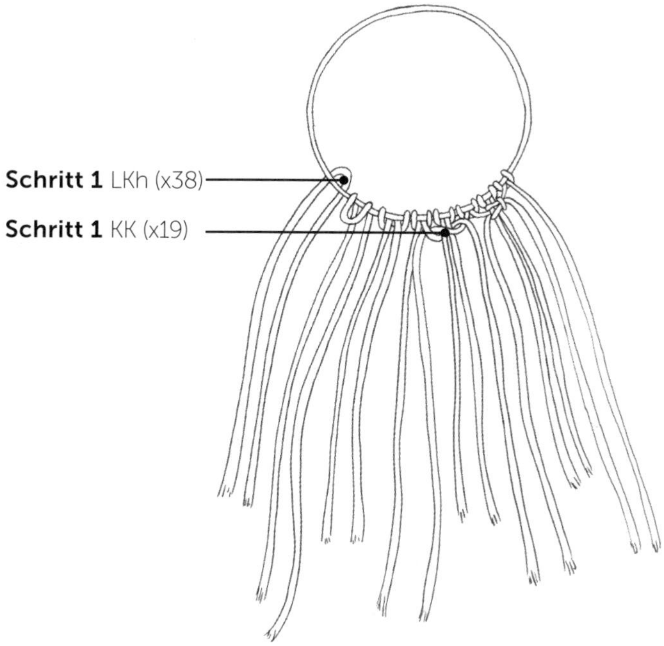
Schritt 1 LKh (x38)
Schritt 1 KK (x19)

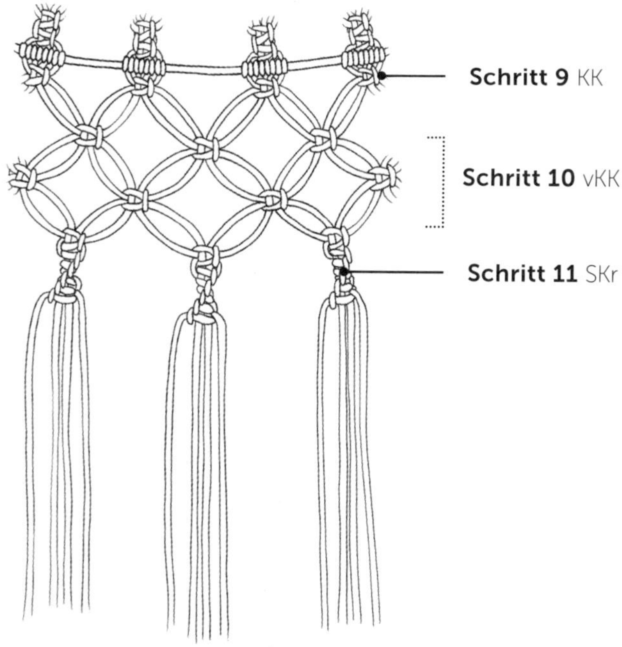
Schritt 9 KK
Schritt 10 vKK
Schritt 11 SKr

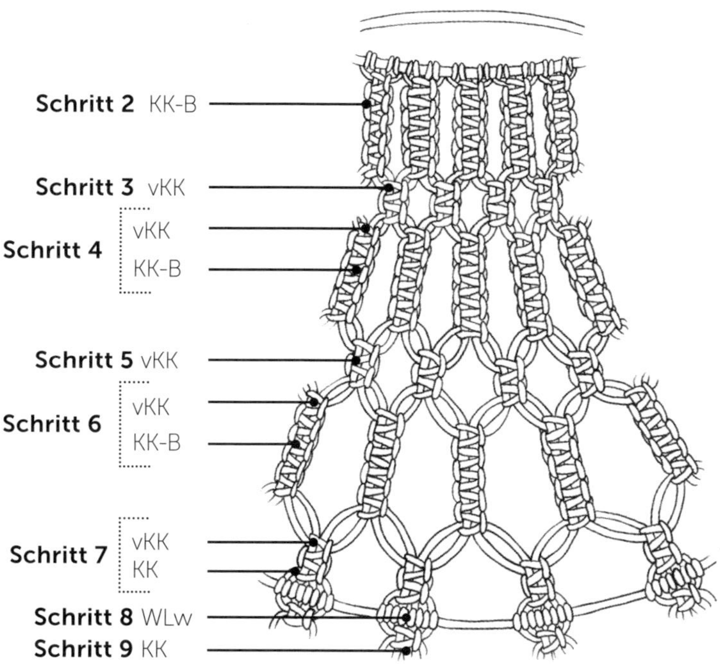
Schritt 2 KK-B
Schritt 3 vKK
Schritt 4
vKK
KK-B
Schritt 5 vKK
Schritt 6
vKK
KK-B
Schritt 7
vKK
KK
Schritt 8 WLw
Schritt 9 KK

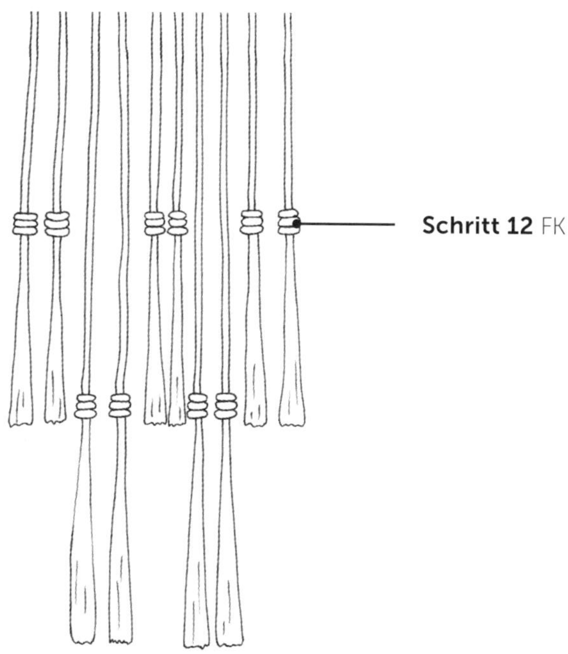
Schritt 12 FK

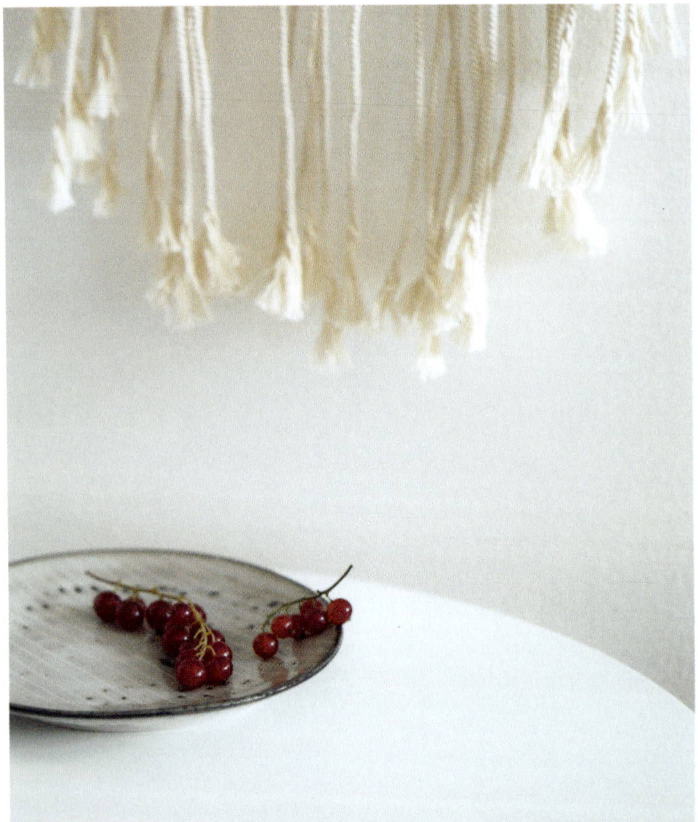

Girlande

Diese dekorative Girlande ist 115 cm breit und 65 cm hoch. Es ist aber ohne Weiteres möglich, die Anzahl der Mustersätze zu erhöhen oder zu verringern. Hier wird das Knüpfen einer Girlande mit fünf Mustersätzen erklärt.

Verwendete Knoten
Überhandknoten (ÜK) Seite 18
Lerchenkopf von hinten (LKh) Seite 21
Kreuzknoten nach rechts (KKr) Seite 18
Versetzter Kreuzknoten (vKK) Seite 19
Webleinstek diagonal (WLd) Seite 22
Wickelknoten (WK) Seite 23

Material
160 m gedrehte oder geflochtene Baumwollschnur, 4 mm

Vorbereitung
Schnüre zuschneiden:
1 Schnur, 5 m lang (waagerechte Trägerschnur und Aufhänger an den Enden)
6 Schnüre, je 3,6 m (für die Wickelknoten)
74 Schnüre, je 1,8 m lang

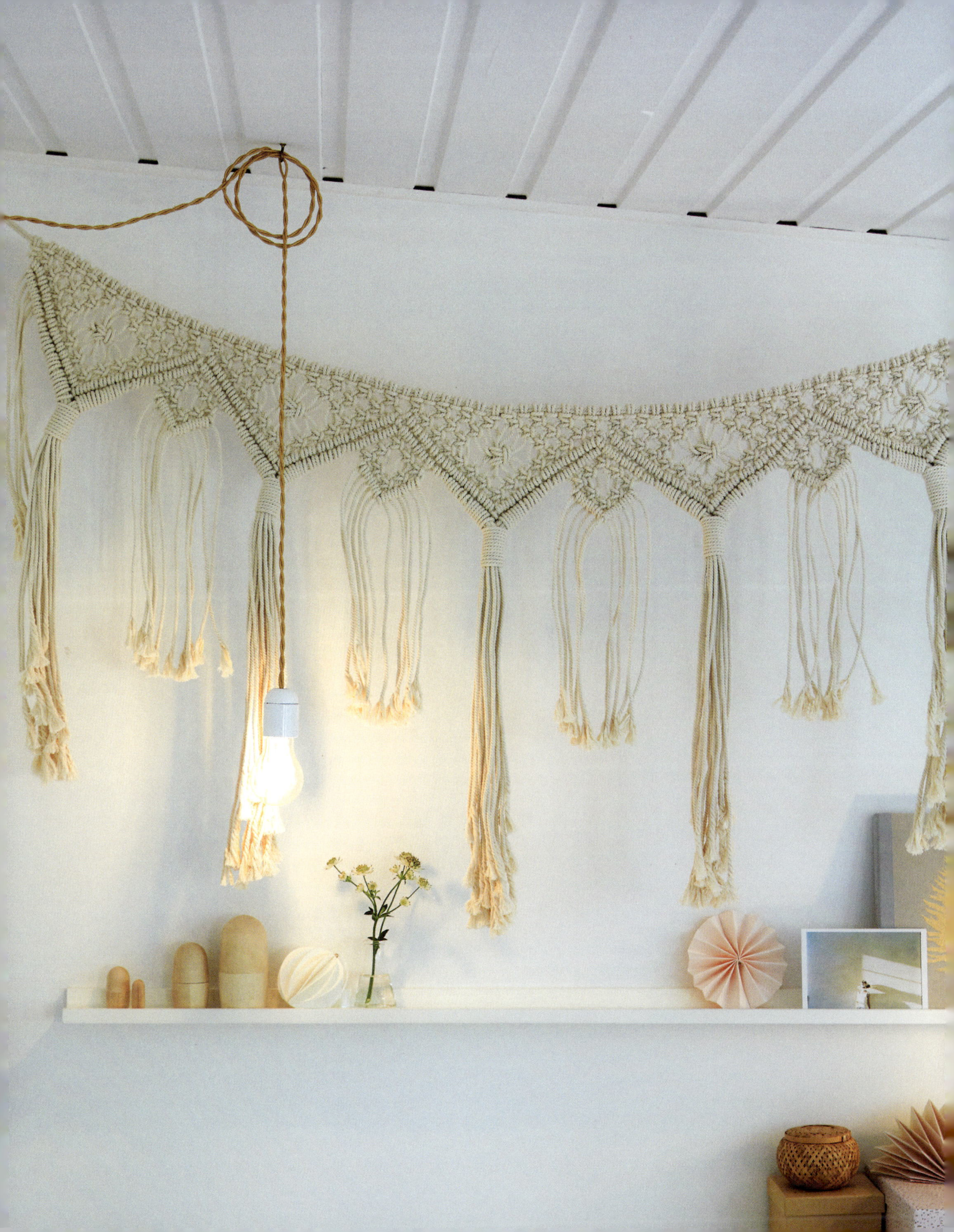

Anleitung

Schritt 1

Die 5 m lange Schnur zur Hälfte falten und einen Überhandknoten binden. Dabei soll eine Schlaufe von 1,5 m Länge entstehen, die losen Enden sind knapp 1 m lang. Die Schlaufe ausgebreitet an 2 Haken aufhängen, der Knoten ist in der Mitte.

Schritt 2

Alle 3,6 m langen Schnüre zur Hälfte falten und mit Lerchenköpfen von hinten (LKh) an der Trägerschnur (über beide Stränge) befestigen, 3 links und 3 rechts vom mittleren Überhandknoten. Die Abstände betragen jeweils 20–22 cm.

Schritt 3

Nun 60 der 1,8 m langen Schnüre zur Hälfte falten und mit Lerchenköpfen von hinten an der Trägerschnur (wieder über beide Stränge) befestigen: je 15 zwischen den beiden linken und den beiden rechten Zwischenräumen (4x15=60).

Schritt 4

12 der 1,8 m langen Schnüre zur Hälfte falten und mit Lerchenköpfen von hinten an der Trägerschnur (über beide Stränge) befestigen. Sie werden so zwischen der dritten und vierten Schnur in der Mitte befestigt, dass 6 auf jeder Seite des Überhandknotens in der Trägerschnur liegen. Den Überhandknoten nun lösen.

Schritt 5

Die beiden losen Enden der Trägerschnur übereinanderlegen und die verbliebenen beiden 1,8 m langen Schnüre mit Lerchenköpfen von hinten in diesem Bereich befestigen (d. h. über 3 Stränge). Die Enden der Trägerschnur werden als Arbeitsschnüre verwendet.

Auf der Trägerschnur hängen nun 5x30 Schnurenden, getrennt von längeren Schnurpaaren sowie je einem langen Schnurpaar an den Rändern.

Schritt 6

Nun geht es mit dem Muster los.
1. Reihe: Die erste Schnur übergehen, dann eine Reihe Kreuzknoten nach rechts (KKr) knüpfen. Die letzte Schnur bleibt ebenfalls lose. Wenn die Mitte erreicht ist, die Enden der Trägerschnur als Füllschnüre für den Kreuzknoten verwenden.

Schritt 7

2. Reihe: Die ersten 3 Schnüre übergehen, [3 versetzte Kreuzknoten (vKK), 4 Schnüre übergehen] stets wiederholen, die letzten 3 Schnüre bleiben lose.

Die Enden der Trägerschnur werden in dieser Reihe als Arbeitsschnüre verwendet. Dadurch ist die Trägerschnur gesichert.

Schritt 8

3. Reihe: Die ersten 5 Schnüre übergehen, [2 versetzte Kreuzknoten, 8 Schnüre übergehen] stets wiederholen, die letzten 5 Schnüre bleiben lose.

Schritt 9

4. Reihe: Unter jedem Kreuzknotenpaar der vorherigen Reihe einen versetzten Kreuzknoten knüpfen.

Schritt 10

In jeder Lücke zwischen den Dreiecken einen Kreuzknoten nach rechts mit 4 Arbeitsschnüren und 4 Füllschnüren knüpfen. Die Knoten liegen auf Höhe der vierten Reihe.

Schritt 11

Um die Dreiecke zu beenden, unter den großen Kreuzknoten 7 versetzte Kreuzknoten knüpfen, wie in der Abbildung zu sehen.

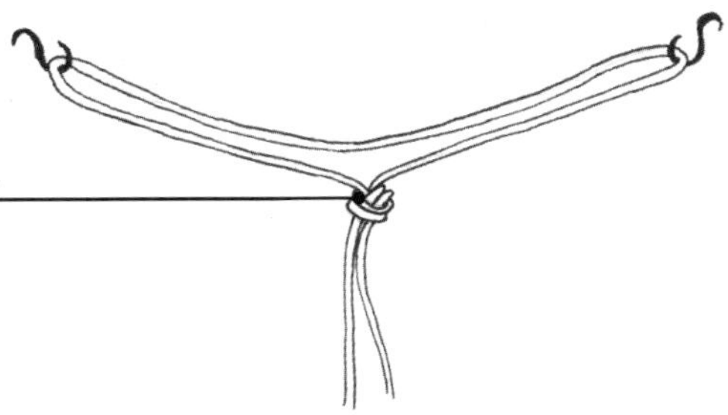
Schritt 1 ÜK

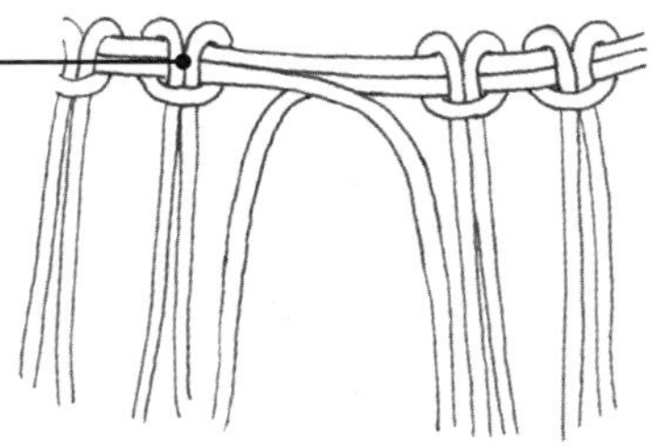
Schritt 4 LKh

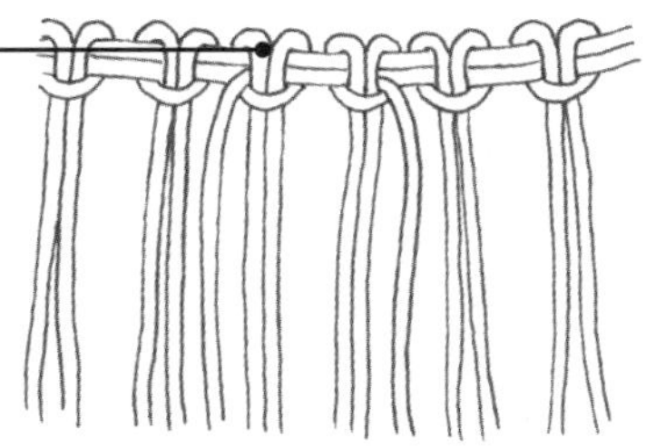
Schritt 5 LKh

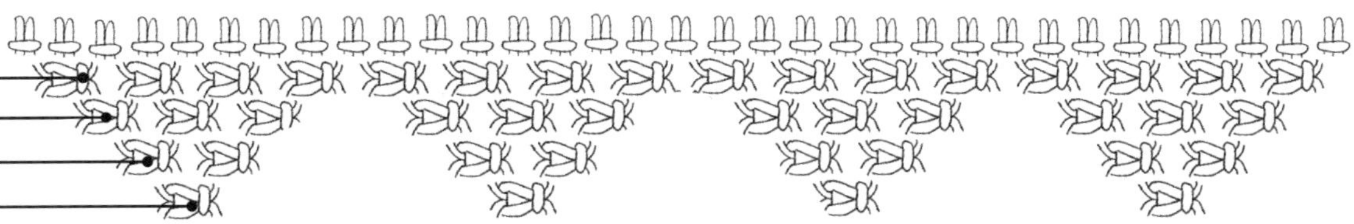
Schritt 6 KKr
Schritt 7 vKK
Schritt 8 vKK
Schritt 9 vKK

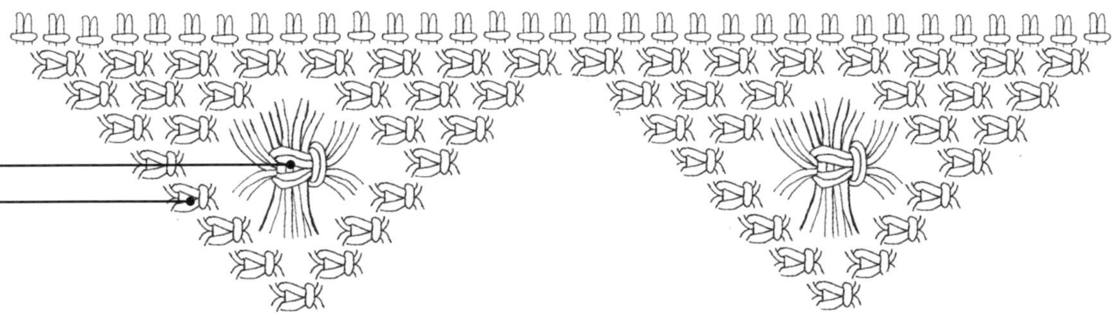
Schritt 10 KKr
Schritt 11 vKK

Schritt 12
Direkt unter dem Muster eine Reihe diagonale Webleinsteks (WLd) knüpfen. Die losen Schnüre an den Seiten für die erste und letzte Diagonale verwenden. Die Arbeitsschnüre der Kreuzknoten an den Rändern der Dreiecke dienen als Füllschnüre für die restlichen Diagonalen.

Schritt 13
Zwischen den Dreiecken direkt unter den letzten Knoten kürzere Reihen aus diagonalen Webleinsteks knüpfen: 7 nach rechts, 6 nach links.

Schritt 14
8 versetzte Kreuzknoten in rautenförmiger Anordnung dicht unter den Webleinsteks des vorherigen Schritts knüpfen.

Schritt 15
Um die Webleinstekrauten zu beenden, direkt unter den Kreuzknoten diagonale Webleinsteks knüpfen: 5 von links nach rechts und 6 von rechts nach links, wobei der sechste die Diagonalen verbindet.

Schritt 16
Mit diagonalen Webleinsteks bis zur Spitze jedes großen Webleinstekdreiecks fortfahren, aber nach jedem Knoten die Arbeitsschnur zu den Füllschnüren legen. Dadurch nimmt die Anzahl der Füllschnüre zu und die Knoten werden von Mal zu Mal immer dicker. Die Knoten gut festziehen!

Schritt 17
Die losen Enden an der Spitze jedes Dreiecks zusammenfassen und mit einer Schnur einen Wickelknoten (WK) unter jedem Dreieck arbeiten.

Schritt 18
Zuletzt die Quasten auf die gewünschte Länge schneiden. Die Schnurenden unter den kleinen Rauten nach Belieben ausfransen.

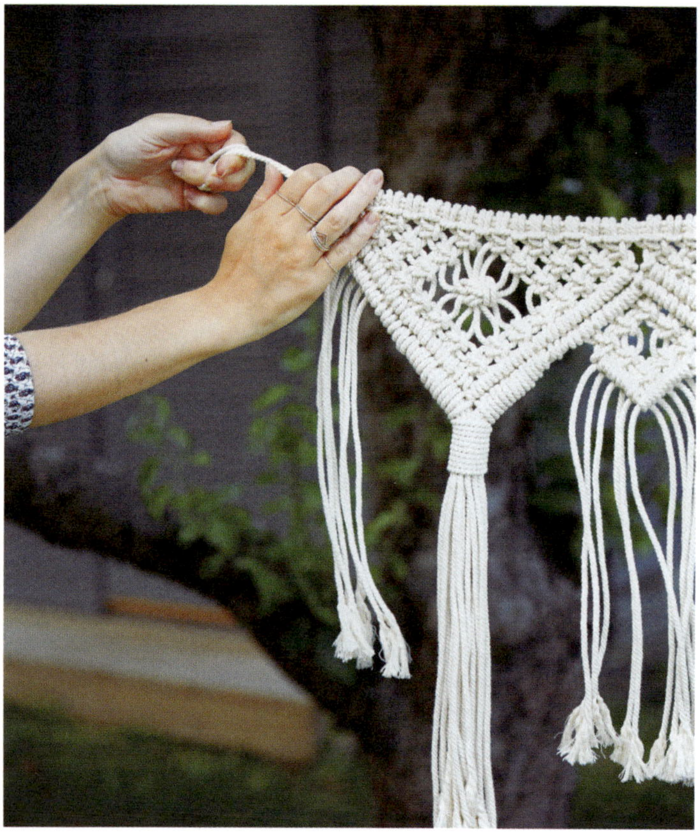

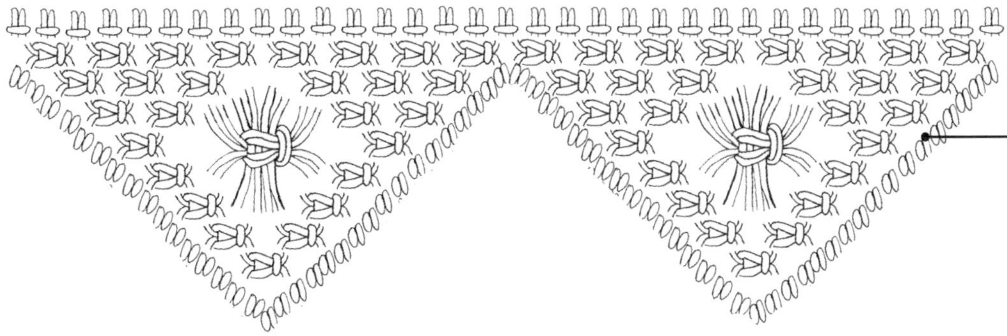
Schritt 12 WLd

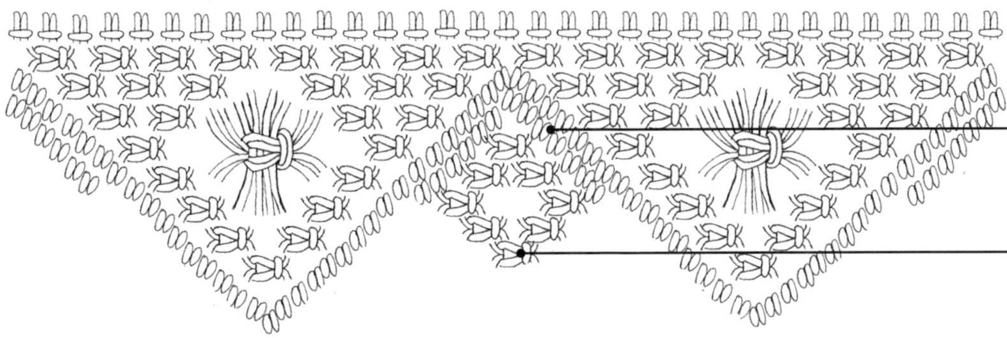
Schritt 13 WLd
Schritt 14 vKK

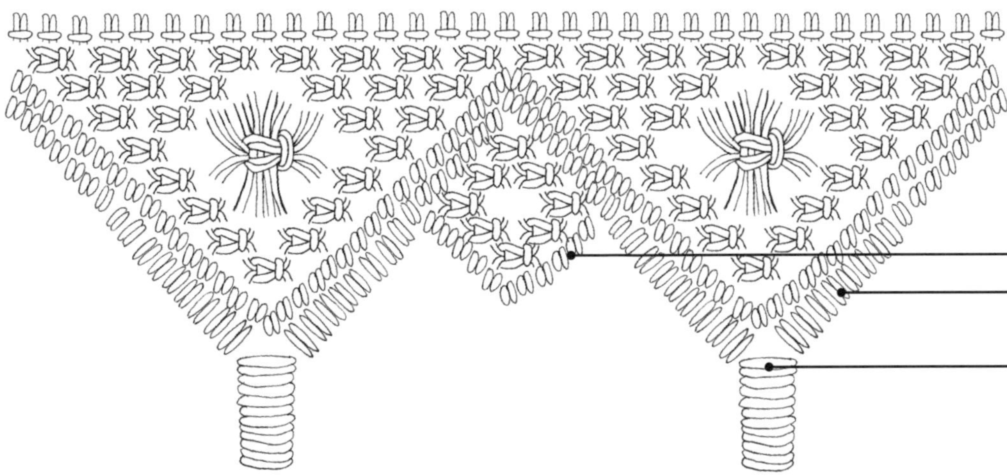
Schritt 15 WLd
Schritt 16 WLd
Schritt 17 WK

Quaste

Quasten eignen sich gut, um kürzere Schnurreste zu verbrauchen. Man kann sie einzeln aufhängen oder wie eine Girlande auf eine Schnur fädeln.

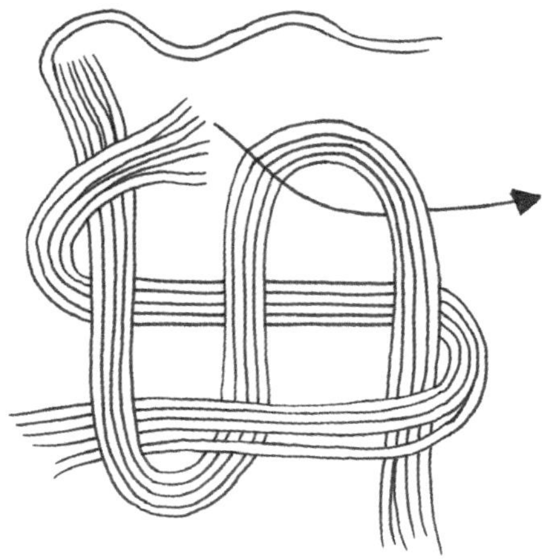

Verwendete Knoten
Kronenknoten mit 4 Schnüren (KRK4) Seite 25
Wickelknoten (WK) Seite 23

Material
Reste von Knüpfschnur

Zubehör
Bürste

Vorbereitung
Schnüre zuschneiden:
7 kurze Schnüre, je etwa doppelte Länge der fertigen Quaste
1 Schnur, ca. 70 cm lang (für den Wickelknoten)

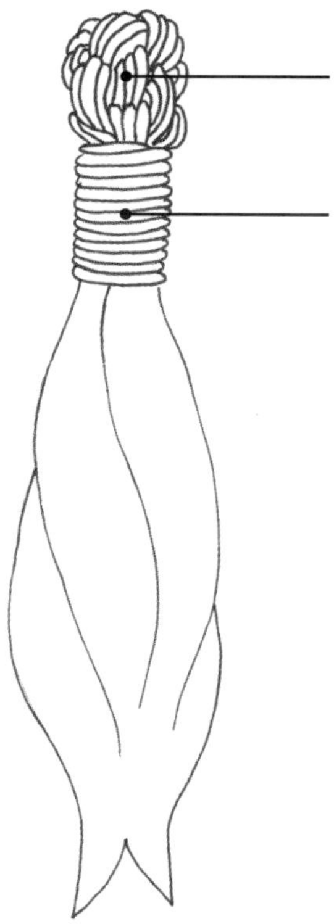

Anleitung

Schritt 1 4 kurze Schnüre parallel nebeneinanderlegen. Die 3 übrigen kurzen Schnüre sowie die lange Schnur über Kreuz darauflegen.

Schritt 2 Mit allen Schnüren 3 Runden Kronenknoten mit 4 Strängen (KRK4) knüpfen.

Schritt 3 Mit der langen Schnur unterhalb des Kronenknotens einen Wickelknoten (WK) arbeiten.

Schritt 4 Alle Schnüre straffen, um den Wickelknoten unter dem Kronenknoten festzuziehen.

Schritt 5 Das lange Ende zwischen den Schnüren der Quaste verstecken, dann alle Enden auf gleiche Länge schneiden. Falls gewünscht, können die Enden ausgefranst und gebürstet werden.

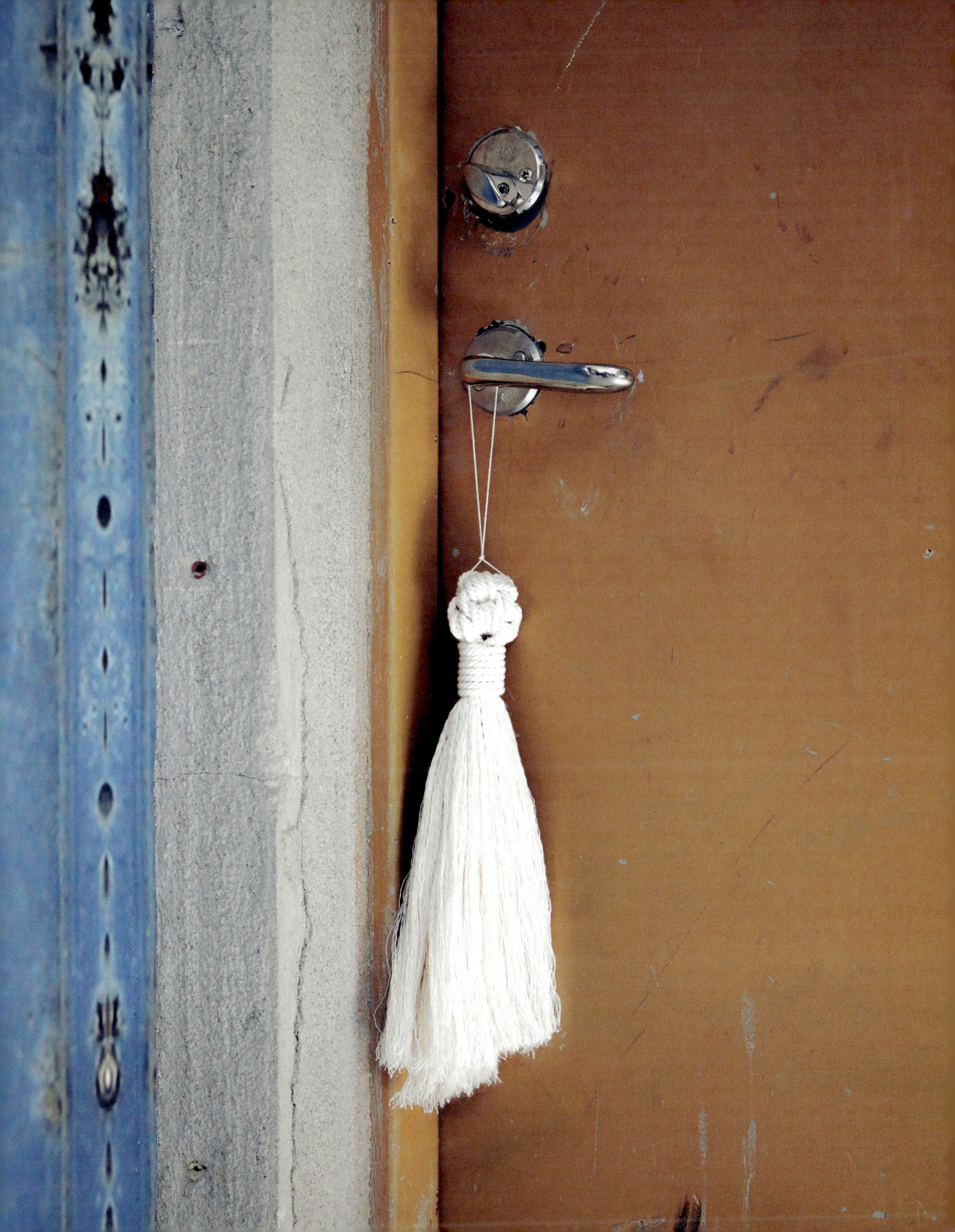

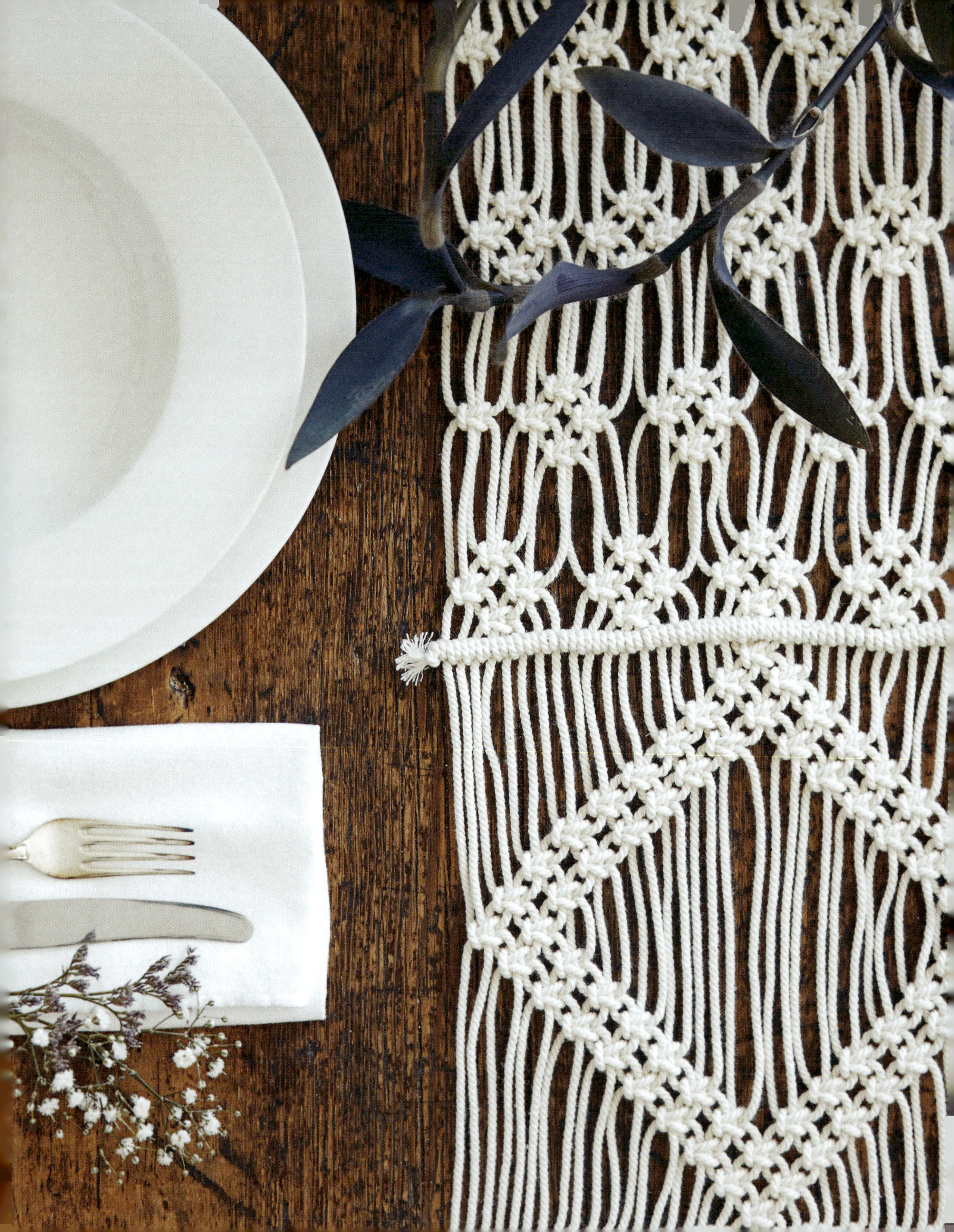

Tischläufer

Ein Makrameetischläufer ist ein ehrgeiziges Projekt, aber die Mühe lohnt sich. Dieses Modell ist 2,5 m lang und 25 cm breit und besteht aus zwei alternierenden Mustersätzen, einer mit einer großen Raute, der andere mit mehreren kleinen. Der erste Mustersatz wird fünfmal wiederholt, der andere jeweils dazwischen viermal.

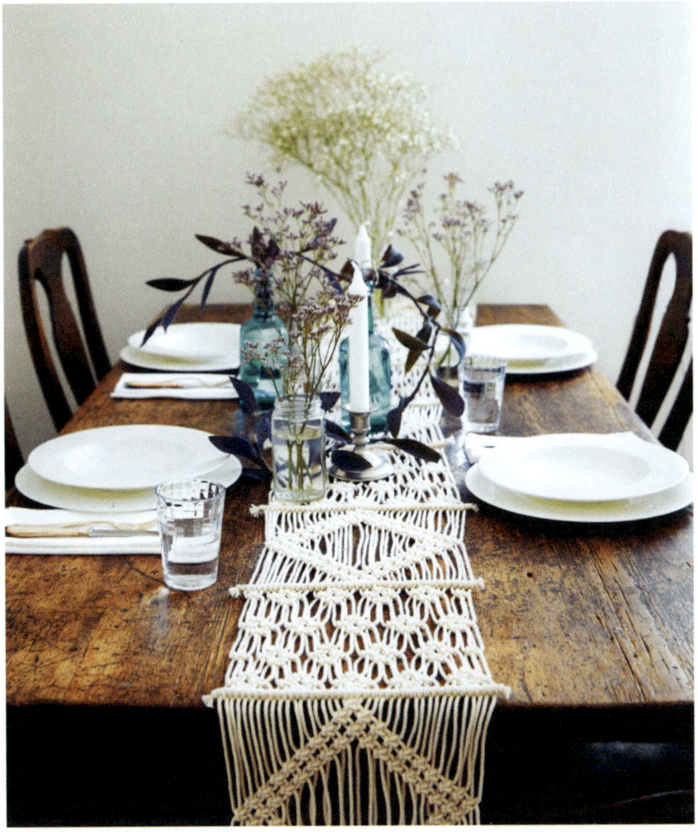

Verwendete Knoten

Überhandknoten (ÜK) Seite 18
Lerchenkopf von hinten (LKh) Seite 21
Webleinstek waagerecht (WLw) Seite 22
Kreuzknoten nach rechts (KKr) Seite 18
Versetzter Kreuzknoten (vKK) Seite 19

Material

204 m gedrehte Baumwollschnur, 2,5 mm
Holzstange, 50–60 cm lang (wird nur zum Knüpfen benötigt)

Vorbereitung

Schnüre zuschneiden:
20 Schnüre, je 10 m lang
10 Schnüre, je 35 cm lang

Jede 10 m lange Schnur zur Hälfte falten und 25 cm unterhalb des Bruchs einen Überhandknoten binden. Die Schnüre mit Lerchenköpfen von hinten (LKh) an der Stange befestigen. Die Schlaufen über den Überhandknoten hängen lassen, sie bilden später die Fransen. Die Holzstange wird nur zum Knüpfen benötigt und anschließend entfernt. Siehe Abbildung oben links auf Seite 127.

Anleitung

Schritt 1

Ins Ende einer 35 cm langen Schnur einen Überhandknoten binden. Die Schnur unter der Holzstange quer über die langen Schnüre legen, der Überhandknoten liegt knapp links von den senkrechten Schnüren. Über diese Füllschnur mit jeder senkrechten Schnur insgesamt 40 waagerechte Webleinsteks (WLw) arbeiten. Nach dem letzten Webleinstek einen Überhandknoten in die Füllschnur binden. Die Überhandknoten sorgen dafür, dass die Füllschnur nicht herausrutscht.

Schritt 2

Für die erste große Raute mit den 4 Schnüren in der Mitte direkt unter den Webleinsteks einen Kreuzknoten nach rechts (KKr) knüpfen. Darunter folgen 2 versetzte Kreuzknoten (vKK), dann eine Reihe aus je 3 versetzten Kreuzknoten.

Zu beiden Seiten mit Paaren aus Kreuzknoten fortfahren, die Abstände zwischen den beiden Kreuzknoten möglichst klein halten. Anzahl und Anordnung der Kreuzknoten gemäß Abbildung rechts. Mit einem einzelnen versetzten Kreuzknoten mit den mittleren 4 Schnüren enden (= 64 Kreuzknoten).

Schritt 3

Schritt 1 wiederholen: Unter der Raute um eine 35 cm lange Füllschnur 40 waagerechte Webleinsteks knüpfen. Überhandknoten am Anfang und Ende nicht vergessen.

Schritt 4

Nun folgt der Mustersatz mit 4 Reihen kleiner Rauten:
1. Reihe: 2 Schnüre übergehen, [1 Kreuzknoten nach rechts unter den Webleinsteks, 4 Schnüre übergehen] stets wiederholen. Die Reihe enthält 5 Kreuzknoten.
2. Reihe: 10 versetzte Kreuzknoten direkt unter den Kreuzknoten der 1. Reihe knüpfen.
3. Reihe: wie Reihe 1.

Schritt 5

4 cm tiefer folgt die nächste Reihe Rauten:
1. Reihe: 6 Schnüre übergehen, [1 Kreuzknoten nach rechts, 4 Schnüre übergehen] stets wiederholen (= 4 Kreuzknoten).
2. Reihe: 10 versetzte Kreuzknoten knüpfen.
3. Reihe: wie Reihe 1.

Schritt 6

Schritt 4 und 5 wiederholen, um den Mustersatz mit kleinen Rauten zu beenden.

Schritt 7

Schritt 1 wiederholen: Unter dem Mustersatz über eine 35 cm lange Füllschnur 40 waagerechte Webleinsteks knüpfen, Überhandknoten am Anfang und Ende nicht vergessen.

Schritt 8

Schritt 2–7 dreimal wiederholen. Danach Schritt 2–3 (große Raute) noch einmal wiederholen.

Schritt 9

Die Holzstange herausziehen und die Überhandknoten öffnen. Die Schlaufen aufschneiden, um Fransen zu erhalten. Alle Fransen am Anfang und Ende des Läufers auf gleiche Länge schneiden. Die Füllschnüre für die waagerechten Webleinsteks in 1 cm Abstand zu den Überhandknoten abschneiden.

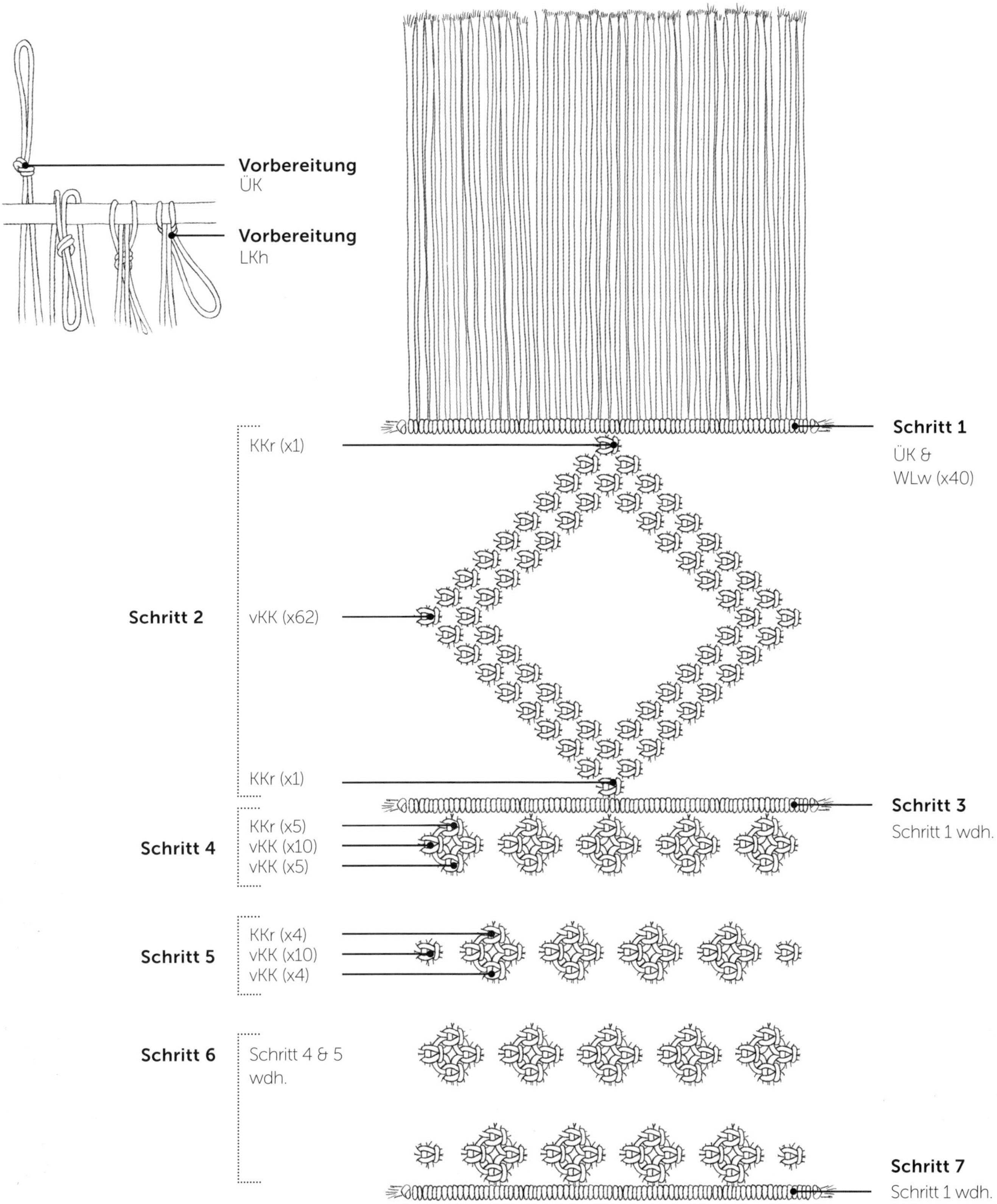
Vorbereitung
ÜK
Vorbereitung
LKh
Schritt 1
ÜK &
WLw (x40)
Schritt 2
KKr (x1)
vKK (x62)
KKr (x1)
Schritt 3
Schritt 1 wdh.
Schritt 4
KKr (x5)
vKK (x10)
vKK (x5)
Schritt 5
KKr (x4)
vKK (x10)
vKK (x4)
Schritt 6
Schritt 4 & 5
wdh.
Schritt 7
Schritt 1 wdh.

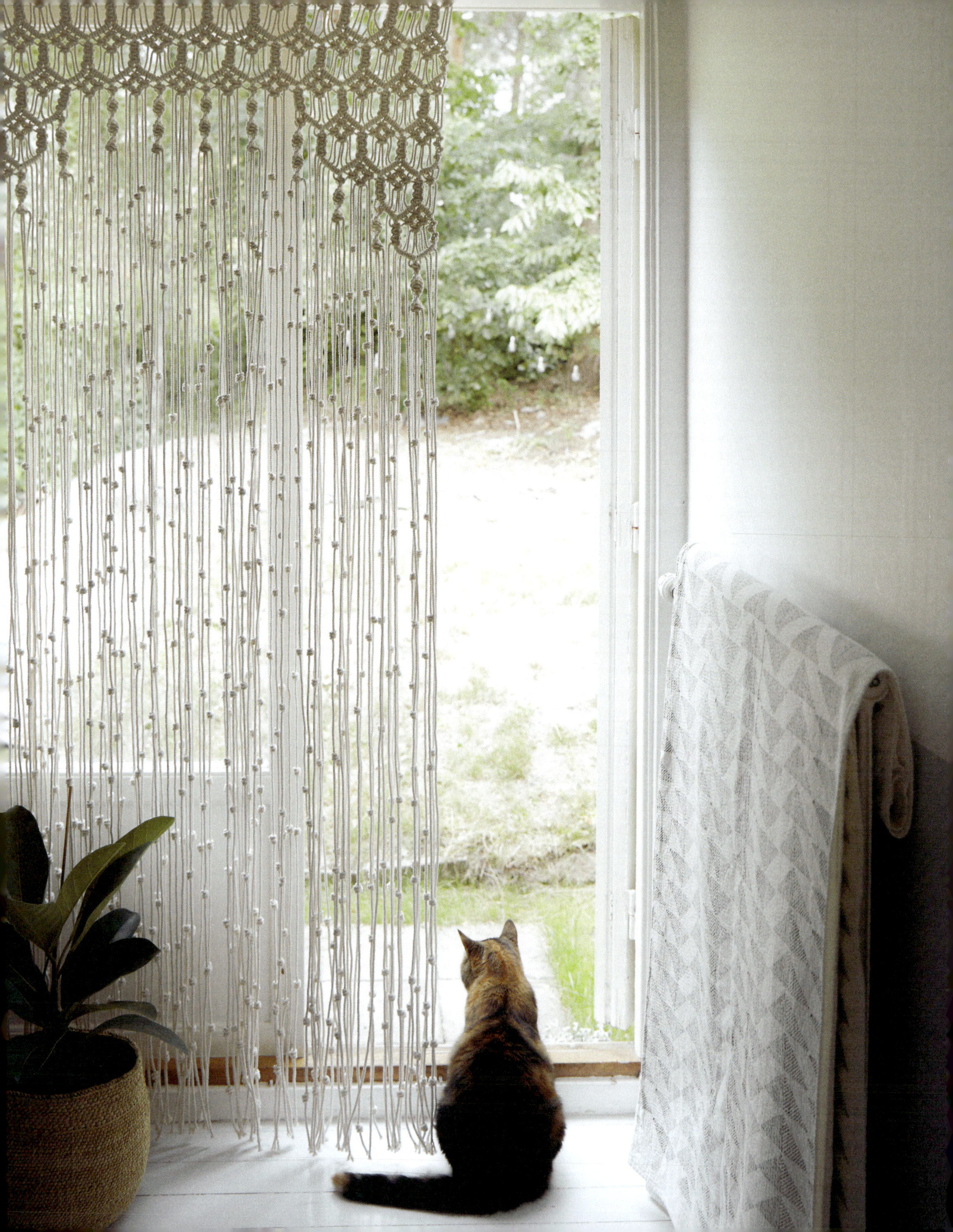

Vorhang

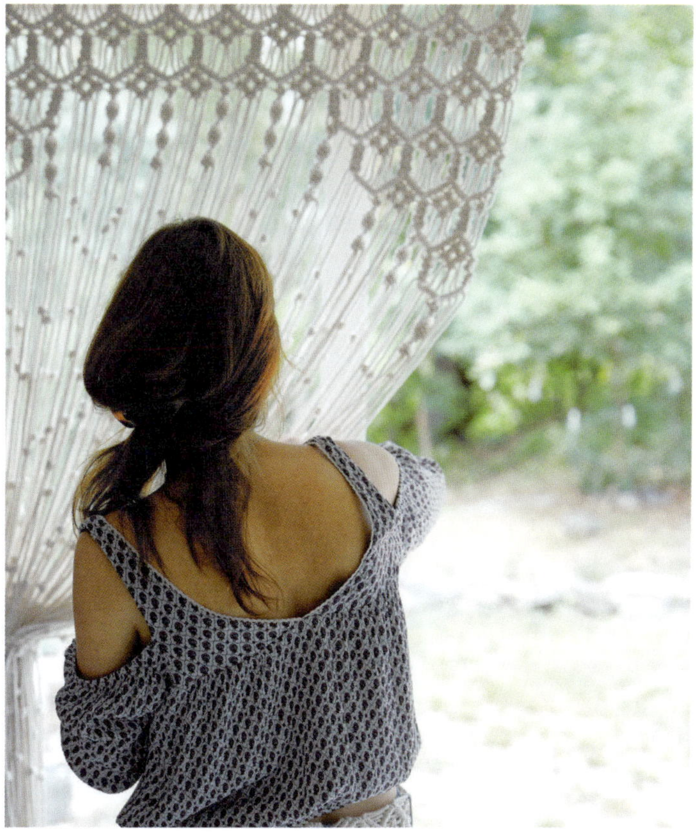

Ein Makrameevorhang sieht nicht nur an einem Fenster edel aus. Man kann ihn auch vor ein Regal hängen, das als Blickfang dienen soll. Dieser Vorhang ist 90 cm breit. Weil die Mustersätze schmal sind, lässt sich die Breite individuell variieren. Die Länge hängt auch davon ab, wie viele Fassknoten geknüpft werden.

Verwendete Knoten

Lerchenkopf von hinten (LKh) Seite 21
Webleinstek waagerecht (WLw) Seite 22
Kreuzknoten nach rechts (KKr) Seite 18
Kreuzknotenband (KK-B) Seite 18–19
Versetzter Kreuzknoten (vKK) Seite 19
Webleinstek diagonal (WLd) Seite 22
Wechselnder halber Schlag (wHS) Seite 23
Spiralknoten nach rechts (SKr) Seite 20
Fassknoten (FK) Seite 25

Material

481 m gedrehte oder geflochtene Baumwollschnur, 4 mm
Holzstange, 120 cm lang, stabil genug für das Gewicht des Vorhangs

Vorbereitung

Schnüre zuschneiden:
59 Schnüre, je 8 m lang
1 Schnur, 9 m lang

Anleitung

Schritt 1

Alle 8-m-Schnüre mit Lerchenköpfen von hinten (LKh) an der Stange befestigen.

Schritt 2

Die lange Schnur so falten, dass ein Ende 4 m lang ist, das andere 5 m. Ebenfalls mit Lerchenkopf von hinten links von den anderen Schnüren an der Stange befestigen – das lange Ende soll ganz links hängen.

Schritt 3

Eine Reihe waagerechter Webleinsteks (WLw) von links nach rechts knüpfen. Dabei dient die extralange Schnur als Füllschnur.

Schritt 4

1. Reihe: 1 Schnur übergehen, [2 Kreuzknoten nach rechts (KKr), 2 Schnüre übergehen] stets wiederholen, die letzten beiden Schnüre bleiben lose.
2. Reihe: versetzte Kreuzknoten (vKK) – dafür 3 Schnüre übergehen, [1 Kreuzknoten, 6 Schnüre übergehen] stets wiederholen. Die letzten 6 Schnüre bleiben lose.

Schritt 5

Die in der 1. Reihe aus Schritt 4 übergangenen Schnüre als Füllschnüre verwenden. Unter den Kreuzknoten eine Reihe diagonaler Webleinsteks (WLd) knüpfen. Jede Diagonale von rechts nach links besteht aus 4 Webleinsteks. Jede Diagonale von links nach rechts besteht aus 5 Webleinsteks, wobei der fünfte die beiden Schrägen verbindet.

Schritt 6

Zwischen den Diagonalen kleine Rauten aus 4 versetzten Kreuzknoten arbeiten. Ganz links und ganz rechts jeweils nur einen Kreuzknoten mit den 4 freien Schnüren knüpfen.

Schritt 7

Mit den 4 Schnüren zwischen den Gruppen versetzter Kreuzknoten jeweils ein kurzes Band aus 3 Kreuzknoten nach rechts knüpfen.

Schritt 8

Die Füllschnüre aus den Bändern in Schritt 7 verwenden und diagonale Webleinsteks arbeiten. Jede Diagonale von rechts nach links besteht aus 4 Webleinsteks. Jede Diagonale von links nach rechts besteht aus 5 Webleinsteks, wobei der fünfte die Schrägen verbindet. Die Reihe besteht aus 11 geschlossenen Sechseckmustern.

Schritt 9

Schritt 6–8 nochmals wiederholen, um das Muster wie in der Schemazeichnung auf Seite 132 zu ergänzen. Weil dies der zweite Mustersatz ist, gibt es an jeder Seite nur 2 Schnüre. Mit diesen werden 4 wechselnde halbe Schläge (wHS) gearbeitet. So entstehen in dieser Reihe 12 geschlossene Sechseckmuster.

Schritt 10

Bei der dritten Wiederholung von Schritt 6–8 das Muster fortführen, aber statt der 4 mittleren Schnurgruppen (Schritt 7) des Kreuzknotenbands einen Spiralknoten nach rechts (SKr) mit 3 Wendungen knüpfen. 3½ der Sechsecke an jeder Seite gemäß Schritt 8 beenden, aber die restlichen Schnüre in der Mitte lose lassen.

Schritt 11

Bei der vierten Wiederholung von Schritt 6–8 wechselnde halbe Schläge mit den beiden Schnüren an jeder Seite arbeiten, dann im Muster fortfahren. So entstehen 3 geschlossene Sechsecke an jeder Seite.

1 Schnur übergehen, dann mit den nächsten 4 Schnüren einen Spiralknoten nach rechts (SKr) mit 3 Wendungen knüpfen. Die restlichen Schnüre in der Mitte bleiben lose.

Schritt 12

Bei der fünften Wiederholung von Schritt 6–8 bleiben auf jeder Seite nur 1½ Sechsecke übrig, das zweite wird nur bis Schritt 6 gearbeitet, und das Kreuzknotenband wird durch einen Spiralknoten nach rechts mit 2 Wendungen ersetzt.

Bei der sechsten Wiederholung von Schritt 6–8 sind auf jeder Seite noch 2 Schnüre vorhanden. Mit diesen 4 wechselnde halbe Schläge arbeiten. 1 geschlossenes Sechseck knüpfen, 1 Schnur übergehen, dann einen Spiralknoten mit zwei Wendungen arbeiten. Unter den äußersten Sechsecken einen letzten Spiralknoten mit 2 Wendungen knüpfen.

Schritt 13

Wenn der obere Teil des Vorhangs fertig ist, sind die Schnüre noch recht lang. Locker verteilt auf jeder Schnur einige Fassknoten (FK) knüpfen, um sie zu verkürzen und den unteren Teil lebendig zu gestalten. Die Enden auf die gewünschte Länge abschneiden.

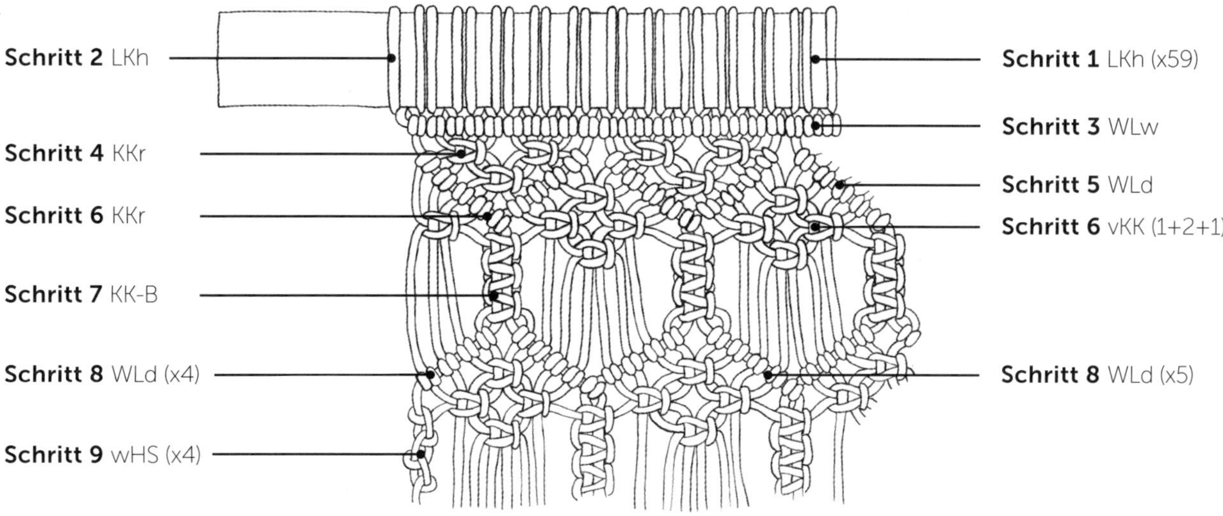
Schritt 2 LKh
Schritt 1 LKh (x59)
Schritt 3 WLw
Schritt 4 KKr
Schritt 5 WLd
Schritt 6 KKr
Schritt 6 vKK (1+2+1)
Schritt 7 KK-B
Schritt 8 WLd (x4)
Schritt 8 WLd (x5)
Schritt 9 wHS (x4)

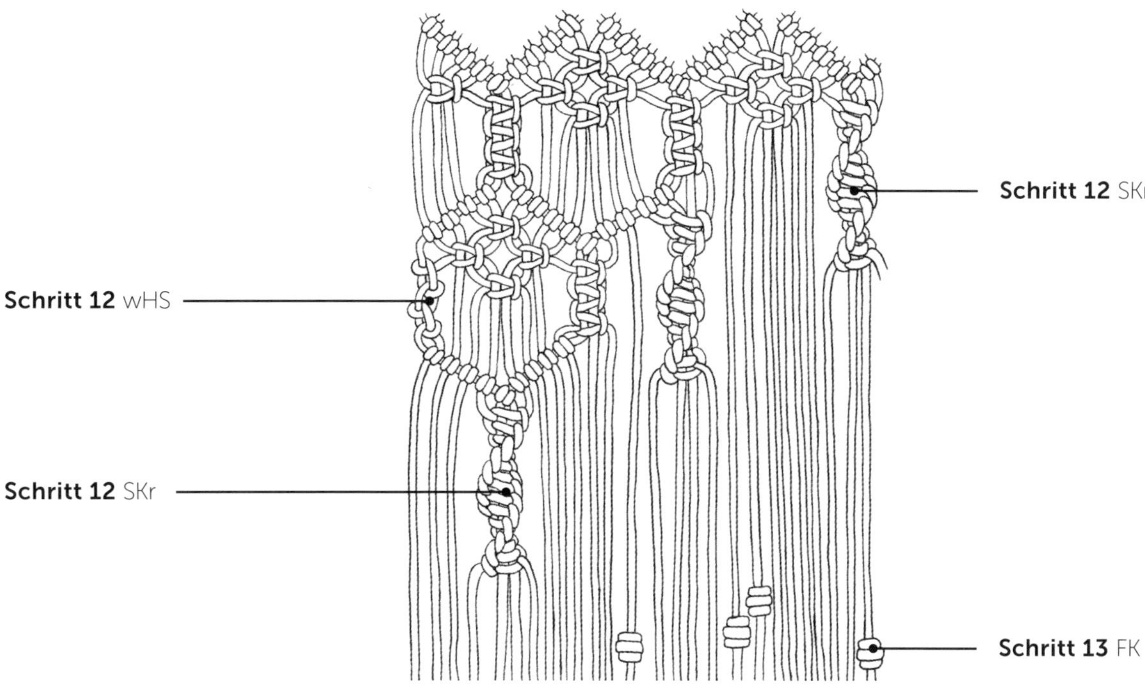
Schritt 12 SKr
Schritt 12 wHS
Schritt 12 SKr
Schritt 13 FK

*Das Modell ist symmetrisch.
Abgebildet ist nur die Hälfte des Musters.

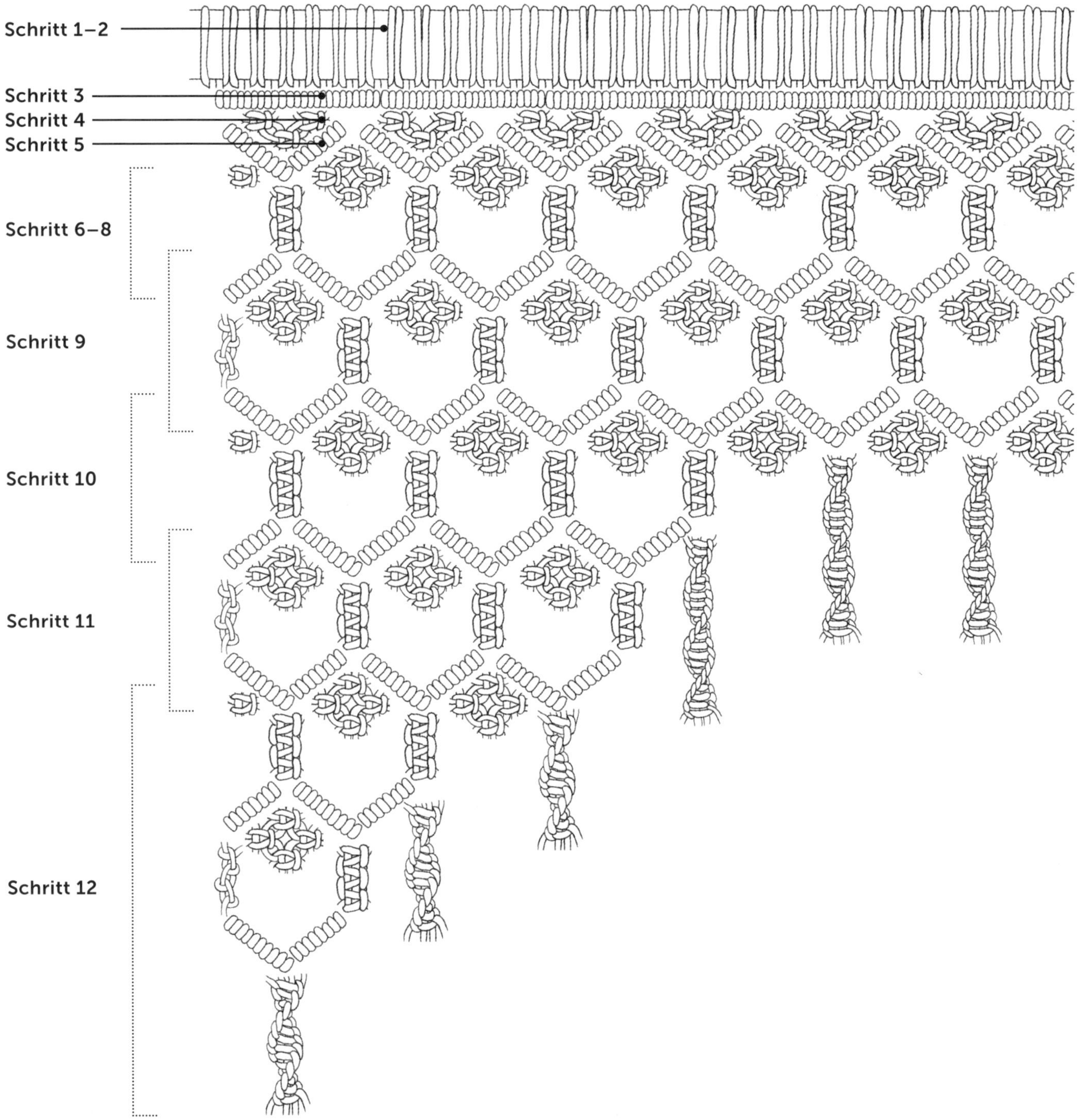

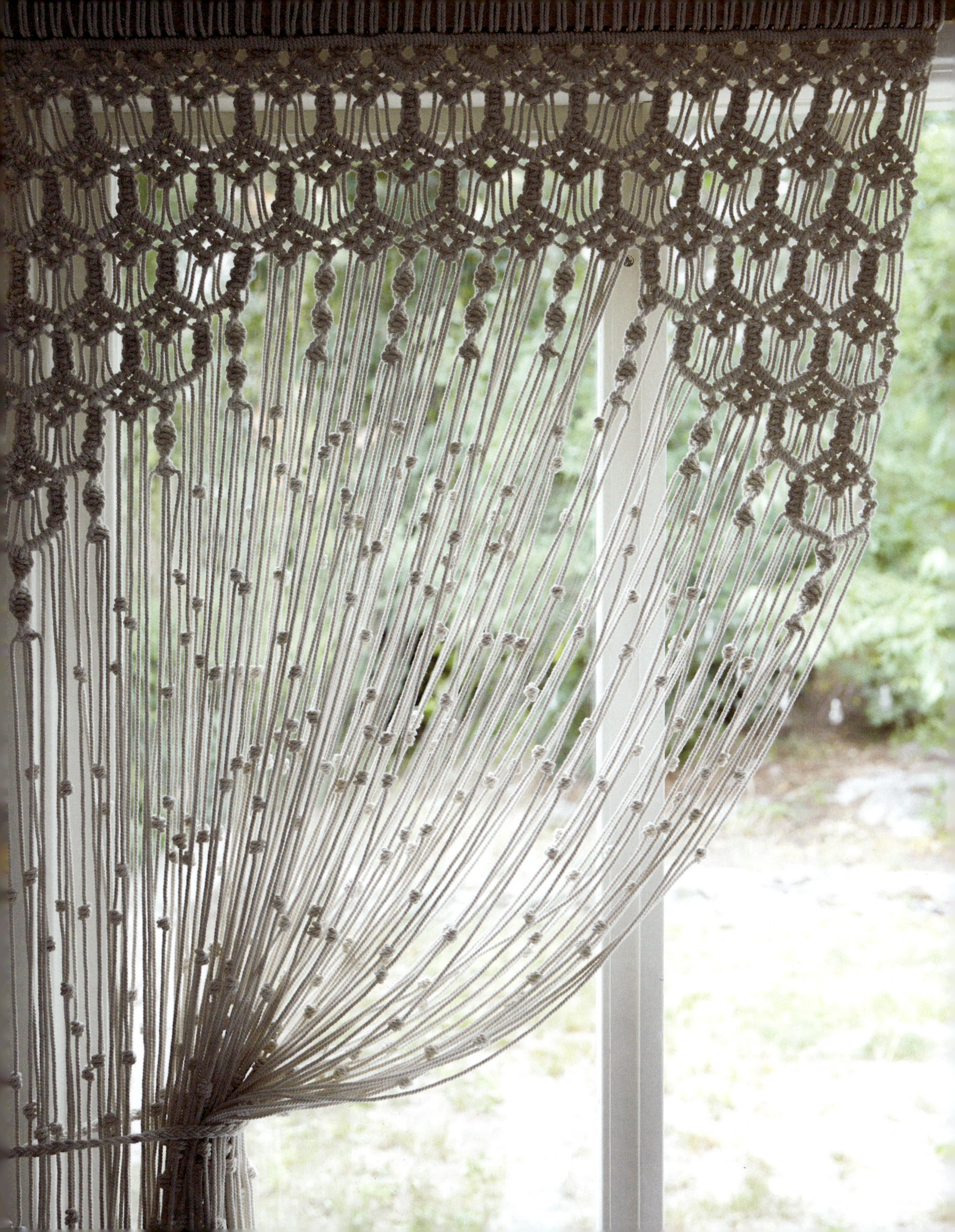

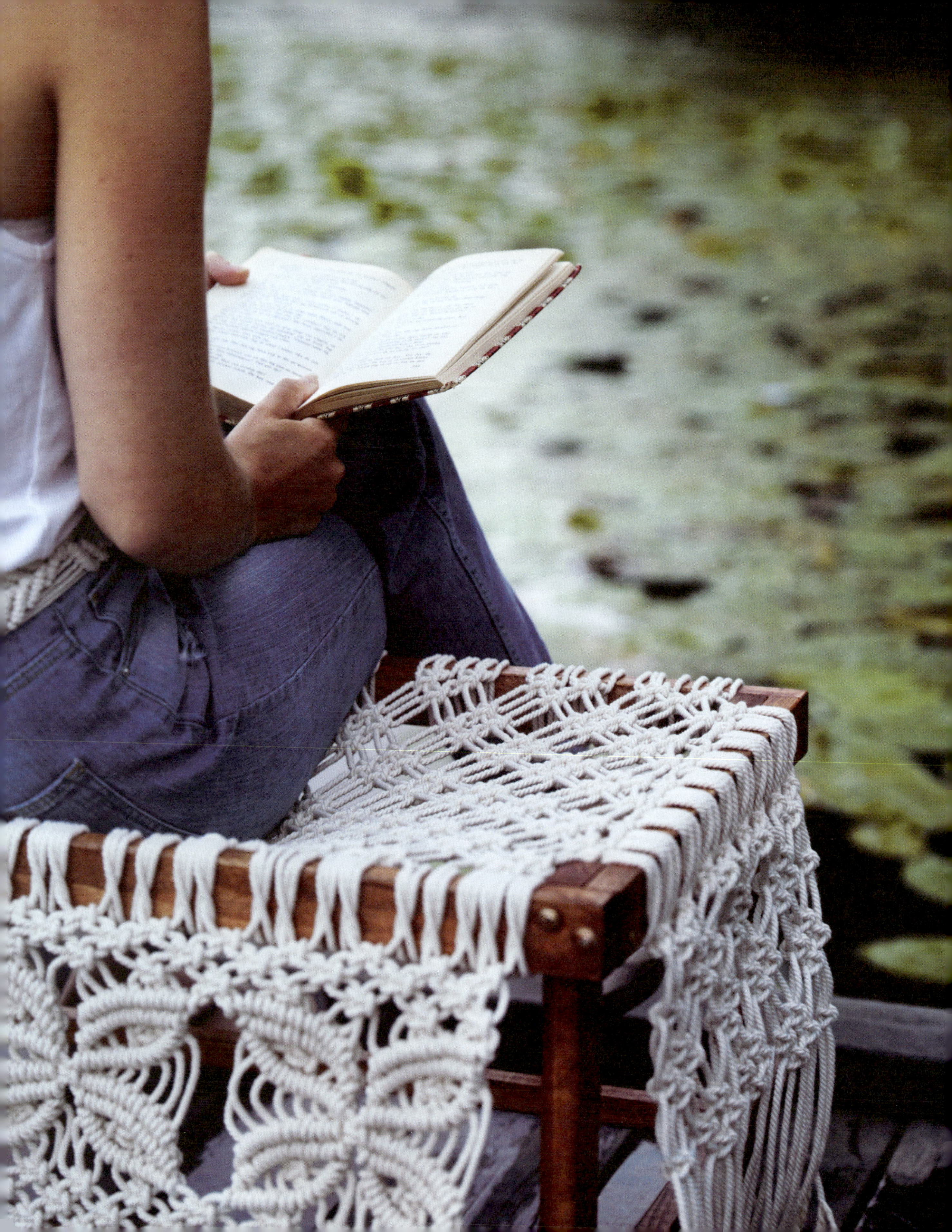

Bank

Wer einen Sitz für eine Bank oder einen Hocker knüpfen möchte, braucht Geduld. Aber auch solche Projekte gelingen mit den wenigen üblichen Knoten. Schwieriger ist es, ein passendes Gestell zu finden, darum habe ich meins selbst gebaut. Wer sich diese Arbeit nicht machen möchte, kann einen Hocker oder eine Bank mit einem Stoffsitz verwenden und diesen entfernen. Dieser Sitz ist etwa 80 cm lang und 44 cm breit. Man kann ihn verlängern oder verkürzen, und wer mag, kann auch die Schmetterlinge an den Rändern weglassen. Nimm aber unbedingt stabile Schnur, die nicht ausleiert oder reißt.

Verwendete Knoten

Lerchenkopf von hinten (LKh) Seite 21
Kreuzknoten (KK) Seite 18
Versetzter Kreuzknoten (vKK) Seite 19
Webleinstek waagerecht (WLw) Seite 22
Lerchenkopf (LK) Seite 20

Material

ca. 230 m gedrehte oder geflochtene stabile Baumwollschnur, 4 mm
Bankgestell, Sitzfläche ca. 80 × 40 cm

Vorbereitung

Für diese Bank wurden verwendet:
36 Schnüre, je 5,4 m lang (für den Sitz und die Längsseiten)
16 Schnüre, je 2 m lang (für die beiden Schmalseiten der Bank)

Die Anzahl der Schnüre hängt von der Größe der Sitzfläche ab. Schneide die Schnüre einzeln zu und lege sie über das Gestell, um zu ermitteln, wie viele du benötigst. Beginne mit den langen Schnüren für den Sitz. Schneide die kurzen Schnüre für die Seiten erst zu, nachdem du den Sitz geknüpft hast.

Wenn du das Schmetterlingsmuster knüpfen möchtest, werden die Längen deiner Schnüre nicht sehr stark abweichen.

Zuerst das Gestell vorbereiten. Den Stoffbezug und alles andere Überflüssige entfernen. Weil die Knoten sehr fest geknüpft werden müssen, solltest du eine Zange zum Anziehen verwenden, um deine Hände zu schonen.

Anleitung

Schritt 1

Für die Sitzfläche die 36 Schnüre zur Hälfte falten und mit Lerchenköpfen von hinten (LKh) an einer langen Seite des Gestells befestigen. Nach jeweils 4 Schnüren eine kleine Lücke lassen (siehe beide Abbildungen zu Schritt 1).

Schritt 2

Eine Reihe Kreuzknoten (KK) arbeiten, um alle Schnüre am Gestell zu fixieren. Die Knoten möglichst fest anziehen, am besten mit einer Zange.

Schritt 3

Das Muster für den Sitz fängt mit einer zweiten Reihe versetzter Kreuzknoten (vKK) an. 2 Schnüre frei lassen, 1 Kreuzknoten, [4 Schnüre übergehen, 1 Kreuzknoten] stets wiederholen, die letzten beiden Schnüre bleiben lose. Weiterknüpfen gemäß Abbildung auf Seite 139 bis die Sitzfläche gefüllt ist.

Schritt 4

Am anderen Ende des Rahmens die erste Schnur mit einem waagerechten Webleinstek (WLw) befestigen. Das ist etwas schwierig, weil der Rahmen als »Füllschnur« für den Knoten dient. Wichtig ist, die Schnur möglichst straff zu spannen. Mit den restlichen Schnüren fortfahren: [2 Schnüre übergehen, 2 Webleinsteks] stets wiederholen.

Schritt 5

Für die Vorderseite des Sitzes direkt unter dem Gestell eine Reihe Kreuzknoten knüpfen. Die im vorherigen Schritt mit Webleinsteks befestigten Schnüre als Arbeitsschnüre für die Knoten verwenden. Die übergangenen Schnüre dienen als Füllschnüre und werden von hinten/unten dazugenommen.

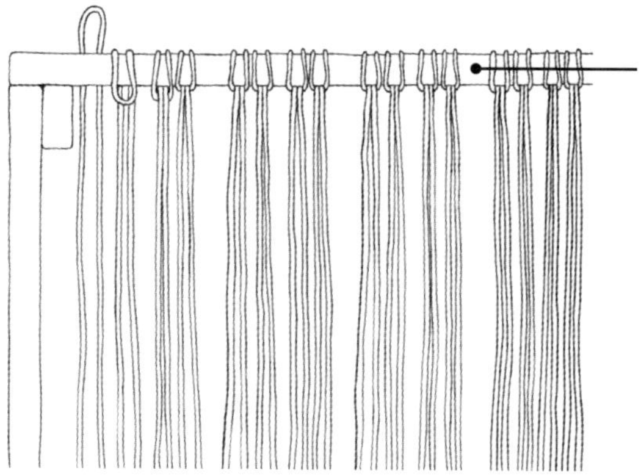

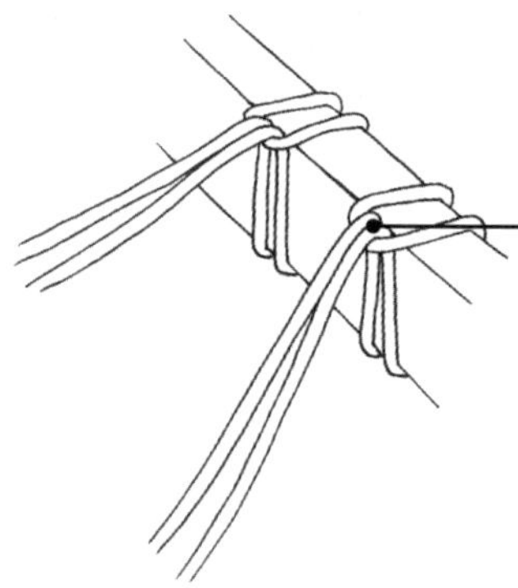

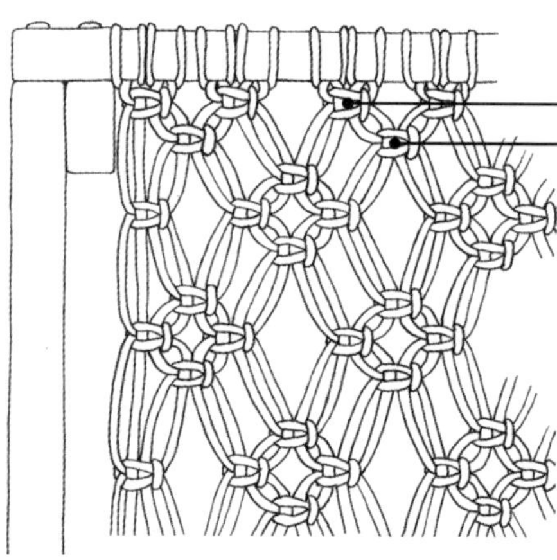

Schritt 6

2 Reihen versetzte Kreuzknoten arbeiten.

Schritt 7

Die Schnüre in 4 Gruppen teilen. Damit werden die 4 Schmetterlinge geknüpft. Eine genaue Anleitung für die Schmetterlinge findest du auf Seite 32.

Schritt 8

Um die Vorderseite zu beenden, 3 Reihen (versetzte) Kreuzknoten arbeiten.

Schritt 9

Für die Seitenteile die kurzen Schnüre mit Lerchenköpfen (LK) an den Schnüren an den Schmalseiten der Sitzfläche befestigen (siehe Abbildung Seite 139 unten links): 8 Schnüre je kurze Seite.

Schritt 10

Mit der ersten Schnur einen waagerechten Webleinstek um das Gestell knüpfen (wie in Schritt 4). Dann 2 Schnüre übergehen, [2 Webleinsteks, 2 Schnüre übergehen] stets wiederholen.

Schritt 11

Direkt unter dem Gestell eine Reihe Kreuzknoten knüpfen. Die im vorigen Schritt mit Webleinsteks befestigten Schnüre als Arbeitsschnüre für die Knoten verwenden. Die übergangenen Schnüre dienen als Füllschnüre und kommen hinter/unter dem Gestell heraus.

Schritt 12

Eine zweite Reihe versetzter Kreuzknoten knüpfen. Die ersten beiden Schnüre frei lassen, [1 Kreuzknoten, 4 Schnüre übergehen] stets wiederholen. Im Muster gemäß Abbildung auf Seite 139 fortfahren.

Schritt 13

Zuletzt die Enden aller Schnüre auf gleiche Länge schneiden.

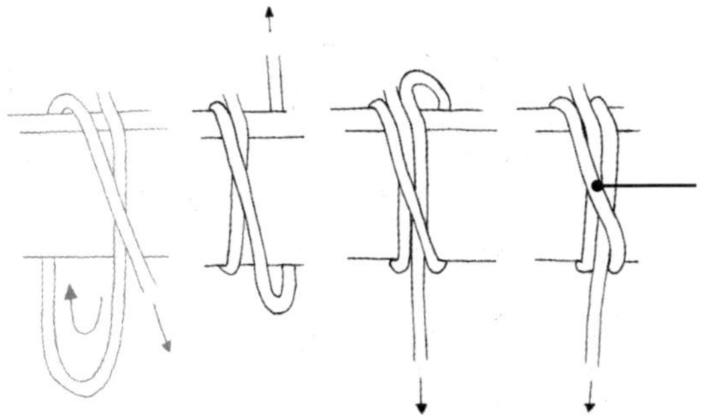

Schritt 4 WLw

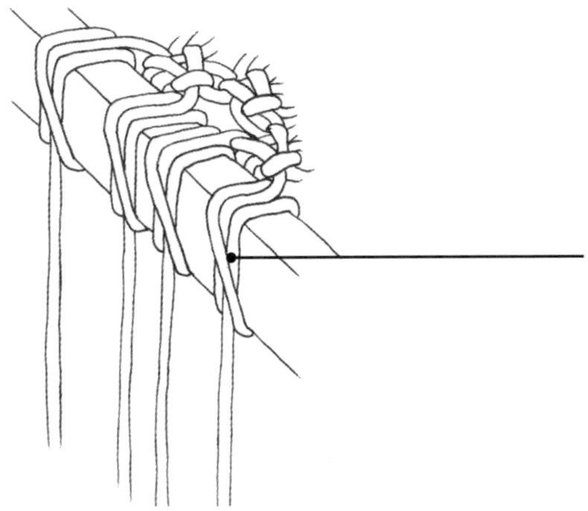

Schritt 4 WLw

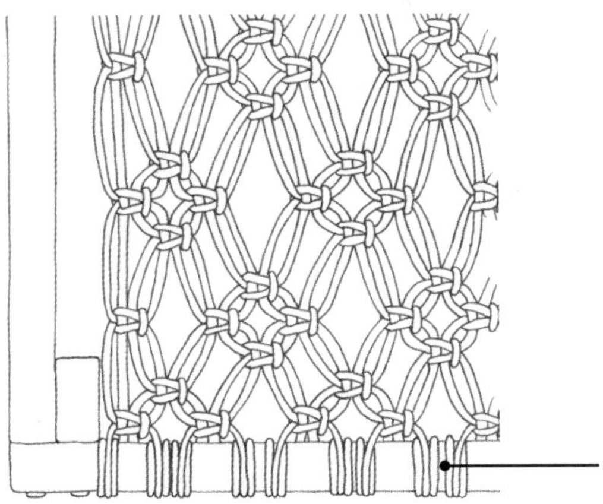

Schritt 4 WLw

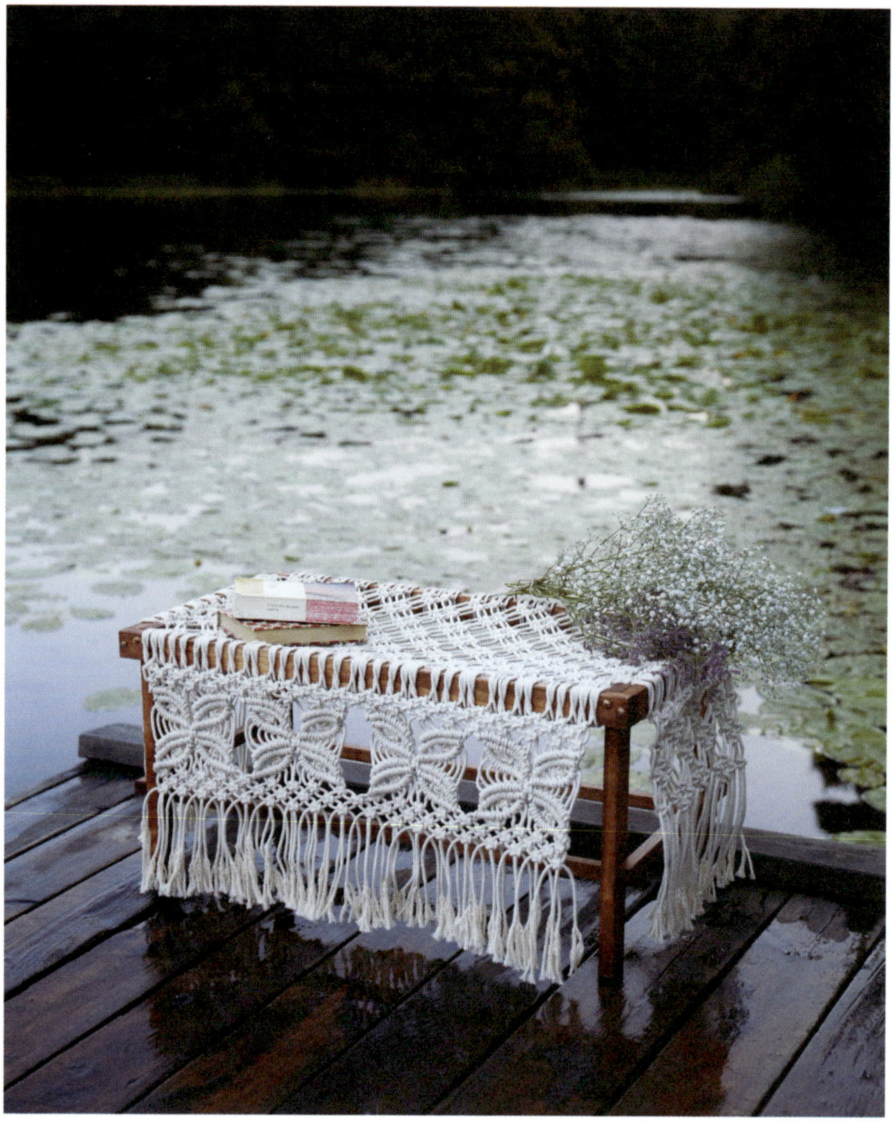

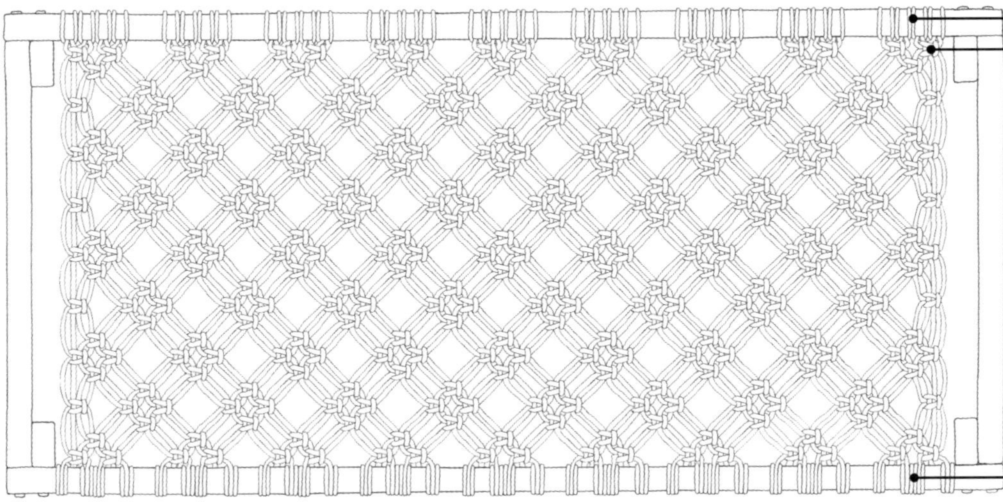
Schritt 1 LKh
Schritt 2 KK
Schritt 3 vKK
Schritt 4 WLw

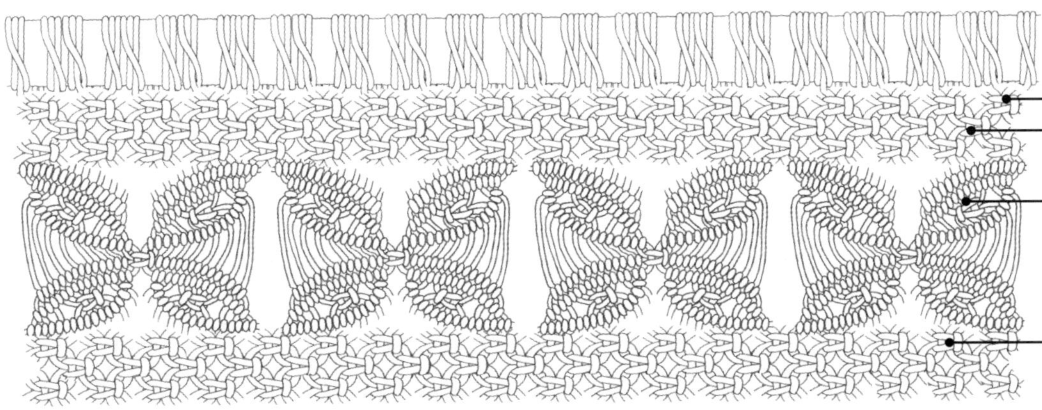
Schritt 5 KK
Schritt 6 vKK (2 Reihen)
Schritt 7 Schmetterlingsmuster, siehe Seite 32
Schritt 8 KK (3 Reihen)

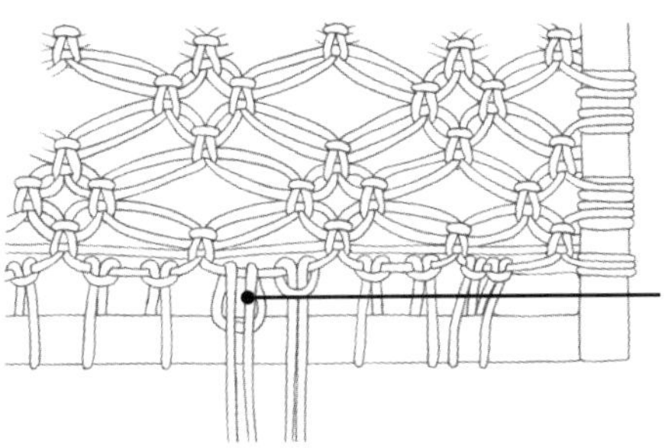
Schritt 9 LK

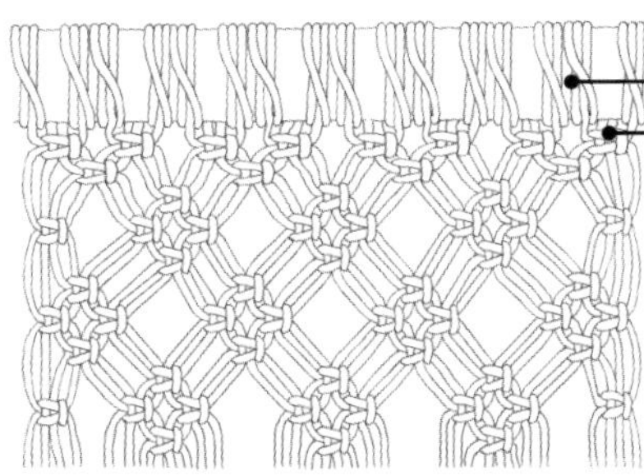
Schritt 10 WLw
Schritt 11 KK
Schritt 12 vKK

Register

Glossar

Arbeitsschnur
Die aktiven Schnüre, die zum Knüpfen der Knoten verwendet werden. Gegenspieler: Füllschnüre.

ausfransen
Schnur in ihre einzelnen Stränge oder Fasern aufdrehen, -zupfen und bürsten, normalerweise um eine duftige Quaste als Abschluss einer Makrameearbeit zu erhalten.

Band
Ein Begriff aus der Seefahrt für Gebilde, die entstehen, wenn man mehrere Knoten gleicher Art direkt untereinander knüpft. Fünf untereinander angeordnete Kreuzknoten bilden beispielsweise ein Kreuzknotenband.

bündeln
Zusammenhalten von Schnüren, entweder um sie zum leichteren Arbeiten in getrennten Gruppen zu halten, oder als dekoratives Detail am Ende der Schnüre.

diagonal
In diesem Buch ist damit eine Reihe von Knoten gemeint, die in diagonaler bzw. schräger Anordnung geknüpft werden. Meist handelt es sich dabei um Webleinsteks oder versetzte Kreuzknoten.

Fransen
Dekorativer Abschluss aus lose herabhängenden Schnüren, meist an der Unterkante eines Projekts.

Füllschnur
Eine Schnur, die im Inneren eines Knotens verläuft und von diesem umschlossen wird. Die Füllschnur wird nicht zum Knüpfen des Knotens benutzt.

Korpus
Der Korpus ist das Hauptteil der Arbeit, das beim Knüpfen entsteht. Bei einem Wandbehang entspricht der Korpus der Fläche.

Leiste
Anstelle einer runden Stange kann zum Aufhängen einer Makrameearbeit auch eine Leiste mit viereckigem Querschnitt verwendet werden.

Mustersatz
Wenn sich in einer Makrameearbeit bestimmte Muster mehrmals in der Höhe oder Breite wiederholen, bezeichnet man jedes einzelne dieser Muster als Mustersatz.

Netz
Ein Netz entsteht durch versetzte Knoten (z. B. indem man Arbeits- und Füllschnüre abwechselt). Ein Netz ist immer Teil einer Blumenampel; es hält den Blumentopf.

Picot
Eine kleine, dekorative Schlaufe, die am Rand eines geknüpften Bands gearbeitet werden kann.

Reihe
In diesem Buch bezeichnet der Begriff mehrere waagerecht angeordnete Knoten. Die Knoten liegen also nebeneinander – wenn auch nicht immer unmittelbar nebeneinander –, nicht übereinander oder diagonal.

Rundholz
Eine Holzstange mit rundem Durchmesser. Sie eignet sich gut als Stange zum Aufhängen einer flächigen Makrameearbeit.

Schnur
In den Anleitungen dieses Buchs wird jeder einzelne zum Knüpfen verwendete Strang als Schnur bezeichnet, auch wenn es sich im Einzelfall um eine Kordel, ein Band oder T-Shirt-Garn handelt.

Stek
Ein Schifferknoten, der zum Befestigen einer Leine oder Schnur an einem Gegenstand (z. B. einem Pfahl) dient.

Trägerschnur
Eine Schnur, die statt eines Zweigs oder einer Stange benutzt wird, um die Arbeitsschnüre daran zu befestigen.

Verbindungsschnur
Eine Schnur, die zwei Teile der Arbeit verbindet. Verbindungsschnüre überbrücken den Abstand zwischen zwei Knoten. Es kann sich dabei um Arbeitsschnüre oder Füllschnüre handeln.

versetzt
Im Makramee spricht man von versetzten Knoten, wenn die Füll- und Arbeitsschnüre von Reihe zu Reihe gewechselt werden. Bei versetzten Kreuzknoten dienen beispielsweise die Füllschnüre der ersten Reihe als Arbeitsschnüre der zweiten Reihe, und die Arbeitsschnüre der ersten Reihe werden in der zweiten Reihe als Füllschnüre verwendet.

Weben
Eine textile Technik, bei der eine Schnur (»Schuss«) im ständigen Wechsel über und unter andere, meist auf einen Webstuhl gespannte Schnüre (»Kette«) geführt wird.

Zopf
Ein Formelement, für das drei oder mehr Schnüre nicht geknotet, sondern geflochten werden.

Danke

Ohne die großzügige und vielfältige Unterstützung zahlreicher Menschen hätte dieses Buch nicht entstehen können.

An erster Stelle danke ich meinem Partner und meiner großen Liebe: Simon, danke für deine unglaubliche Selbstlosigkeit und Geduld, für all die Mahlzeiten, die du für mich gekocht hast, für deinen Trost, wenn ich an mir selbst gezweifelt habe, für deine Ermutigung und dafür, dass du mich angespornt hast, immer besser zu werden. Danke für all die Phasen, in denen du alles stehen und liegen gelassen hast, um Texte durchzusehen oder Schnur für mich zuzuschneiden. Du bist unglaublich, ohne dich hätte ich es nicht geschafft.

Ich möchte auch meinen wunderbaren Eltern danken, die oft mehr an meine verrückten Bastelbemühungen geglaubt haben als ich selbst und die schon früh in meinem Leben Zeit und Geld investiert haben, damit ich meine Leidenschaft ausleben konnte. Ihre beständige Unterstützung ist und wird immer von unschätzbarem Wert sein.

Dieses Buch wäre nie zustande gekommen, wenn Harriet von Quadrille Publishing mir keine Chance gegeben hätte. Harriet, danke für viele gute Ratschläge und deine Unterstützung bei der Entwicklung dieses Buchs. Danke, dass du an meine Fähigkeiten geglaubt und mir geholfen hast, diesen Traum zu verwirklichen.

Es gibt so viele weitere Menschen, denen ich Dankbarkeit schulde, weil sie mich während der Arbeit an diesem Buch unterstützt haben. Meinen Freunden, die immer für mich da waren, auch wenn ich nur noch das Buch im Kopf hatte. Meiner ehemaligen Chefin Petra, die mich in Zeiten von Wutausbrüchen und Frustration ertragen und mich immer wieder aufgemuntert hat. Anders, der sich die Zeit nahm, mich in der Anfangsphase des Buches mit wertvollen Ratschlägen und Informationen zu versorgen. Claire, Kim und Vanessa, denen das Buch seine tolle Optik verdankt. Alice und ihre Familie, in deren Haus ich während meiner Australienreise ungestört arbeiten konnte.

In der heutigen Zeit können die sozialen Medien beachtliche Auswirkungen auf unser Leben haben. Es ist Instagram zu verdanken, dass ich Makramee entdeckt und meine Leidenschaft mit anderen geteilt habe. Ich danke Instagram dafür, dass es eine Inspirationsquelle ist und den Kreativen in aller Welt eine Plattform zum Austausch bietet.

Zum Schluss danke ich meinen Followern auf Instagram. Ihr habt mich dazu inspiriert, Makramee weiter zu erforschen, meinen Laden zu eröffnen, Makrameekurse zu geben und schließlich dieses Buch zu schreiben. Eure Unterstützung war vom ersten Tag an überwältigend und ich bin euch allen so dankbar! Dieses Buch ist euch gewidmet.

Für die deutsche Ausgabe:
Übersetzung aus dem Englischen: Wiebke Krabbe
Produktmanagement und Lektorat: Sonja Fakler, Laila Prota
Covergestaltung: Eva Grimme
Redaktion und Satz: lesezeichen Verlagsdienste, Köln

Die Originalausgabe erschien 2017 unter dem Titel *Macramé: The Art of Creative Knotting* bei Quadrille, einem Imprint von Hardie Grant UK Ltd.

2. Auflage 2022

ISBN: 978-3-7724-4594-1 · Best.-Nr. 4594

Printed in China

MIX
Paper from responsible sources
FSC™ C020056
FSC
www.fsc.org